LO STATUTO DELLE LAVORATRICI

Della stessa autrice presso Bompiani

Galateo per ragazze da marito

IRENE SOAVE
LO STATUTO DELLE LAVORATRICI

BOMPIANI
OVERLOOK

Giunti Editore si impegna per uno sviluppo sostenibile
con l'utilizzo di carta certificata FSC® proveniente
da fonti gestite in maniera responsabile.

www.giunti.it
www.bompiani.it

Via Bolognese 165 – 50139 Firenze – Italia
Via G.B. Pirelli 30 – 20124 Milano – Italia

Prima edizione: marzo 2024
Prima ristampa: maggio 2024

Mentre erano in cammino, entrò in un villaggio e una donna, di nome Marta, lo ospitò. Ella aveva una sorella, di nome Maria, la quale, seduta ai piedi del Signore, ascoltava la sua parola. Marta invece era distolta per i molti servizi. Allora si fece avanti e disse: "Signore, non t'importa nulla che mia sorella mi abbia lasciata sola a servire? Dille dunque che mi aiuti". Ma il Signore le rispose: "Marta, Marta, tu ti affanni e ti agiti per molte cose, ma di una cosa sola c'è bisogno. Maria ha scelto la parte migliore, che non le sarà tolta".

(Lc 10, 38-42)

METODO DI LAVORO

Questo libro nasce da una coincidenza: tra una circostanza in sé neutrale della mia carriera e un mutamento rapido, disordinato ma intenso, del sentimento collettivo nei confronti del lavoro.

Negli stessi mesi in cui sperimentavo un senso di impotenza proprio in un'età da cui mi ero attesa emancipazione, indipendenza, perfino libertà, sempre più persone attorno a me parlavano di lavoro e con sentimenti quasi mai positivi. Stanchezza, delusione, frustrazione, rassegnazione, velleità, collera, angoscia, rimpianto, vergogna, malinconia, umiliazione, bovarismo, abulia, scontento.

Ciò accadeva prima che la pandemia di Covid-19 costringesse tutti a modificare, spesso non per il meglio, le forme e l'importanza che il lavoro assumeva nelle loro giornate.

Dopo la pandemia, mi pare che collettivamente non si sia parlato d'altro che di lavoro.

La mia professione di giornalista è tra quelle che dispongono di tecniche e procedimenti non solo istintivi per descrivere un fenomeno. Quando ho sentito l'esigenza di fotografare questo stato d'animo epocale, quindi, ho proceduto con metodo.

Ho raccolto centinaia di articoli, decine di ricerche e studi, una corposa bibliografia, condotto trentadue interviste, trascorso svariati pomeriggi in archivi ed emeroteche. A parte le interviste, le altre fonti su cui si fondano gli articoli di questo Statuto sono catalogate nella bibliografia. Molti dei testi elencati possono essere letti anche a scopo autoaiuto: capire la dimensione collettiva di un problema che pensiamo privato può servire a addomesticarlo.

Ma questo solo metodo mi è parso presto insufficiente. Si è accesa in me la spia della noia: rileggendo le sequenze di dati, le note dei sociologi, la novantamilesima occorrenza del sintagma "per cento" ho sbadigliato. E ho avvertito un fondo di insincerità: io non sono una sociologa, né un'economista, né una giuslavorista, anche se per scrivere queste pagine ne ho consultati alcuni. La pretesa di terzietà di cui è stata imbevuta la prima stesura di questo libro non rendeva le mie parole più universali, ma solo più spuntate. E se è vero che il giornalista ha il compito di separare i fatti dalle sue opinioni, è vero anche che scrivere testi apparentemente oggettivi, buttando un dato dietro l'altro allo scopo tacito di dimostrare una tesi, è un imbroglio dei più correnti.

Ho pensato così di mescolare questi ingredienti ad altri, più sentimentali. Le interviste a sindacalisti, cacciatori di teste e avvocati sono state affiancate, gradualmente, da colloqui informali con persone comuni. Un'amica disperata che finiva il congedo di maternità. Un'infermiera del pronto soccorso alla sua ultima sera di lavoro prima di licenziarsi. Le clienti di una guru del cambio-vita. Il pasticciere da cui ogni tanto faccio colazione, erede scoraggiato di un'attività di famiglia un tempo fiorente. Uno stagista pieno di ambizione; una collega stufa; una consulente del lavoro con obiezioni di coscienza. Non il campione di un'indagine, ma il semplice basso continuo delle mie giornate: come quando una donna è incinta e le sembra di vedere solo altre future mamme, più ragionavo sul mio, sul nostro modo di lavorare, più incontravo persone di ogni età e genere alle prese con lo stesso rovello.

Le loro voci le ho usate quasi tutte come fonti di background: nel lessico giornalistico significa usare informazioni per comprendere e inquadrare un fenomeno, ma senza attribuirle. Un esempio sono i colloqui con due psicoanalisti. Ero andata da loro piena di domande su quanto il lavoro possa far male, sull'epidemia di burnout che dai media sembra spesso di intuire. E avevo ottenuto da entrambi molte osservazioni utili ma di segno opposto, la più decisiva delle quali, nel conferire a questo libro la posizione che ha, è stata l'attribuzione al lavoro di funzioni positive, anzi essenziali: può dare una struttura a vite che la necessitano, un'identità, persino la guarigione. Un volto "buono" del lavoro; che con sollievo rintraccio anche nel mio, al quale sento di dovere ben più del solo pane.

Non cito tra virgolette loro, né quasi nessuno degli intervistati, solo per non rendere questo *Statuto* un lunghissimo articolo di giornale. Ho voluto piuttosto farne un monologo collettivo.

Pochi animali hanno un ruolo simbolico, in Occidente e in Oriente, grande e ricco quanto le api, che organizzano i loro alveari come Stati e si lasciano allevare come nostre amiche. Il più noto dei significati che sono loro ascritti è la laboriosità. Il loro metodo mi è utile, per queste pagine, più di quello del giornalista.

I misteriosi uffici con cui trasformano il nettare in miele non sono chiari al cento per cento, tanto che nessuno dei molti tentativi di produrre miele sintetico ha mai ottenuto proprietà simili a quello vero, con cui è impossibile confonderlo. Io ho cercato di procedere così. Come il nettare nella borsa melaria di un'ape, nella prima persona in cui scrivo sono sgocciolate tutte insieme le storie e le teorie che ho raccolto, le letture e le confidenze, le statistiche e gli archivi; quando scrivo "il mio collega" o "la mia colf", cioè, non parlo della mia colf in carne ed ossa né del mio collega, e quando scrivo "io" intendo, prima di tutto, un noi. Anche per serietà: non desidero che nessuno pensi di potervi riconoscere il posto dove lavoro, i miei colleghi o i miei cari.

Il compito in cui le api sono instancabili, cioè la raccolta di polline, nettare e melata e la loro trasformazione in materie preziose e necessarie, è guidato dal piacere: suggere, volare, i fiori, la digestione, la sazietà. Così è il mio. C'è un piacere anche nell'arrabbiarsi.

Come questo libro, anche il lavoro dell'ape è sia solitario sia collettivo. L'ape bottinatrice succhia gli zuccheri dei fiori, a pochi milligrammi per volta, e li stipa nella sua borsa melaria, cioè il suo stomaco, dove misteriosi enzimi le elaborano. A pancia piena poi torna all'alveare, e rigurgita il liquido. Qui inizia il lavoro di gruppo: le api si passano il nettare da una bocca all'altra come un pettegolezzo, come un bacio, sicuramente con piacere, poi lo ingeriscono e lo rigurgitano in continuazione finché è quasi secco. Poi lo depongono nelle cellette. Di questo frutto del loro lavoro, proprio come noi, si nutrono nel futuro.

Come la maggioranza di noi lavoratori, le api agiscono insieme, anonimi ingranaggi di un corpo unico. A differenza della maggioranza di noi, però, operano in un sistema matriarcale.

Come molti esseri indispensabili alla vita, e come le caratteristiche buone e vitali del lavoro in senso stretto, l'attuale sistema produttivo le mette in pericolo; tutti lo sanno, l'allarme estinzione è stato lanciato, ma il disastro sembra inarrestabile. Preziose a parole, calpestate e intossicate nei fatti, le api mi paiono una perfetta metafora delle donne, e dei lavoratori, nella società.

In un suo "Appello agli elettori" del 1963, Palmiro Togliatti inaugurava questo paragone. "Il vero problema è che lo sviluppo economico è stato sinora regolato essenzialmente dalla dura legge del profitto", diceva, "nell'interesse del grande capitale e dei ceti privilegiati. Il popolo ha lavorato forte, il ritmo dei lavori nelle officine è diventato così intenso che esaurisce un uomo nel corso di non molti anni. Ma è accaduto come per le api nell'amaro verso con il quale Virgilio accusava i profittatori dell'opera sua. Ricordate: 'Voi fate il miele, o api, ma sono altri che lo godono'. I profitti dei grandi capitalisti sono alle stelle". Le api che fanno il miele non conoscono il profitto che genera. Una condizione che le accomuna ancora oggi a molti lavoratori.

Così alla stesura di questo *Statuto* ho cercato di lavorare come le api in natura. Con metodo ma soprattutto con piacere; seguendo un processo interiore e in gran parte inspiegabile, il cui risultato ha però un sapore finale abbastanza chiaro. Più che come una giornalista e le sue intervistate, vorrei che io e le lavoratrici delle cui storie si compongono queste pagine fossimo riuscite a operare come api: rigorose, allegre, anonime, membri di una società.

Non da ultimo capaci di pungere chi ci minaccia, ci sequestra, ci usa.

TITOLO I
DELLA LIBERTÀ E DELLA DIGNITÀ DELLA LAVORATRICE

Tra i molti compiti delle donne al lavoro, o al potere (utile equivoco), c'è offrire spunti di conversazione.

Tina Anselmi, prima donna in carica come ministra del lavoro, giurò nel 1976. Il *Corriere della Sera* titolava con un calembour: "*La* ministr*o al* lavoro". La prima intervista si intitolava: "Davanti a lei non fuma nemmeno Lama". La prima domanda: come dobbiamo chiamarla? *Signorina* ministro? Anselmi era nubile. L'appellativo onorifico per rivolgersi a un ministro della repubblica, da protocollo, sarebbe stato eccellenza.

Gli anni hanno archiviato l'appellativo; non il dibattito sulla flessione di "ministro". La prima donna presidente del consiglio, nominata quarantotto anni dopo, nel primo giorno di incarico dirama una circolare: firmerà al maschile – "*il* presidente" – le comunicazioni ufficiali, e dispone che i giornali facciano lo stesso.

La circolare scuote la sonnolenza delle redazioni. In un quotidiano di sinistra il direttore (maschio, declinazione indisputata) dirama un'altra circolare: se vuole essere chiamata *il* presidente, allora noi obbediamo. Le redattrici – ruolo non di potere, dunque tranquillamente declinato – diramano una controcircolare: noi scriviamo *la* presidente, i capi se vogliono correggerlo facciano loro. Dirama una circolare anche il sindacato della

Rai, Usigrai: si deve scrivere e dire *la presidente* "come da policy aziendale" perché la grammatica non basta, e contestare prevedibili ordini di servizio. Per giorni la questione tiene banco sui giornali, sui social, a tavola, dove chi è a favore di "il presidente Meloni" schiera, come da sempre, le punte di diamante dell'argomentazione pro-maschile indistinto. *Avvocata* è ridicolo (ma il *Salve Regina*?), *architetta* un po' *cochon*, allora adesso dovremo anche dire *baristo* o *giornalisto*? (No.)

Poi viene superata da un nuovo dibattito. Meloni porta con sé la figlia a un G20: avrà fatto bene? Avrà fatto male? Voleva dirci che il primo compito di una femmina è fare la madre? Che garantirà i nidi in ufficio? Che se il lavoro non ti permette di andare dai figli devi portarti i figli al lavoro come Maometto alla montagna? Che a un padre non si può lasciare un bambino nemmeno per un minuto? Samantha Cristoforetti si porta forse i figli su Marte? E perché no? Ma la bambina non doveva essere a scuola? Certo con uno stuolo di tate siamo brave tutte; certo Ursula von der Leyen ne ha fatti sette; mamma ma io posso andare su Marte se tu ci vai?

Susanna Camusso, segretaria cioè dirigente massima della Cgil, nominata nel 2010, chiedeva allora di essere chiamata "il segretario" per non sembrare una dattilografa. La ginecologa femminista Alessandra Kustermann, che ha fondato a Milano un pronto soccorso per le vittime di violenza sessuale (più di trentamila assistite dal 1996), racconta che "ho sempre chiesto di chiamarmi primario e direttore: erano altri anni. Volevo poter piangere ai racconti delle mie pazienti, ed essere lo stesso *presa sul serio*". Erano altri anni; ma anche oggi il frusto dibattito sui femminili professionali riflette un'etica del lavoro. A partire da cosa si intenda per *essere presi sul serio*.

Una documentarista a me cara che "ce l'ha fatta", cioè che fa il suo lavoro al massimo livello ed è *presa sul serio*, e scrive libri, intervista potenti, gira il mondo, racconta di quando è salita su un aereo verso l'Iraq "con le tette che perdevano latte, e piangendo al pensiero di lasciare mio figlio di poche settimane". Nella narrazione che lei fa di sé, e che tutti fanno di lei, quello stillare di latte e di lacrime è il suo passaporto verso la fortuna; le colleghe meno contente, relegate a lavori più ingrati e a carriere nelle retrovie, di lei dicono sempre che il suo successo "lo ha meritato, perché lavora come dieci persone". Lavorare *tanto*, in un'epoca piena di disuguaglianze che ammette meno di tutte quella, implacabile, del talento, è nella vulgata la sola ricetta accettabile per il successo, la cui natura capricciosa e forse iniqua si preferisce dimenticare: il terreno della tigna è assai meno scivoloso di quello dell'estro. Soprattutto quando ad avere successo è una donna, che quando ce la fa trova subito un parente o un amico che per la stampa la definirà – credendo o forse sapendo di facilitarle le cose – una "secchiona", una sgobbona, una stacanovista.

Anche per questo, potersi fermare in ufficio *tanto* anzi tantissimo è il premium che – tutti lo danno per scontato, nel dibattito sulla questione di genere al lavoro – un dirigente uomo ha *per natura* su una collega donna, che a un certo punto volente o nolente viene richiamata a casa, deve fare altro. Nella mitologia professionale del mio mestiere, ma ogni campo ha le sue, è entrata per esempio la vita di Gaetano Afeltra, leggendario vicedirettore del *Corriere* che viveva in albergo pur avendo famiglia, perché un giornalista deve sempre essere a disposizione del giornale. Un uomo *può* – che fortuna – lavorare tantissimo; una donna, a un certo punto, non più. Rispettare senza eccederli i già esosi orari di lavoro, come scritti sul contratto, è un concetto talmente stigmatizzato che negli Stati Uniti lo chiamano *quiet quitting*, equiparandolo a una dimissione silenziosa; "far cadere la penna" nel minuto in cui l'orario finisce è un comportamento che nessuno, almeno a voce alta, considera positivo.

Assorbiamo queste nozioni attorno a noi dal minuto in cui mettiamo piede in un posto di lavoro, spesso cooptate da un uomo che ci ha preferite a un nostro coetaneo perché "le femmine sono più brave di noi maschi" (frase che, detta sul lavoro, dovrebbe fare lo stesso effetto descritto da Natalia Aspesi del dirsi femminista di un uomo su chi se lo fosse trovato a letto: "su le mutande, e via").

E nel frattempo, proprio come il latte, queste retoriche professionali sgocciolano attraverso le menti di dirigenti, amministratori, capireparto, anche nei lavori di poco o nessun prestigio. Quelli che nessuno si fa problemi a flettere al femminile: la commessa costretta a indossare le corna da renna a Natale e un fiocco di tulle a Pasqua e a fare straordinari ordinati all'ultimo minuto; l'oscura redattrice; la cameriera a cui il titolare del bar tocca il culo; la professoressa delle medie costretta a trasferte di chilometri; l'impiegata che muore di noia; la donna delle pulizie; l'operaia che se non sta attenta finisce stritolata da macchinari non a norma; le firmatarie di dimissioni in bianco; le infermiere in trincea nei pronto soccorso, che infatti si licenziano a migliaia. A tutte, anzi a tutti e tutte, è chiesta reperibilità continua, produttività massima, abnegazione religiosa, obbedienza militare.

Anche le critiche a questo modello si stanno diffondendo sui giornali, sui social, nelle librerie. Ma in qualche modo restano teoriche, arrestate principalmente dalla resistenza di chi gestisce e organizza il lavoro. E dalla comoda obiezione che sempre è in agguato quando si parla di merito, di successo e di percorsi professionali: che a protestare per le condizioni del lavoro, per i valori premiati nell'accesso alle posizioni più gratificanti o influenti, per le culture aziendali fordiste, siano le persone più pigre o le meno brave. Salire sull'aereo con le tette gocciolanti è segno di un'ambizione fortissima, che va solo premiata: meno enfasi si dà in genere alla presenza di un compagno che fa la sua parte, e mai nessuna a politiche aziendali che consentano di ritrovare il proprio posto di lavoro, tornando da un congedo, più o meno come lo si era lasciato.

Così le donne al lavoro, e le tante che dal lavoro rimangono escluse, restano soprattutto un fenomeno di costume: l'imprenditrice blatera che assume solo donne over 40 perché hanno già figliato e divorziato; lo storico snocciola le qualità che *storicamente* sono premiate sul lavoro, e spiega che le femmine non sono mai state allevate per averle, giocavano con le bambole! L'Istat rileva che non figliano, e i conservatori esultano: "È perché lavorano!". Gli osservatori sulla violenza di genere declamano i numeri dei femminicidi e tuonano: "È perché non lavorano!". Le "quote rosa" non servono, serve che si premi il merito; le "quote rosa" servono, perché donna poi assume donna; le donne sono le peggiori nemiche delle donne; le donne sono più brave dei maschi; le donne sono più brave dei maschi, ma non hanno autostima non sono assertive non sono lucide; questa non scopa mai? Si può o non si può più dire "donna con le palle"; pro e contro dell'indossare il tailleur grigio ferro da donna in carriera anni Ottanta; pro e contro di fiorami e pizzi nella divisa della dirigente, del guadagnare di più del partner, del dire le parolacce al lavoro, del piangere quando si annuncia una legge sulle pensioni. Ma obbedire per obbedire non stavi meglio mantenuta da un buon marito? Ma sbattimento per sbattimento non potevi fare i figli presto? Le donne in politica vengono tutte da destra, come mai? Una donna di destra al potere è una femminista? Una donna di destra al potere è una maschilista? *Pole la donna permettirsi di pareggiare con l'omo?*

Intanto l'occupazione femminile, in Italia, è al 53,2 per cento, penultima in Europa prima della Grecia e comunque lontana dal 60 che i Paesi europei si erano prefissi di raggiungere entro il 2020 con la Strategia di Lisbona, rimasta poi lettera mortissima. Tra le donne con figli è del 37,2 per cento, cioè lavora poco più di una su tre.

I fattori di questa arretratezza sono ormai così noti che potrebbe elencarli un marziano: divario salariale e stipendi insufficienti, scarse infrastrutture sociali che permettano di conciliare la cura della famiglia con la vita professionale, ambienti di lavoro tossici o discriminatori o perfino molesti. Ma anche, più sfuggente dalle statistiche, un generale senso di mancanza di significato in quello che si fa, di delusione circa un percorso a cui ci si pensava destinate, di bruttezza e insensatezza del lavoro a confronto, per esempio, di quello pur faticoso che si fa per i propri cari (e da cui proprio con il lavoro si era pensato di emanciparsi, cascando invece dalla padella alla brace).

Ma sono davvero problemi soltanto da donne?

Be', no.

Tra il 2020 e il 2022 si è assistito – prima all'estero, e poi anche in Italia – al manifestarsi di una diffusa disaffezione nei confronti del mondo del lavoro. Il fenomeno si è manifestato in vari modi; il più evidente è stata la cosiddetta *great resignation*. Le "grandi dimissioni" sono state molto studiate soprattutto dalle aziende che ne hanno i mezzi (cioè le più grandi multinazionali). Le ricerche sulle *ragioni* di chi lasciava il lavoro si sono moltiplicate: capire perché improvvisamente ci si trovava a gestire o prevedere un ricambio dei dipendenti molto più alto, o perché era diventato difficile trovarne di nuovi, è stato per la prima volta assai rilevante per datori di lavoro che non sempre, altrimenti, si erano interessati troppo al benessere dei salariati.

Sulle risposte che queste ricerche hanno dato torneremo spesso nel corso di queste pagine: si riassumono, comunque, in insoddisfazione economica, ricerca di maggior equilibrio tra impiego e vita privata, frustrazione circa il clima che c'è al lavoro, i percorsi di carriera possibili, la qualità delle mansioni stesse. Onnipresente, e per le stesse ragioni, sembra la richiesta di una maggiore flessibilità degli orari e dei luoghi: la chiedono, nelle stesse percentuali, femmine e maschi.

Sembrerebbe proprio, cioè, che le "questioni femminili" al lavoro siano anche questioni ambosessi.

Anche gli uomini, se possono, stanno un po' più lontani dalle luci al neon e dalle scrivanie in compensato dei loro uffici, e anche gli uomini soffrono nel fare lavori *brutti*. Gli stipendi femminili restano più bassi di quelli maschili (meno 15 per cento è la media europea); ma il lavoro povero è in Italia un problema anche degli uomini, i cui salari non reggono la competizione non solo con quelli offerti all'estero, ma spesso nemmeno con il defunto reddito di cittadinanza.

E se il ritornello che "le donne fanno figli sempre più tardi" rimane vero, lo stesso si può dire degli uomini con cui li fanno, stritolati in gavette infinite e anticamere dai salari ridicoli in quasi ogni percorso professionale intrapreso prima dei quarant'anni.

Infine, e forse soprattutto, sempre più persone trovano inefficace o controproducente discutere di questioni sindacali, politiche ed economiche come di fatali disfunzioni mestruali, legate a una biologia che renderebbe le donne varianti minorate del grado zero dell'umano, cioè del maschile (o portatrici di saggezze inutili nell'agone del mercato come la strombazzata empatia, il dovere del multitasking o una *naturale* mitezza nei modi). E dunque dipendenti che non conviene assumere, creature la cui fragilità va usata per discriminarle, elettori che non importa interpellare.

Sempre più persone – e tra queste certo molte femmine – preferiscono sentirsi *cittadini*: titolari cioè di voce in capitolo circa i processi produttivi e politici che li riguardano. Questo spiega, per esempio, il gran parlare a tutti i livelli di inclusività. Se metà della potenziale popolazione attiva fa fatica con le norme che regolano l'accesso, il collocamento e la crescita nel mondo del lavoro, tanto da restarne permanentemente ai margini, un legislatore che tollera il loro arrancare non è solo sessista, epiteto che peraltro in molte culture professionali è un complimento. È non più democratico.

Quando si parla di femminili professionali, il testo di riferimento di chi difende la necessità di declinare tutto al femminile e combattere il maschile sovraesteso è un documento che la pubblica amministrazione ha adottato nel 1987. Si intitola *Raccomandazioni per un uso non sessista della lingua italiana* e lo ha scritto la linguista femminista Alma Sabatini, morta poco dopo a sessantasei anni. Nata nel 1922, Sabatini mise nero su bianco già allora le rivendicazioni linguistiche che anche oggi molte donne italiane avanzano, sostenendo che "attraverso la scelta linguistica si possa ottenere un cambiamento più sostanziale dell'atteggiamento nei confronti della donna".

Che cambiando la lingua si possa cambiare la realtà è uno degli assunti più popolari ma anche più disputati di quest'epoca, e per i suoi detrattori distoglie dal concentrarsi sulla "sostanza" (dei diritti, dei valori) che si vuole difendere. Però c'è un passaggio che, nella sua sintetica efficacia, prenderei in prestito. "Per parità", scrive Sabatini, "non si può intendere un adeguamento alla norma-uomo, bensì una reale possibilità di pieno sviluppo e realizzazione per tutti gli esseri umani nelle loro diversità. Molte persone sono convinte di ciò, eppure si continua a dire che 'la donna dev'essere pari all'uomo' e mai che 'l'uomo dev'essere pari alla donna', e nemmeno che 'la donna e l'uomo, o l'uomo e la donna, devono essere pari'. Strano concetto di parità, questo, in cui il parametro è sempre l'uomo".

Così, per provare a fotografare i nuovi sentimenti che circolano a proposito del lavoro negli ultimi mesi, e isolarne le cause, ho pensato di immaginarmi questo *Statuto delle lavoratrici*.

Gli articoli sono alcuni tra quelli che compongono lo Statuto dei lavoratori, con gli stessi titoli; i soggetti interessati, però, sono diversi dall'operaio con la tuta blu sulla cui figura lo Statuto era stato cucito, e sono diversi e nuovi pure i loro problemi. Questo *Statuto* usa un femminile sovraesteso: risolvendo i problemi che escludono le lavoratrici, è la tesi di queste pagine, starebbero meglio tutti i lavoratori.

Quando nel 1976 Tina Anselmi giurò da ministra, in Italia vigeva già da sei anni la legge 20 maggio 1970 n. 300, cioè proprio lo Statuto dei lavoratori. Contiene *Norme sulla tutela della libertà e dignità dei lavoratori, della libertà sindacale e dell'attività sindacale nei luoghi di lavoro e norme sul collocamento.*

Da quando esiste i datori non possono più sorvegliare i lavoratori con guardie armate o perquisirli all'uscita (art. 2); chiedere a una dipendente se si è sposata o è incinta (art. 8) o licenziarla per questa ragione (art. 18); punire o discriminare chi fa attività sindacale o politica. Ci vollero diciotto anni perché l'ordinamento recepisse queste norme che a noi oggi sembrano elementari:

la prima ipotesi di uno Statuto dei lavoratori era stata formulata nel 1952 dal sindacalista Giuseppe Di Vittorio, ma aveva trovato molte divisioni anche tra i sindacati. L'approvazione, poi, non era stata rapidamente e di buon grado concessa dal legislatore; ci si era arrivati dopo più di un decennio di proteste e lotte collettive anche violente, guidate dal movimento operaio e dagli studenti. Nell'"autunno caldo" del 1969 si era stabilito un record a oggi imbattuto: oltre quattrocento milioni di ore di lavoro in un anno perse per scioperi e altre proteste. L'anno dopo, ecco lo Statuto.

Nei mesi e negli anni seguenti, in un clima di cambiamento sociale diffuso che per molti osservatori era stato proprio lo Statuto a innescare, sarebbero state poi approvate la riforma del servizio sanitario nazionale, il superamento dei manicomi, la legalizzazione dell'aborto, la legge sul divorzio e il nuovo diritto di famiglia.

In materia di lavoro, dopo la Costituzione, lo Statuto è la fonte normativa principale; per molti anni è stata considerata la legge in materia più avanzata d'Europa. Perché? La Treccani riassume così varie fonti: "la *ratio* della legge va ricercata nella volontà di proteggere il prestatore", cioè il lavoratore, "come parte più debole del rapporto di lavoro". Lo spirito della norma menziona poi anche "l'esigenza della pace sociale", e la "produttività": il sogno cioè non è uno sciopero perenne o l'isola che non c'è o uffici montessoriani, ma solo relazioni più equilibrate tra lavoratori e "padroni". Ma soprattutto c'è scritto nero su bianco che – a dispetto della tradizionale retorica conservatrice sulla naturale pigrizia umana e sui poveri imprenditori impiccati da lacci e lacciuoli – tra chi il lavoro lo offre, e chi il lavoro lo cerca, c'è un lato che è in vantaggio e uno che non lo è. Che il coltello ha un manico solo, e quel manico non sta, normalmente, in mano ai lavoratori.

Figuriamoci alle lavoratrici. Mezzo secolo dopo non ci licenziano più se ci sposiamo (se restiamo incinte, comunque, buona fortuna), le *avances* di padroni e colleghi hanno un altro nome ed è molestie sessuali, nessuno ci perquisisce all'uscita dal lavoro e l'attività sindacale è dimenticata ben prima che discriminata o punita. Ma cresce il numero delle persone, non solo donne, che faticano lungo tutta la vita per non restare confinate ai margini della popolazione attiva, o per non doverne uscire.

Il femminile sovraesteso di questo gioco che ho fatto tra me e me in mesi in cui tutte le persone a me care hanno parlato assai più di lavoro che di sentimenti, e con assai più sofferenza, indica così non soltanto le femmine che lavorano. Ma tutte le persone che non possono o non vogliono obbedire a regole di produttività, di reperibilità, di flessibilità, potere e gerarchia che informano la maggioranza dei nostri posti di lavoro e che possiamo chiamare maschili, nuovamente solo per convenzione.

Immagino cioè *lavoratrici* i papà che al lavoro chiedono il congedo di paternità facoltativo nell'incredulità e nel disprezzo dei dirigenti; le persone che vogliono fare un buon lavoro, e spesso ne hanno fatto anche la missione di un'esistenza, ma vorrebbero anche poter leggere un libro ogni tanto o guardare in faccia i loro amati a orari non notturni, o potersi ammalare senza venire scavalcati o mangiare pranzo e cena su superfici che non siano la loro scrivania; chi è in difficoltà, soffre di forme di ansia o depressione (un italiano su cinque, nel 2021) e ha bisogno di un ritmo più lento per stare meglio e certo non di uscire dalla vita attiva; chi ha un'età avanzata e una preparazione al lavoro resa inadeguata dai tempi, ed è quindi *poco competitivo*.

Chi ha – come storicamente, e statisticamente, le donne – un salario che da solo non gli consente alcun agio o forse neppure l'indipendenza e certo non di fondare una famiglia né di abitare *una stanza tutta per sé*; chi non ha – come storicamente, e statisticamente, le donne – una *moglie*, cioè un coniuge la cui esistenza è votata in gran parte ad alleggerire la sua dai lavori domestici, emotivi, di cura. Chi non si trova camicie stirate e pantofole pronte rientrando da una giornata nella quale ha avuto persino il tempo di frequentare un'amante, chi non ha voglia di rivedere nei propri figli degli sguardi estranei, chi è stufo marcio di parlare di calcio con i colleghi o di sbracciarsi al karaoke di Natale; chi si chiede il senso della gerarchia cui obbedisce e lo confronta con il senso esistenziale, quasi sempre più alto, di altri vincoli magari di sangue, o di altri impegni magari interiori; chi nella parabola evangelica si rivede poco in Marta, e assai più in Maria.

Le *lavoratrici* di queste pagine hanno quindi un femminile sovraesteso che è un po' concreto ma molto simbolico. Sono, soprattutto, sempre le parti deboli. Quello che non hanno mai non è per forza il cromosoma Y. È il coltello dalla parte del manico.

ART. 1 – LIBERTÀ DI OPINIONE

I lavoratori, senza distinzione di opinioni politiche, sindacali e di fede religiosa, hanno diritto, nei luoghi dove prestano la loro opera, di manifestare liberamente il proprio pensiero, nel rispetto dei principi della Costituzione e delle norme della presente legge.

C'è una cosa che non si può mai dire nemmeno adesso che la dicono proprio tutti: che il lavoro è brutto. Non il lavoro in generale. Il lavoro in generale, siamo tutti d'accordo, nobilita.

Il tuo, però, è brutto.

L'orario d'entrata è di acciaio, quello d'uscita vischioso come la colla vinilica; i superiori sono arroganti e miopi, la clientela insipiente e cafona, il contratto precario, la paga ridicola; la legge sembra lettera morta, si mangia alla scrivania da un Tupperware, il telefono con cui lavori verrà sostituito tra cinque anni, il computer tra otto, il tuo capo mai. Comandano i luogotenenti dei superiori, i figli dei superiori, le amanti dei superiori, le mogli dei superiori, quasi mai i mariti dei superiori perché quasi mai, lo dice il luogo comune ed è vero, una superiore è una donna. Persino il femminile di "capo" suona più artefatto di "avvocata", "professoressa", "ministra": "capa" non si può sentire, sembra una parola da trapper. I tuoi colleghi uomini hanno tutti due figli; le tue colleghe, te inclusa, un ventaglio di situazioni sentimentali inclassificabili, giusto guiderdone per avere *scelto di fare carriera.*

I compiti che ti assegnano sono tanto pedestri che inizi a credere di non essere all'altezza di fare nient'altro; ma sono tanti e così pesanti, tutti insieme, che non vai mai a casa. L'ufficio è un posto grigiastro con luci al neon, telefoni fissi inudibili, gli arredamenti fermi al punto del tempo in cui la tua azienda contava ancora qualcosa, e se quel punto nel tempo è adesso: tanti auguri. Significa che in ufficio ci devi pure socializzare perché qualcuno ci ha messo un calciobalilla, cresta dell'onda del divertimento aziendale da almeno dieci anni.

È difficile ammettere ad alta voce, di fronte ad altri, che il tuo lavoro non ti piace. Ma prima ancora, è difficile ammetterlo a te stessa senza sentirti una parassita, una stronza, una in cui vincono le istanze infantili, dentro di te una voce dice: ah, pensavi di andare a Gardaland, e invece guarda un po', è un ufficio. Ah, ma i tuoi genitori a lavorare andavano, ora volete fare tutti gli influencer, gli chef stellati, i travel blogger, i tizianiterzani le virginiewoolf i ricchi delle criptovalute. Siete cresciuti troppo bene, non avete fame.

La *fame*. *Stay hungry*, resta affamato, seguito dal più criptico *stay foolish*, rimani pazzo, è forse il più popolare degli adagi contemporanei su come si sta al lavoro: non a caso, azzardo prendendo a prestito un vocabolario novecentesco, lo ha coniato un *padrone*. Dire "non mi piace il mio lavoro", fuori da Instagram, è come dire "mi ripugna la famiglia", o "non mi piace l'amore" o "detesto la legge della caduta dei gravi". Una frase che bolla come lamentosi e in fondo professionalmente scarsi; antisociali; scollati dalla realtà: se ti dovesse piacere, del resto, non si chiamerebbe lavoro, da *labor*, cioè travaglio.

La congiuntura non aiuta. L'Italia è in pieno declino di produttività e molti dei divari tra regioni e generazioni hanno radici profonde. Crisi internazionali una dopo l'altra, negli ultimi quindici anni – quella finanziaria del 2008, quella del debito nel 2011, il Covid-19, la guerra in Ucraina, ora il riaccendersi del conflitto in Medio Oriente e le tensioni nel Mar Rosso – hanno contribuito a peggiorare la qualità del lavoro per quasi tutti.

Soprattutto, gli effetti di queste crisi si sono abbattuti in modo diseguale. La rivendicazione di flessibilità che in molti dipendenti è diventata più forte dopo due anni di lavoro forzatamente flessibile (anche se non sempre *smart*) suona oltraggiosa o almeno estranea a coloro che, negli stessi due anni, un reddito precario o temporaneo se lo sono visto spazzare via. O a chi ha un impiego che non si può svolgere da remoto (per la struttura occupazionale italiana è così in sette lavori su dieci e in quasi tutti quelli a basso reddito) e lavorando, durante la pandemia, si è pure contagiato.

Chi ha potuto lavorare in una casa accogliente, magari da solo, durante la pandemia, non comprende la smania di riapertura che aveva chi invece ha visto ricadere su di sé la cura di un'intera famiglia, e ha dovuto in più lavorare *full time* dal tavolo della cucina.

A proposito di casa: chi ne ha ereditata una e non è lontano dalla famiglia di origine può accettare di seguire un'ambizione a condizioni e con retribuzioni diverse da chi deve pagare un mutuo e un nido, non disponendo della vicinanza dei nonni: queste condizioni contribuiscono a creare un mercato del lavoro a misura di azienda (e panorami urbani corrispondenti). E a proposito di famiglie e "grandi famiglie": chi ha iniziato a lavorare in decenni più prosperi di questo, e si è "fatto il culo" ottenendo in cambio emolumenti e soddisfazioni corrispondenti, stenta a capire la rassegnata collera che i figli o i dipendenti più giovani sembrano nutrire nei confronti della stessa prospettiva, quella di "farsi il culo".

Chi al lavoro ha chiesto un'*identità* – atteggiamento che sembra scomparire tra i ventenni i cui meme recitano *Dream job? I don't dream of labor* – ha dispiaceri, collere e rivendicazioni diverse da coloro che al lavoro hanno chiesto, soprattutto, sicurezze economiche. E la delusione di questi ultimi è spesso incompresa dagli altri: il vero truffato dal lavoro contemporaneo non è il laureato in lettere che guadagna poco, ma l'ingegnere che voleva più di tutto un lavoro sicuro e iniziare presto la vita adulta, e vive invece con tre coinquilini persino lui.

Chi lavora in un settore in cui gli infortuni mortali sono tre al giorno (nel 2022 in Italia sono stati 1.208, soprattutto in settori a bassa retribuzione) ha un concetto di "stress lavoro-correlato" che è un po' diverso da quello pur grave espresso nel modaiolo termine *burnout*. E così via.

Anche di questa complessità si nutre la collettiva inibizione dal pensiero che sembriamo applicare quando si tratta di mettere in questione, collettivamente, i modi in cui lavoriamo.

C'è sempre una miniera più miniera di quella in cui scavi tu, un genitore che si è alzato alle quattro e mezza tutta la vita *e non si lamentava tanto*, un imprenditore che da ragazzo non si concedeva certo dieci euro al giorno per il toast del bar ma la madre gli preparava la gamella, un ristoratore che oggi paga spiccioli ai suoi aiutanti perché da ragazzo lui, sostenuto dalla *passione*, lavava tonnellate di piatti gratis.

Se è per questo, nel 1837 il piccolo Oliver Twist lavorava in fabbrica a nove anni, e per aver chiesto più cibo si era procurato una nomea di agitatore, e se la Londra attuale è assai diversa, almeno per un bambino, dalla Londra di Dickens è anche perché qualcuno contro i suoi padroni avrà pur protestato. Rispetto all'infanzia di Oliver Twist, che per inciso nel romanzo a cui dà il titolo si salva la vita ereditando, e non lavorando, impallidisce l'infanzia di qualsiasi imprenditore nostrano "partito dal niente": ciò per dire che ciascuno è il millennial presuntuoso di qualcun altro e gode delle conquiste – tecnologiche, sindacali, culturali – di qualcun altro. Si chiamerebbe, in teoria, anche progresso.

In *Serge*, capolavoro 2022 della drammaturga francese Yasmina Reza, il protagonista eponimo è un simpatico stronzo messo in pensione dall'epoca: il classico che fino a trent'anni fa – maschio, avanzato nella professione anche se in fondo non sembra geniale ma compensando in arroganza, fessamente donnaiolo – aveva sempre ragione lui; e che oggi, per gli identici motivi, non ce l'ha più.

Picnic ad Auschwitz, corsi di laminazione delle sopracciglia, anziani a cui viene sbriciolato l'antidepressivo nello yogurt: il romanzo, come sempre i libri di Reza, è pieno di perle di mimetismo più vere del vero, ma la più vera di tutte è Victor Ochoa.

Victor Ochoa, nipote GenZ, figlio della sorella di Serge, ha frequentato una costosa "università della cucina": rifiuta dunque due settimane di stage in un ristorante una volta prestigioso (prestigioso ai tempi di Serge) che lo zio gli aveva rimediato "facendo qualche telefonata", perché, "zio, non mi pagano". Lo zio, Serge, si offende e smette di parlargli; il nipote trova poi la sua strada. Serge ci è simpatico e anche noi lettori, come lui, non ci rassegniamo facilmente all'epoca, eppure lo vediamo: i cazziatoni al nipote per scarsa umiltà sono solo un ulteriore segno che Serge, del periodo in cui vive, non capisce più un granché.

La *great resignation* che aveva luogo negli Stati Uniti nella primavera del 2020 era stata trattata dai nostri giornali dapprima come una notizia di Esteri. Migliaia e poi milioni di lavoratori avevano iniziato, come in un passaparola, a dimettersi da uffici, bar, ospedali, catene di montaggio. I numeri forniti dal Bureau of Labor Statistics negli Stati Uniti continuavano a lievitare: a marzo 2022 i posti di lavoro vacanti erano 11 milioni e

500 mila, e le dimissioni avevano raggiunto un picco. Quattro milioni e mezzo di persone si erano licenziate: il 3 per cento della forza occupazionale complessiva.

Era una notizia, appunto, di Esteri; quando iniziarono ad arrivare i primi comunicati di sindacati, associazioni di manager, uffici studi che parlavano di dimissioni in Italia, sembrarono a tutti molto romantici e poco concreti. La consueta notizia americana che si ricalca acriticamente. Per l'Italia, poi, questa pareva proprio impensabile. Agli occhi di noi italiani un posto di lavoro con contratto stabile, se non indeterminato, è una svolta esistenziale desiderabile e rara quanto sposare un principe azzurro. E se anche il principe azzurro spesso ti costringe a mansioni mortificanti, il suo castello sta a tre ore e due treni regionali da casa tua, o in una metropoli cara e molto inquinata, anche se tu più che una principessa hai finito per diventarne la schiava Isaura e il vostro rapporto è nel migliore dei casi noioso e nel peggiore tossico, un principe azzurro non si lascia. E quasi sempre, in quest'epoca, quando lo hai sposato ne eri persuasa anche tu.

Pian piano, però, è diventato evidente che il fenomeno si stava replicando anche qui e nel resto d'Europa. In Italia, nel 2021, si sono dimessi due milioni di lavoratori dipendenti, e nel 2022 altri 2,2 milioni.[1] Il 62 per cento di loro aveva persino in dote il gioiello della corona, cioè il contratto a tempo indeterminato. Lo ha rilevato l'Inps: il dato sconta la scarsa mobilità del mercato del lavoro durante il Covid, ma è comunque un terzo in più dell'anno precedente. Solo a Milano, secondo uno studio della Cgil, nel 2021 si sono dimesse duecentomila persone; 420 mila in Lombardia, e nel 2022 566 mila. In Veneto, il por-

[1] La fonte in materia sono le trimestrali note del ministero del lavoro sulle comunicazioni obbligatorie.

tale Veneto Lavoro ha registrato nel 2022 15 mila dimissioni al mese. Parallelamente sono cresciute per molti mesi le imprese che segnalavano difficoltà a reperire manodopera, soprattutto in servizi come la ristorazione e nella sanità.

I lavoratori che si sono dimessi, mesi dopo, non sono spariti dalla popolazione attiva; molti, soprattutto uomini, hanno trovato altri impieghi migliori, in genere, perlomeno dal punto di vista salariale (negli Stati Uniti il salario dei dimissionari poi reimpiegati è salito dell'8 per cento in media). Per gli osservatori più conservatori, questo è un segnale che le "grandi dimissioni" sono state sopravvalutate. Che non è in atto, cioè, un cambiamento culturale profondo e collettivo nella maniera in cui percepiamo il lavoro. Per i più romantici, viceversa, le dimissioni di centinaia di migliaia di lavoratori in un mercato del lavoro così poco vivace sono equivalse, né più né meno, a un silenzioso sciopero generale. A una trattativa condotta senza condurla.

Le storie di chi non voleva più lavorare sono finite sui giornali spesso, e soprattutto in due generi narrativi di segno opposto. Da un lato, il pullulare di articoli primavera/estate sui camerieri stagionali che non si trovano più per la stagione: non hanno *fame*, protestavano molti chef sulle colonne dei quotidiani, preferiscono il reddito di cittadinanza.[2] Dall'altro, al tema si sono

[2] Nota del traduttore, cioè del buonsenso. Quando si legge un imprenditore protestare che "non trova manodopera" a causa del reddito di cittadinanza, quella frase va tradotta così: "li pagavo meno del reddito di cittadinanza", che – ora è stato abolito – ammontava al massimo a cinquecentosessanta euro al mese. Quindi l'imprenditore non trovava manodopera perché non era disposto a pagarla adeguatamente. C'è sul sito di Aspesi una camicetta di seta rosa pallido stupenda che non va mai in saldo, costa sempre trecentodieci euro; io la bramo ma non sono disposta a spendere questa somma, né posso permettermela; non mi produco però in strali a mezzo stampa contro il costo delle camicette e se accadesse verrei rapidamente richiamata al buonsenso, trattamento che ai datori di lavoro viene sovente risparmiato.

appassionati molti giovani giornalisti, categoria i cui esponenti – depauperati rispetto a un mitizzato passato di tirature grandiose e vacche grasse – si sentono spesso, loro malgrado, proletariato intellettuale.[3] Sulle storie di *downshifting*, *quiet quitting*, *southworking*, *nomadismo digitale* e così via, si sono fiondati in tanti, generando una messe di articoli scritti in tono quasi sempre passivo-aggressivo. Il manager che ha lasciato tutto per fare l'orto. L'ingegnere che vive senza lavorare in una casa che si è coibentato da solo per risparmiare e alle figlie che gli chiedono lo zainetto delle Winx insegna a "non essere consumiste". La giovane coppia che ha lasciato Milano e gira il mondo in roulotte. La signora con tre cognomi che dirigeva un'azienda e ora fa consulenze strapagate dalla sua barca. L'ex professionista che si è aperta un profilo Instagram femminista e ora, in attesa di campare di attivismo, la mantiene il marito. La coppia di trentenni che guadagnavano duemila euro in due e durante il lockdown hanno scoperto che possono caricare su OnlyFans le loro scopate, e ora sono milionari. L'avvocata d'affari che ha fatto su baracca e burattini dal Lussemburgo e ora lavora da un palaz-

[3] Questo sentimento, comunque, sembra far parte dell'*habitus* professionale già dalla notte dei tempi. Nel prospero 1991, per esempio, il giornalista Antonio D'Orrico intitolava *Cambiare vita* il suo libro-inchiesta su chi mollava tutto per ricominciare. Elenca una sfilza di giornalisti: uno ha aperto un negozio di cappelli, uno ha fondato un caseificio, uno ha dato l'esame da avvocato. D'Orrico nega "cedimenti autobiografici" ma descrive il giornalismo come "non diverso ormai da qualsiasi lavoro impiegatizio", noioso e irrilevante. E la giornata tipo divisa tra l'archivio e la macchinetta del caffè, dove "il più ricorrente dei discorsi riguarda proprio la voglia di mollare tutto, con giuramenti solenni di non mettere mai più piede in una redazione". Ho comprato *Cambiare vita* su ebay perché preparavo, come D'Orrico, un articolo sul cambiare vita; animata da sentimenti analoghi, e come lui pronta a dichiararli e negarli nel giro di una frase. Mi è arrivata una copia farcita di ritagli di giornale del 1991, tutti su un solo argomento: il cambiare vita. Ho cercato di contattare il venditore su ebay, per sapere se davvero ci fosse riuscito. Non mi ha mai risposto. Scommetto che non è andato da nessuna parte.

zo patrizio in Sicilia che il suo comune ha cablato coi fondi europei per la lotta al *brain drain*, e così via. Insomma storie tra il romanzesco e il paradossale, e tutte certo con una loro dignità e una carica eversiva che aiuta, un follower dopo l'altro, a mettere in questione un modello di produttività. Ma non tutte facili da mettere in piedi, per una persona normale con un conto in banca normale e un cognome solo e magari l'ambizione anche solo declinata al passato di voler contribuire in qualcosa alla società nella quale vive. Per quelli che non vorrebbero mettersi a fare torte, non desiderano trasformare il loro hobby in un profilo Instagram, non hanno inclinazione imprenditoriale né rendite agricole e in nessun caso la possibilità o la voglia di *non lavorare*; quelli che – come chi scrive – hanno scelto il proprio percorso professionale anni prima rispettando due sole idiosincrasie naturali, quella verso la vista del sangue e quella verso il rischio d'impresa, e che ora quindi non vorrebbero *per nulla* diventare imprenditori di se stessi filmando la propria giornata persino al cesso, che all'idea di rispondere ai *box di domande* su Instagram preferiscono perfino le grame lusinghe del capufficio, che se costretti dalle circostanze a coltivarsi il cibo o a coibentarsi la casa morirebbero, probabilmente, di freddo e di fame.

Persone che *vorrebbero proprio* fare l'insegnante, il medico in ospedale, l'assistente di volo, il cuoco, il consulente, l'artigiano, il manager, l'accademico, l'artista, l'impiegato, l'avvocato, il carpentiere, il commercialista, il cameriere, l'infermiere, il contabile, il musicista, il tornitore, il designer. Solo: retribuiti il giusto, per un numero finito di ore al giorno, in condizioni dignitose, magari non sentendosi equivalenti professionalmente ai rematori di una galea.

Leggere le storie di chi ha lasciato l'ufficio e non lavora più, non almeno in senso novecentesco, anche per queste persone è catartico. È come leggere, in un romanzo, della moglie malinconica di un burocrate che lo lascia per un ardente ufficiale di cavalleria, e poco importa se poi la protagonista di cognome fa Karenina: i brividi si fanno sentire. Non sappiamo come andrà la vita di chi fa il grande salto, come non sappiamo il decorso nemmeno della vita di chi non lo fa, né di nessuno: la scontentezza del dipendente a un certo punto passa? I soldi dello stipendio l'emancipato li trova altrimenti? Dieci anni dopo, l'irrequietudine è ritornata sotto forma di un'irrequietudine nuova? È arrivata la serenità? Il romanzo a cui ci si voleva dedicare è poi stato scritto? L'orto lussureggia? Il capo che angariava quello che in ufficio è rimasto è finalmente in pensione? Ammalato? Rimpiazzato? Morto? Come vanno le scommesse non lo si sa mai.

Immedesimarsi nel momento in cui questi eroi contemporanei sono andati dal capo del personale, con il passo di Django quando incendia la casa dello schiavista, con il piglio che immaginiamo avranno avuto Harry e Meghan nel comunicare alla regina che grazie, *we'd rather not*, può essere liberatorio. Ma per molti resta un po' fittizio.

Meno rumore fanno le storie di chi resta, una maggioranza silenziosa di scontenti sempre più scontenti. A commento delle grandi dimissioni, negli articoli sui giornali divulgativi, è spesso stato invocato un report internazionale tra i più autorevoli, il "Gallup State of the Global Workplace". Ogni anno l'istituto di ricerca Gallup interroga un migliaio di lavoratori – campione rappresentativo per tipo di impiego, età, genere – per ogni Paese di tutti i continenti; duemila per i più grandi, come Cina e Russia. Le domande ne sondano i *sentimenti* circa il lavoro: soddisfazione, coinvolgimento, ambizione, appagamento, scontento. Il 59 per cento dei lavoratori del mondo si dice "distaccato" dal lavoro che fa – un sentimento tradizionale, che sappiamo rivedere negli adulti delle generazioni passate, quello cioè di chi va al lavoro perché sa che *lavorare bisogna* e tutto sommato se la mette via, fa il suo, trova le sue contentezze altrove. Il 18 per cento, cioè quasi uno su cinque, si dice "infelice al lavoro". Anzi, così la definizione della ricerca, "non solo infelici: sono pieni di risentimento per l'insoddisfazione completa dei loro bisogni, e mettono attivamente in pratica questo sentimento. Ogni giorno, cioè, remano contro gli sforzi dei loro colleghi contenti".

Il 23 per cento, un po' più di un lavoratore su cinque nel mondo, si dice invece "felice al lavoro": sono quelli che, secondo i curatori della ricerca, hanno meno possibilità di sviluppare ansia, burnout, depressione; che riferiscono di "ridere molto al lavoro", di sentirsi "trattati con rispetto", di "non cercare un altro impiego prossimamente". Le aziende dove il personale si sente così, aggiunge l'amministratore delegato di Gallup Jon Clifton nella sua prefazione al rapporto, hanno anche "i tassi più alti di fedeltà tra i clienti".

Questo 23 per cento di felici è un dato globale. In Italia è il 5. Cinque italiani su cento, non di più, sono "felici al lavoro"; cinque su cento sentono che il loro lavoro è rilevante; cinque su cento sono entusiasti di quello che fanno, hanno riso al lavoro nelle ultime ventiquattr'ore, si sentono adeguatamente compensati per i loro sforzi. È la percentuale più bassa in Europa. Dopo Cipro, i lavoratori italiani hanno la percentuale più alta di tristezza (il 27 per cento degli intervistati ha sperimentato questo sentimento nelle ventiquattro ore prima dell'intervista) e tra le più alte di stress (46 per cento) e preoccupazione (45 per cento). Il 72 per cento è "distaccato" dal suo lavoro, e il 34 per cento, cioè un terzo dei lavoratori, vorrebbe cambiarlo. Siamo un popolo di fancazzisti genetici, o forse molti posti di lavoro sono, semplicemente, *brutti*?

Questo 95 per cento di scontenti, disamorati, scazzati, li ha mai interpellati qualcuno?

ART. 3 PERSONALE DI VIGILANZA

I nominativi e le mansioni specifiche del personale addetto alla vigilanza dell'attività lavorativa debbono essere comunicati ai lavoratori interessati.

Chi ci ha insegnato a lavorare? E da quali sorveglianti, da quali vincoli il lavoro ci può rendere autonomi?

Il 17 febbraio 2008 il Kosovo, ex provincia separatista della Serbia a maggioranza albanese, dichiarava unilateralmente l'indipendenza a dieci anni dall'inizio dell'ultima tra le guerre balcaniche: era l'ultimo Paese a separarsi dall'ex Iugoslavia, e diventò la nazione più giovane d'Europa. Anche dal punto di vista demografico: degli 1,8 milioni di abitanti, la metà oggi ha meno di venticinque anni.

Io allora ne avevo ventiquattro e mi ero laureata da due giorni. Punteggio massimo. Allora mi pareva importante: un segno che avrei potuto fare della mia vita futura tutto quel che volevo. Seguivo la cronaca nera per un'agenzia e le notiziole varie per un quotidiano, e avevo un contratto da ricercatrice per un centro studi che per molti anni a venire è rimasto l'unico rapporto professionale in cui abbia avuto dei diritti. Tutti e tre insieme quei lavori facevano uno stipendio ottimo, e di me un'eccezione luminosa, ancorché già esausta, tra i miei amici alle prese con gavette da *Tutta la vita davanti*. La prima cosa che mi ero comprata, con le prime entrate, era stata una lavatrice: lo statino della laurea e la ricevuta di Euronics, che ho conservato entrambi, pinzati l'uno all'altra in una cartellina, erano la mia dichiarazione di indipendenza.

Quindici anni dopo aver detto addio alla Serbia, Pristina è una capitale povera ma vivace, caotica ma non minacciosa e sempre pullulante di ragazzi: i ristoranti sono quasi vuoti, perché nessuno ha un soldo, e la *korza*, cioè lo struscio, è insieme al fumo di sigarette a catena il vero sport cittadino. Viale Madre Teresa, pedonale, è il cuore elegante della città: in Kosovo, nel 1928, la suora macedone sentì la sua *vocazione* e seppe cosa doveva fare della propria vita e a che costo. Una fortuna che nemmeno oggi capita a molti.

Madre Teresa non è l'unica divinità, nel pantheon locale. Le strade qui hanno nomi come Bulevardi Xhorxh Bush, viale George Bush; entrando in città abbiamo già incontrato una gigantografia e una statua di Bill Clinton; molti ventenni si chiamano Tony in omaggio all'ex premier britannico Blair, tra i padri di questa patria adolescente di fabbricazione atlantica.

Pristina, sede di una biennale di arti visive che è tra le ragioni della nostra visita, è la penultima tappa di un viaggio nei Balcani che ho intrapreso per lavoro, insieme a un'amica. Anche lei, Lavinia, è stata colpita da una vocazione: proprio cinque anni fa, in questi giorni, ha mollato la libera professione di avvocata e i suoi prosperi miraggi per scommettere che avrebbe potuto vivere di quello che la faceva felice, cioè l'arte.

Ogni dichiarazione d'indipendenza ha il suo bilancio. A noi, viaggiatrici su un piccolo suv targato Zagabria per scrivere e illustrare un reportage delle nostre vacanze, il nostro una volta tanto sembra in attivo.

Quello del Kosovo, chi lo sa. Da due estati si spara ai confini con la Serbia, che ancora non riconosce la nazione fuggitiva.

Il Kosovo è il Paese più povero d'Europa. Ha il 49 per cento di disoccupazione. Il Pil pro capite non sale sopra i cinquemila euro. Andarsene, soprattutto, è stato per anni quasi impossibile. Solo metà dei Paesi Onu riconoscono il Kosovo, e nemmeno tutti i Paesi membri della Ue: Spagna, Grecia, Cipro, Slovacchia e Romania, alle prese con loro questioni interne di territori ribelli, danno manforte alla Serbia che definisce il confine solo "linea amministrativa". La lentezza della burocrazia europea fa il resto, e così il passaporto kosovaro è a lungo valso più o meno come quello palestinese o quello afghano: carta straccia. Che significa indipendenza, in queste condizioni? Metà dei kosovari non ha un lavoro, l'altra metà ha perlopiù redditi agricoli o da industria pesante, espatriare è complicato, in patria si resta come tigri in gabbia; Tito, il dittatore iugoslavo, è morto nel 1980 eppure non passano dieci minuti, quando chiacchieriamo con un ventenne, prima che questo sospiri in preda alla nostalgia: *quando c'era lui...*

"Tito ci colonizzava", concede Ismail, un ragazzo che ci porta in giro per la Biennale e ci spiega il contesto storico, politico, culturale ed emotivo dietro le opere, e il plurale è improprio: Ismail ha venticinque anni. Non ha mai vissuto sotto Tito. Così è la nostalgia. "Tito ci opprimeva, annullava le nostre identità. Eppure il passaporto iugoslavo ti portava ovunque, la Iugoslavia", sospira, "era un grande Paese". Con lui saliamo e scendiamo le scale del malinconico Grand Hotel Pristina, dove dormiva Tito – e poi il boia serbo Arkan, che vi vietò l'ingresso "agli albanesi e ai cani" – nell'eco di una grandeur ridicola da rimpiangere, eppure tangibile: la suite del dittatore oggi sembra una stanza qualunque, con le coperte di ciniglia verde piene di polvere, mentre all'epoca era un'icona di prosperità che oggi niente ha sostituito. Il Grand Hotel Pristina accoglie ancora ospiti, e le recensioni su Tripadvisor sono agghiaccianti. Soprattutto c'è un perenne problema di scarafaggi. Anche questa malinconia, questa sporcizia, sono arrivate con l'indipendenza.

Un'installazione video dura sessantadue minuti. La regista Marta Popivoda ha montato decine di filmati di grandi folle dal 1945 al 2000, con trionfali e struggenti musiche d'epoca. Cortei degli iugoslavi contro il re, giochi sovietici, parate militari passate in rassegna da Tito, curve di ultrà serbi. Molti sono i documenti di una dittatura: come se alla nostra Biennale a Venezia un'installazione video mostrasse spezzoni di adunate mussoliniane dell'Istituto Luce. Il messaggio però arriva. "In questa epoca di nazionalismi e individualismi", recita il libretto in tre lingue che accompagna la visione, "non c'è qualcosa da salvare del collettivismo? Come abbiamo potuto abbandonare così in fretta quel tipo di società?". E la vera domanda, nascosta dietro la nostalgia, resta quella retorica: quindici anni dopo come sta andando, questa *indipendenza*?

Dopo undici anni di contratti Arlecchino cioè compositi, rappezzati, ridicoli; di falsa partita Iva cioè subordinazione mascherata; di cicli di vacche magre alternati a iperlavoro, dichiarazioni dei redditi dadaiste, pomeriggi al bar a scroccare il wi-fi, notule e scritture private, lavoretti e opere di gloria, false speranze e start-up truffaldine, a trentacinque anni sono stata assunta. Il termine viene dalla religione: "assunzione", nel vocabolario, vale "atto che dà inizio al rapporto di lavoro subordinato" ma prima c'è il significato di "elevazione al cielo" e poi quello di "essere assunto a una dignità: a. al trono, a. al pontificato". Io più modestamente firmavo un tempo indeterminato, a condizioni stabilite da una contrattazione collettiva nazionale quindi per l'epoca effettivamente straordinarie, e sul finire della mia età fertile classicamente intesa entravo a piè pari nell'età adulta.

Un confine che i miei coetanei e io attraversiamo, come la "linea amministrativa" tra Serbia e Kosovo, alla spicciolata. In Italia il 72 per cento degli uomini tra i 18 e i 34 anni, e il 59 per cento delle donne della stessa età, vivono con i genitori (in Germania 3 coetanei su 10; in Francia circa 4 su 10). Tra questi, il 41 per cento cita come ragione la difficoltà di pagarsi da solo un affitto o un mutuo. Il 30 per cento la difficoltà di trovare lavoro.[4]

L'età media di chi si compra casa per la prima volta in Italia è salita a 45 anni, e solo il 6 per cento dei proprietari è sotto i 35; tra chi diventa proprietario prima dei 45, il 40 per cento lo fa senza mutuo, cioè ereditandola o con un investimento dei suoi. Si può obiettare che non è mica obbligatorio possedere la casa in cui si vive; ma anche per pagare un affitto comunque serve un salario, ed eccoci a un altro ingrediente dell'indipendenza che spesso è assolto solo nominalmente.

L'indebolimento dei salari medi degli italiani ha colpito in modo più accentuato i giovani; per l'Istat il rischio di essere *working poor*, cioè persone che pur lavorando non si allontanano da una condizione di povertà, è concentrato sotto i 35 anni. In questa stessa fascia d'età – un'età a cui i nostri genitori spesso ci tenevano già per mano – il 25 per cento degli stipendi è sotto i 625 euro.

"Invidio la vita che avevano i miei genitori alla mia età. Quando lo dico ad alta voce c'è sempre qualcuno che fa una faccia strana e mi risponde tipo che alla mia età i miei genitori avevano viaggiato la metà di me. [...] Il fatto è che alla mia età i miei genitori avevano una bambina di sette anni e una villetta a schiera a Ontígola, provincia di Toledo. La Ana Mari aveva appena smes-

[4] Istat, Rapporto annuale 2022.

so di fumare e con il denaro che aveva risparmiato in tabacco si era comprata il Bimby e questo mi fa invidia, e quando lo dico la gente pensa spesso che sia una cretina; in cambio quello che penso io è 'hai 32 anni, guadagni mille euro al mese, vivi con dei coinquilini e le «molte cose che devi fare prima di sistemarti» sono risparmiare per un anno per fare dieci giorni in Thailandia, prendere droghe sintetiche e provarci con i tuoi amici a festival di cui non conosci nemmeno metà del cartellone ma devi fare finta di sì, e credere che le serie tv che scegli di vedere e i libri di Blackie che scegli di leggere costituiscano la tua identità come individuo'. Questo non lo dico, però. Questo lo tengo per me."

La traduzione è mia, lo spagnolo l'ho effettivamente imparato in Erasmus: inizia così il bestseller spagnolo 2021 *Feria*, di Ana Iris Simón. Classe 1991, oggi due figli, ha poi lasciato il suo appartamento in condivisione a Madrid ed è tornata a vivere a Campo de Criptana, nelle pianure donchisciottesche della comunità di La Mancha, accanto ai genitori, ex postini in pensione, e ai nonni agricoltori.

Come me e molti dei compagni di arrembaggio con cui l'anno dell'indipendenza del Kosovo avevo deciso di diventare adulta a Milano, Ana Iris Simón si è trovata a Madrid in quella che le pareva un'adolescenza fuori tempo, incastrata in un mercato del lavoro respingente e un po' fatuo: giornalista, scriveva di musica e mode sessuali su *Vice* e ha pure perso il contratto poco prima della pandemia. Soprattutto, si è sentita abitata da sogni di carriera e di vita urbana che d'improvviso non le parevano più suoi, ma ereditati a colpi di serie Netflix e articoli di costume ricalcati dall'americano.

Questo sentimento di avere sbagliato sogno, di essersi bevuti una mitologia di progresso a cui non si appartiene davvero, è dei più contemporanei, ed è accompagnato spesso dalla nostalgia di epoche più semplici, meno ricche ma meno ambiziose. In *Feria*, scritto mentre lasciava Madrid e la pandemia imperversava, Ana Iris Simón lo ha raccontato. "Ho scritto questo libro pensando che lo avrebbero letto quattro persone", ha detto alla Bbc, una cui troupe è invece volata fino alle campagne bruciacchiate del suo paesino: *Feria*, intitolato alle feste estive dove gli zii giostrai dell'autrice lavoravano, è diventato un caso letterario. La casa editrice madrilena che lo ha pubblicato, la minuscola Circulo de Tiza, ha dichiarato una quindicina di ristampe e 60 mila copie vendute. *Feria* è diventato un caso politico. L'ultradestra ha cercato di appropriarsene: i valori tradizionali, la provincia rurale che batte la degenerazione della capitale, l'apologia della maternità. Senza contare che la Spagna in cui i genitori di Ana Iris vivevano, e di cui lei ha invidia e malinconia, era la Spagna franchista. Ma quando il premier socialista Pedro Sánchez ha invitato l'autrice alla Moncloa, la sua residenza, a riferire alla commissione demografia e aree interne del suo esecutivo, lei ha spiazzato tutti dicendo qualcosa di sinistra.

"Qui parlate di pannelli solari sulle case, ma noi non abbiamo case. E di wi-fi nelle famiglie con bambini, ma noi non facciamo bambini. Per parlare di demografia, che è lo scopo di questo convegno, mi pare, bisogna prima parlare di accesso al lavoro e al consumo." Sul podio da relatrice si è indicata il pancione: era incinta di otto mesi. "Il mio contratto di lavoro attuale scade due giorni prima della data presunta del parto." Il video è stato condiviso ovunque; Simón ha poi avuto un contratto da editorialista per il quotidiano *El País*, lavora dalla sua casa in campagna e il figlio che attendeva allora ha già un fratellino.

Da dove arrivano i nostri desideri, chi ce li ha affidati? Quali sono gli organismi di vigilanza interiori, culturali, famigliari da cui abbiamo tentato di diventare indipendenti? E chi ci ha detto andate, realizzatevi, lavorate, saltate più in alto, pagate novecento euro per una stanza singola, tremila euro a semestre per un master postlaurea, quattromilacinquecento euro al metroquadro per un bilocale a Lorenteggio?

Davvero succede così? Davvero un giorno, tra la fine delle medie e l'università, un afflato indotto verso un preciso tipo di vita ci colonizza, e ci persuade che sì, noi faremo le giornaliste, che andremo in città per vivere dentro un grattacielo ma costruito negli anni Trenta ma di classe energetica A, che saremo ricche e ci sposeremo presto e faremo con una mano tre figli e con l'altra carriera, che viaggeremo nel mondo ma avremo anche case invidiabili, che in quell'affollata mitologia collettiva troveremo posto? È la cattiva maestra televisione che ci ha riempito di sogni che non potevamo permetterci, potendo scrivere sulle nostre meningi come su lavagne vuote? Sono stati i social, le serie tv, il declino dell'Occidente, i nostri genitori che vogliono fare di noi le Serene Williams che non sono diventati, sono state le riviste di moda?

Siamo davvero così, come quest'epoca di *cultural studies* imparaticci sembra voler suggerire, vasi irresponsabili di fenomeni, inintenzionali persino nelle nostre ambizioni, plagiati persino nei nostri desideri, camaleonti che assumono il colore delle più sgargianti tra le merci che ci vogliono rifilare? Abbiamo davvero sognato carriere che non potevamo permetterci per colpa di chissà che strani grilli per la testa, e ora per colpa di questa speciale stupidità siamo *working poors* anzi *stakanovist indigent*, con la stabilità emotiva di *Sex and the City* ma il conto in banca di *Maid*, a struggerci pensando di ritornare nelle nostre Macondo, nelle nostre Ontígola?

È solo perché, stupidini, non ci avevamo pensato prima?

La critica all'inconsistenza delle ambizioni dei millennial è un genere giornalistico internazionale. Il settimanale *Time* nel 2013 dedicò loro una copertina, in cui li definiva la "generazione io, io, io". Si sentono speciali, sono stati educati a pensarsi in questi termini, i loro genitori hanno speso bei soldi per farli studiare al meglio, brontolava l'autore dell'articolo, Joe Stein, e ora hanno la pretesa inedita tra i più vecchi di meritarsi sempre il meglio, senza sacrifici. Il *Guardian* nel 2017 li ammoniva: "Se volete una casa, smettetela di mangiare avocado toast". Il riferimento era alla concione di un miliardario australiano, Tim Gurner. "I ragazzi di oggi si aspettano molto", diceva. "Quando dovevo comprarmi casa, non mangiavo certo fuori a pranzo e a cena. Oggi vedo i trentenni ingozzarsi di avocado toast a venti dollari l'uno. Come fanno? Non compreranno mai casa." A marzo 2023 un editoriale del *New York Times* lanciava una specie di allarme: i millennial stanno per entrare nella mezza età! I più anziani tra noi stanno in effetti per compiere quarant'anni. Come diciamo noi nei giornali: in che senso è una notizia?

Eppure lo è. Niente è più irritante del cianciare se non si è demografi di *generazioni*, niente è più privo di valore euristico di termini come "boomer" o "millennial" o "generazione Zeta" (quelli che usano "mega" per i superlativi) e della nostalgia del Winner Taco e delle merendine di quando eravamo bambini. Per non dire del culto-amarcord delle sigle dei cartoni animati anni Ottanta: la prima delusione da prima leader donna – e "giovane" – del Pd, Elly Schlein l'ha data a molti ballando *Occhi di gatto* in sezione la sera della vittoria delle primarie. Eccoci, abbiamo preso la Bastiglia: la inauguriamo ballando Cristina D'Avena. Niente è più irritante dell'orgoglio o della lagna generazionali. Ma è vero che il fatto che siamo quasi dei vecchi fa impressione. Quasi quarant'anni e balliamo *Occhi di gatto*.

Quasi quarant'anni e firmiamo le petizioni sui social perché la Algida torni a produrre un gelato stucchevole da mille calorie. Viviamo con i coinquilini, usiamo i filtri su Instagram. I millennial si avvicinano alla mezza età, ha titolato il *New York Times*. Sottinteso: senza aver mai lasciato l'adolescenza.

Giovani e velleitari, giovani e inconsistenti, giovani e destinati a restarlo pure quando avremo trecento anni: per i millennial, e per i giovani che vengono dopo, la giovane età sembra una malattia da cui nemmeno invecchiare guarisce; una malaria che ci rende provinciali, inefficaci e nostalgici come i *Basilischi* di Lina Wertmüller (1963).

Tre giovani di Minervino Murge (tra la Basilicata e la Puglia), fiacchi e paesani come una versione meridionale dei *Vitelloni* di dieci anni prima, invecchiano come vaticinava Jacques Brel, senza diventare adulti. Uno parla di andare a laurearsi a Roma; uno di fondare una cooperativa; nessuno combina nulla, e li risucchia un alternarsi perenne di processioni e controre, di ragazze avvistate in strada e di pranzetti imbanditi dalle donne di casa. Il film, 85 minuti di pura, feroce malinconia Wertmüller, finisce con una sentenza sospirata dall'io narrante, un *basilisco* anche lui: "*Po' esse* che ad Antonio ci manca qualche cosa, o forse ci manca a tutti noi, ed è per questo che la vita nostra passa e facciamo così poco. Così poco. Oppure, *po' esse* che facciamo quello che la razza e il clima e il luogo e la storia hanno voluto che fossimo".

Ce lo chiediamo in tanti: perché facciamo così poco? Siamo scarsi, o è che siamo millennial? È Milano, è Roma che mi respinge o è la mia Ontígola, la mia Minervino, che mi richiama? Me ne dovevo davvero andare a cercare fortuna? Dovevo restarmene bello e sicuro dove sono nato? Ci dovrò tornare?

Il ritorno al paese natale, respinti o stancati dalle città della realizzazione come Milano, è stato uno dei volti più comuni con cui la disaffezione verso il lavoro si è manifestata in questi ultimi anni. A febbraio 2020 il sindaco di Milano Beppe Sala festeggiava il residente numero 1.400.000, un siciliano appena trasferitosi, culmine di un aumento demografico costante dal 2010. Dal mese dopo, cioè dall'inizio della pandemia e fino alla fine delle restrizioni, la città ha iniziato a perdere 2.200 residenti al mese,[5] senza contare i morti né i tanti che l'hanno lasciata senza avervi mai preso la residenza. Nei due anni seguenti, scrisse il *Corriere*, se n'erano andati in 18 mila. Una piccola contromigrazione.

Chi volta 'l cü a Milan, volta 'l cü al pan è un proverbio quintessenziale della città: il *pan*, cioè il soldo cioè il lavoro, è da sempre la ragione sociale della città più attraente e più respingente d'Italia, e quando il lavoro è rimasto sospeso, e quindi il *pan* in forse, l'esodo è cominciato in maniera quasi istantanea.

Molte di queste storie di ritorno a casa, che i giornalisti hanno raccontato con enfasi forse un po' proiettiva, erano dirette verso sud. Nacque in quei mesi persino un Osservatorio South Working, fondato da un gruppo di millennial in carriera sparsi qua e là in Europa e accomunati da origini meridionali: secondo un loro sondaggio, dei due milioni di occupati di origini meridionali residenti al Nord l'85,3 per cento sarebbe tornato, e di corsa, a vivere nel Mezzogiorno. Un centinaio di migliaia di lavoratori, in quei mesi, lo aveva fatto davvero. Il neologismo *southworking* finì sulle pagine dei giornali di mezzo mondo, raccontando un'Italia idilliaca di carrugi e marine ripopolati. Con la fine della pandemia molte aziende hanno richiamato i propri sudditi a tornare in ufficio. Non pochi, però, hanno deciso di non ritornarci mai.

[5] La fonte per questi dati è il Sistema statistico integrato del Comune.

Il movimento dei "basilischi di ritorno" è dipinto spesso con accenti lirici. I pomodori dell'orto, la vicinanza dei nonni, la strada di casa. La *riqualificazione delle aree interne*. I borghi di montagna rinati grazie ai nomadi digitali, il Sud che può non estinguersi, i coworking in Calabria. Ma è anche e soprattutto il ritorno sotto la magnanima egida dei genitori, figure rimaste centrali e inamovibili nella vita di molti millennial incapaci di emanciparsene, anziani spesso in gran forma che si godono buone pensioni dentro belle case, titani che avevamo pensato di superare, di sfidare, di lasciare a bocca aperta e invece ancora ci litighiamo, ci misuriamo con il loro giudizio, ci sorprendiamo a prendere esempio. Il cannellone di mamma che alla fine è meglio di queste sciocchezze da americani, metti la testa a posto, alle otto ceniamo.

È andata così, per noi, la questione dell'indipendenza?

Intanto sia chiaro: i "giovani" sono una minoranza, e come tali non comandano. La sociologia ricorre, per dirlo, alla parola "degiovanimento". L'Italia è stato il primo Paese al mondo dove gli under 15 sono scesi quantitativamente sotto gli over 65: è successo a metà degli anni Novanta, e da allora la tendenza non si è invertita. Ci sono molti più nonni che nipoti. Oggi siamo la nazione Ue con la più bassa percentuale di cittadini sotto i trent'anni. Debito pubblico, sistema previdenziale sbilanciato, crescita insufficiente: ciascuno di questi guai sulle spalle dei millennial e dei più giovani a tutto vantaggio dei loro genitori e dei nonni meriterebbe un libro a sé stante, e per fortuna non devo scriverlo io. Gli economisti parlano di "rottura del patto generazionale"; noi però, cresciuti in case accoglienti da genitori che ci leggevano Gianni Rodari, non siamo proprio addestrati a far loro la guerra, ci manca il gene del vaffanculo generazionale e pure della conflittualità generale, nessuno di noi si è mai visto mandare a fanculo nessuno. Alla conflittualità preferiamo appunto la nostalgia: di Gianni Rodari chi è stato fortunato, di *Occhi di gatto* chi lo è stato meno, della strada di casa.

Per descrivere il potenziale sprecato di risorse tra i cittadini dei Paesi membri l'Unione europea si è inventata un indicatore: il numero sulla popolazione di quanti non hanno né cercano un lavoro, non stanno studiando, non si stanno formando, niente di niente. I Neet: Not in Employment, Education or Training. I nostri poveri, involontari *basilischi*. In Italia, tra i 15 e i 34 anni, sono il 25 per cento. Tre milioni di giovani. Tra i 25 e i 34 anni sono oltre il 30 per cento. La media europea è del 17 per cento circa.

Cerco in queste statistiche sui Neet, sull'uscita tardiva di casa, la nostalgia continua che mi sorprende ogni pomeriggio in ufficio, ogni sera quando spengo la luce: se fuori c'è il sole mi invade il ricordo degli inesauribili pomeriggi estivi a ripescare palloni dal fosso, o in bicicletta fra i campi, o a leggere sotto il letto con una lucina, e penso ai miei possibili, del tutto ipotetici figli che ancora non sono nati e hanno già questo debito di natura, questa ipoteca sulla loro noia e sulla loro felicità future, bambini di città come i fragilini un po' pallidi che incontravamo una volta l'anno al mare e non sapevano mai giocare a niente. D'autunno vedo dalle stesse finestre di città il buio che anticipa e posso quasi sentire l'odore del fumo dei camini davanti alle Alpi, a centinaia di chilometri da qui, e vedere ingrigire il giardino. La primavera in città, senza le gemme che "a casa" iniziavo a scorgere da febbraio, quasi mi dispiace; "a casa" è la locuzione che mi scappa, quando vado dai miei, ancora dopo mille anni di residenza nel municipio 3 della capitale morale, come a una qualunque Dorothy che nella pur favolosa terra di

Oz rimpiange il suo Kansas. Ogni sera prendo sonno come il forestiero perenne di cui scrive Italo Calvino in *Amore lontano da casa*:[6] eppure ho quasi quarant'anni, mi addormento lontana dalla mia famiglia da almeno venti, sono più vicina alla menopausa che al diploma. Cerco la mia nostalgia dei miei genitori, dei miei insegnanti di scuola, il mio *daydreaming* continuo dei luoghi e delle ore dell'adolescenza, nei dati qui sopra che spiegano da soli la difficoltà dell'indipendenza in modo cristallino. Io però ce l'ho, un lavoro, mi ripeto: di più, io ho una *carriera*. Che cos'altro c'è che non va?

Nel 2008, qualche mese dopo la costituzione del Kosovo e la fine del mio spensierato lustro da universitaria, aveva luogo un altro evento di rilievo. La giornata-simbolo è il 15 settembre di quell'anno; la foto che tutti ne ricordiamo è quella dei banchieri di Lehman Brothers accompagnati all'uscita con i loro scatoloni di cartone dopo il fallimento della banca. La crisi finanziaria globale era stata innescata già mesi prima dalla deflazione di alcune bolle dei prezzi, su tutte quella immobiliare, e dalla conseguente insolvenza improvvisa di molti americani che si erano visti concedere mutui – ancora il costo dell'*indipendenza* – senza essere

[6] "A volte un treno va via sulla riva ferrata del mare e su quel treno ci sono io che parto. Perché io non voglio restare al mio paese pieno di sonno e d'orti, decifrare le targhe delle macchine forestiere come il ragazzo montanaro seduto sulla spalletta del ponte. Io vado, ciao paese. Nel mondo, oltre al mio paese, ci sono altre città, alcune sul mare altre non si sa perché smarrite in fondo alle pianure, in riva ai treni che giungono non si sa come, dopo giri trafelati per campagne e campagne. Ogni tanto io scendo in una di queste città e ho sempre un'aria da viaggiatore novellino, con le tasche gonfie di giornali e gli occhi irritati da bruscoli. La notte spengo la luce dentro il letto nuovo e sto a sentire i tram, poi penso a camera mia del mio paese, lontanissima nella notte, pare impossibile che nello stesso momento esistano due luoghi così lontani. E, non so bene dove, m'addormento." (*Amore lontano da casa*, in *Prima che tu dica "Pronto"*).

davvero in condizione di ripagarli. Iniziava così la "grande recessione", per molti la più grave crisi economica dal Ventinove.

L'Italia era in grande crescita: il Pil del 2008, grazie all'euro, era il doppio di quello del 2000. Ma alla nuova congiuntura che la crisi economica inaugurava poche aziende erano preparate. Mentre le banche tiravano il freno sul credito, le aziende riducevano al minimo gli investimenti; il primo risparmio, quasi dappertutto, fu sul costo del lavoro. E non potendo licenziare a raffica, il costo su cui le aziende finirono per tagliare fu quello dei nuovi assunti: da allora in molte realtà lavorative vige un doppio standard, coi contratti "di una volta", cioè tutelati e ricchi per i più vecchi, e contratti minimalisti per i "nuovi". Cioè per i giovani.

Gli indicatori della *qualità* del lavoro, cioè – tipo di impiego, durata, remunerazione – sono molto più bassi per molti lavoratori sotto i quarant'anni che per le generazioni precedenti. Uno su tutti, salari e condizioni: dopo il 2008, nulla è più stato lo stesso, e molti fanno ancora, in azienda, le stesse mansioni del vicino di scrivania più vecchio, ma per un terzo o meno del suo compenso. Ora il sessantenne risponderà: lavoro da vent'anni più di te. Ma non è solo così: nel 1985 il salario annuo mediano di un lavoratore con più di 55 anni di età era più alto del 15 per cento rispetto a quello di un lavoratore con meno di 35 anni di età. Nel 2019 questo divario era superiore al 30 per cento.[7]

Precariato e "flessibilità", poi, erano al centro delle politiche del lavoro già da molti anni. Nel 1997 Tiziano Treu, ministro nel primo governo Prodi, aveva introdotto le prime regole sui

[7] Nicola Bianchi, Matteo Paradisi, "Countries for Old Men: an Analysis of the Age Wage Gap". Allegato al XXII Rapporto annuale Inps, presentato ad agosto 2023.

cosiddetti lavori atipici, poi ampliate e articolate dalla successiva legge Biagi. Per "lavori atipici" si intendono tutte le forme di contratto diverse dal contratto di lavoro subordinato a tempo indeterminato full time. Spesso contratti di serie bi, poi ci, poi zeta meno meno: nascevano i co.co.co. i co.co.pro. e tutte le forme contrattuali che prevedono l'"autonomia del lavoratore" rispetto all'azienda. Nei fatti, spesso, nessuna autonomia: quelli con contratti atipici lavorano quasi sempre come gli altri dipendenti, ma senza le tutele di chi è stato assunto e dovendo accettare orari, salari e condizioni in generale peggiori. Altrimenti avanti un altro.

Nel 2012 la legge Fornero: molti ultrasessantenni la ricordano per averli allontanati dalla pensione, ma fu anche una legge che rese più semplice licenziare per le imprese che avevano problemi economici. Nel frattempo una nuova crisi finanziaria, quella del 2011, rendeva più difficile rialzarsi dalla precedente.

Governo Renzi, 2014, Jobs Act: licenziare un lavoratore è ancora più semplice. Uno dei fini della norma era di convincere sempre più le aziende a stipulare contratti a tempo indeterminato. Ma non è andata così: nel 2022, i contratti atipici in essere erano tre milioni e 166 mila, quasi il 17 per cento degli occupati. Mai così tanti dal 1977, ha rilevato l'Istat in uno dei suoi rapporti provvisori su occupazione e disoccupazione. Tra i 15 e i 34 anni sono il 33,3 per cento degli uomini e il 39,1 per cento tra le donne, e abbiamo talmente interiorizzato la nozione che diritti e tutele sul lavoro vadano *meritati* che anche voi che leggete vi sarete sorpresi a pensare: be', vorrai mica fare un tempo indeterminato a un diciannovenne? Nel corso del 2021, l'anno della ripresa dopo la pandemia, il lavoro atipico ha rappresentato l'83 per cento delle nuove assunzioni, con un aumento del 34 per cento rispetto al 2010.

Nel 2018, per "assestare un colpo mortale al precariato", l'allora ministro del lavoro Luigi Di Maio firmava il "Decreto dignità": prevede che dopo un anno di contratto a termine scatti l'assunzione. Se l'imprenditore intende prolungare la precarietà, il tempo massimo concesso è di 12 mesi; ma deve indicare una causale e pagare uno 0,5 per cento di contribuzione in più. Eppure, già durante lo stesso governo in cui Luigi Di Maio era ministro del lavoro, i dati delle nuove assunzioni con contratti a termine subivano un'impennata. Spesso i datori sceglievano di ricorrere a contratti comunque atipici, ma diversi da quelli colpiti dal decreto e ancora meno tutelati: già nel primo anno di vigenza del decreto sono aumentati i contratti stagionali, intermittenti, di apprendistato (più 50 mila gli stagionali, più 50 mila i contratti "intermittenti", più 77 mila quelli di apprendistato), mentre effettivamente i contratti a tempo determinato diminuivano (meno 184 mila). Poi è arrivata la pandemia, che ha reso emergenziale la gestione del lavoro flessibile: prima un decreto legge (il 34 del 2020) poi varie proroghe previste dalla legge di bilancio dello stesso anno, hanno ridotto quasi tutti i vincoli previsti dal Decreto dignità. E l'ultimo decreto lavoro di maggio 2023 amplia e ammorbidisce le causali che permettevano di rinnovare ancora, oltre ai 24 mesi massimi, i contratti precari. Cioè rapporti di lavoro le cui condizioni restano pressoché impossibili da negoziare.

L'anticamera che aveva preceduto la mia assunzione era durata dodici anni di lavoro selvaggio regolato solo da contratti atipici, o addirittura da notule mensili in cui io "cedevo" senza nulla a pretendere i miei articoli alle varie testate che li pubblicavano. Il lavoro era sempre stato subordinato: i pezzi mi venivano commissionati, avevo termini di consegna precisi, a qualcuno dei miei datori di lavoro, ops, committenti, dovevo anche segnalare per tempo quando e se andavo in ferie. Nel dubbio, però, e per non "perdere il giro", in ferie ci andavo assai poco. D'estate restavo in città, per aggiudicarmi gli ambìti contratti di sostituzione estiva: uno o due mesi di lavoro subordinato novecentesco, con straordinari e persino l'assicurazione sanitaria. Tutti noi, freelance per poche settimane titolari di un lavoro fisso, incastravamo tra un turno e l'altro dentisti e dermatologi che per tutto l'anno avevamo rimandato.

Io, e molti come me, ero una di quelli che i sociologi del lavoro chiamano *hope labourers*, lavoratori della speranza. Sono sempre di più, non solo tra i giornalisti: editoria, accademia, alta ristorazione, arte, ma anche settori un tempo considerati sicuri come molte libere professioni possono contare su un vasto bacino di perenni aspiranti che si "pagano" da soli la formazione e l'ingresso nella forza lavoro offrendo prestazioni a condizioni precarie e sfavorevoli per sé, ma egregie per chi concede loro impiego. L'assunto tacito, ma ben chiaro ad ambedue i contraenti, è che "farsi conoscere", e sottinteso apprezzare, possa poi portare a una stabilizzazione del rapporto.

Nel mio caso è finita così, ma non è la regola. Nel rapporto 2022 dell'Istituto nazionale per l'analisi delle politiche pubbliche (Inapp) si leggono i risultati di un'analisi comparata per i periodi 2008-2010, 2016-2018 e 2018-2021, nei quali i ricercatori hanno registrato l'evoluzione di centinaia di rapporti di lavoro precari. In tutti questi periodi una quota tra il 35 e il 40 per cento dei precari è poi stata stabilizzata. E altri? Sempre a distanza di tre anni, tra il 30 e il 43 per cento sono rimasti precari; il 16-18 per cento ha perso il lavoro e ne cerca un altro; il 17 per cento nel 2021 (ma nel 2010 era il 3 per cento) ci ha rinunciato, ed è uscito dalla forza lavoro dichiarandosi inattivo.

E chi ha un contratto *atipico*, che cioè corre il rischio di non venire più rinnovato, non ha quasi potere negoziale, e dunque lavora a orari che può solo subire, senza prendere ferie né malattie, posticipa gravidanze, subisce crolli nervosi. Condizioni che i suoi genitori, e persino i suoi fratelli maggiori, hanno spesso avuto la fortuna di non conoscere.

Un italiano nato in un qualunque anno tra il 1941 e il 1972, a trent'anni, si trovava in una posizione sociale più bassa di suo padre solo nel 19 per cento dei casi. Tra i nati dopo il 1972, sta peggio di suo padre il 27 per cento.[8] Le statistiche che ci riguardano somigliano proprio letteralmente alla nostalgia che proviamo: cioè alla sensazione che in un certo passato, in un certo posto, stessimo meglio. Nelle scienze sociali si chiama *downward mobility*, mobilità sociale, sì, ma verso il basso.

Nel 1988, in piena era reaganiana, l'antropologa americana Katherine Newman concludeva un'indagine intitolata *Falling from Grace*, in italiano più o meno "cadere in disgrazia". Newman, oggi settant'anni, ha studiato per decenni i vari fenomeni socioeconomici legati alla perdita del lavoro, alla sua svalutazione, e più in senso lato alla finanziarizzazione dell'economia. Nel suo *Falling from Grace* la condizione di *downward mobility* accomuna donne divorziate senza lavoro ma con figli e mutui, manager di mezz'età licenziati e difficili da reimpiegare, operai rimpiazzati da robot. L'autrice, antropologa, ne racconta soprattutto abitudini e sentimenti. "Centinaia di migliaia di famiglie americane piombano al fondo della scala sociale ogni anno. Perdono il lavoro, il loro reddito crolla, e si trovano ad affrontare, spesso per la prima volta, asperità economiche. In questo frangente, persone che per

[8] Rapporto Istat-Aisp, "I giovani e la transizione allo stato adulto", presentato a maggio 2022.

molto tempo erano state abituate a sentirsi sicure e in controllo delle proprie vite si trovano per la prima volta allo sbaraglio, impotenti: incapaci di dirigere le loro esistenze."

Così le prime righe di *Falling from Grace*, 1988. Anche per molti nati nel suo stesso decennio sono una fotografia generazionale. Più precisa rispetto al collettivo *gaslighting* che dipinge i millennial come eterni bamboccioni dall'eterno scontento, dai progetti per il futuro velleitari perché ereditati dalle sitcom, incapaci di comprarsi casa perché non sanno rinunciare alle frivolezze. L'impotenza che molti di noi sperimentano quotidianamente al lavoro, in banca, nella società, e il contemporaneo scintillare, nei nostri cuori, del nostro dolce passato si chiamano *downward mobility.* Come manager licenziati, come mogli ex ricche senza più uno stipendio, come prìncipi africani costretti all'espatrio in Paesi nuovi dove ora fanno le pulizie, siamo spesso più poveri, più isolati e più soli di una o due generazioni fa. Lo siamo perché nelle nostre vite, senza che noi potessimo farci niente, *è successo qualcosa*.

Il viaggio a Pristina di Lavinia e mio, nato per scrivere un reportage, è diventato presto un viaggio sentimentale: tutto, nella capitale più sgarrupata d'Europa, parla delle difficoltà dell'indipendenza. Tutto mostra che è un processo fatto di soldi, di leggi, di circostanze altrettanto che di ideali. Che non basta definirsi liberi, per non vivere in gabbia. E che un obiettivo di emancipazione, ancorché dichiarato, può anche fallire.

La giovane età della maggioranza degli abitanti di Pristina toglie alla nostra permanenza, e alle loro strade, molta della mestizia possibile. "Giovani, carini e disoccupati" potrebbe essere il motto nazionale (il 41 per cento dei giovani non ha mai lavorato), e Ismail e i suoi amici, che ci invitano a dividere con loro una catena pomeridiana di birrette Peja, leggono poesie e fanno le prove per spettacoli teatrali, camminano in montagna, fumano canne e si decolorano i capelli, parlano dell'Europa dove quasi nessuno è stato snocciolando con devozione i nomi di festival di musica elettronica e club di Berlino e penso che loro sì, mica come la spagnola di *Feria*, saprebbero cosa farsene di un bell'Erasmus. I programmi per il futuro, almeno finché espatriare resterà difficile, sono un lusso di cui nessuno è provvisto.

Eppure non si direbbe, facendo un giro nelle librerie del centro della capitale. Sono tante, riflesso di un Paese giovane e con tanto tempo libero; sono internazionali, riflesso di un Paese che deve all'America i suoi natali. Sulle sponde di viale Madre Teresa lottano come Golia contro Davide con le bancarelle di libri albanesi che vendono per mezzo euro pile di volumi indifferentemente nuovi o usati, incellofanati o vetusti, ammantati di polvere; io mi lascio risucchiare dalle vetrine in inglese della più grande, la Dukagjini Bookshop.

Straripa di volumi, quasi tutti in americano. I meglio esposti compongono una specie di galateo occidentale: manuali di *mindfulness*, ricette di cucina vegetariana, le immancabili pile di saggetti sullo stile di vita scandinavo, lo *hygge*, accogliente e minimal, giusto perché sia chiaro che vivere bene non è una questione di socialdemocrazia o del permanere del lemma "lavoro" nei nomi dei partiti di sinistra, ma di vasellame Ikea e telerie Marimekko. Tutto il contrario peraltro delle case sgarrupate di qui, dove abbondano centrini all'uncinetto, ciniglia, foto in technicolor, piastrelle rotte, piatti di carne, *mindfulness* nemmeno per sbaglio ma in compenso squisite Marlboro contraffatte e una grappa di nome *komovica* che va giù come lo champagne.

Ma il pezzo forte della libreria Dukagjini, i cui clienti sono soprattutto ragazzi, sono sei scaffali interi di libri su come trovare lavoro, avere successo, diventare ricchi. Tutti in inglese. I classici del settore: *Padre ricco padre povero*, *Le 48 leggi del potere*, *Come trattare gli altri e farseli amici*, *Fatti il letto*, *La mucca viola*, *I segreti della mente milionaria*, *How to Go to Work*, *Intelligenza emotiva*, *Il segreto* di Rhonda Byrne, e poi *Il codice del talento*, *The $100 Startup*, *The 80 minute MBA*, poi due lunghe mensole di teoria del management, una solo di marketing, *Deep Work* e decine di altri libri sulla concentrazione, dello stesso autore un libro sul talento intitolato *So Good They Can't Ignore You*, *I segreti della mente milionaria.* E così via. Come se tra i segreti della mente milionaria il primo di tutti non fosse, per dirne una, non vivere in Kosovo.

Chi sovrintende alle nostre ambizioni, ai nostri obiettivi? Chi ci insegna a perseguirli, ci *socializza* cioè a lavorare, a come si sta in ufficio, a quali sono i nostri diritti, le nostre potenzialità, i nostri compiti quotidiani? Da chi impariamo come sceglierci un lavoro, come diventare bravi, come avere successo? Da chi impariamo a non farci trattare da schiavi? È un settore che ha delle regole?

Pochi metri a ovest della vetrina della libreria, un'altra vetrina spezza definitivamente il cuore. Quella della boutique Hillary, sì, come Hillary Clinton: in vetrina soltanto tailleur dai colori "sobri" per la moda locale (c'è comunque dello zebrato) e dai tagli che, sempre in compromesso con la moda locale, si possono dire classici, foulard legati ai colli dei manichini; vende insomma, ci spiega la commessa con un po' di sussiego, vestiti "da Hillary Clinton". Vestiti o meglio, in un Paese con il 50 per cento di disoccupazione e il resto a prevalenza agricola, *travestimenti* da ufficio.

Il giusto dress code, il giusto sistema di pensiero; la credenza nel talento, nell'impegno, nella tigna come chiavi per far partire un ingranaggio che però è arrugginito e forse truccato; il *padre povero* dentro di te che ti impedisce di pensare in grande, le *48 leggi del potere* che stai ignorando, il grande vecchio Dale Carnegie che ti ricorda che il successo, prima di tutto, è un atteggiamento; il fatto che al mattino non ti fai il letto come sintomo che sei un pigrone, le tue idee che non sono mai abbastanza buone, peccato, guarda quell'imprenditore che impero ha fondato con il suo solo ingegno; la *mente milionaria* che non hai, e quindi non attrarrai mai i milioni; il *codice del talento* che non sai craccare; la concentrazione che ti manca, lo sappiamo che sei sempre su Instagram.

Calato in Kosovo, il Paese più inoccupato e povero di tutta Europa, questo sistema di pensiero made in Usa denuncia tutta la sua inutilità, i suoi paradossi; ma non è molto distante da quello che ci vediamo rimasticato nelle nostre librerie, negli articoli di costume dei nostri giornali scopiazzati da quelli americani, nei nostri pensieri, nei nostri uffici. Il lavoro, il successo, il merito, le possibilità, le soddisfazioni – e quindi in ultima analisi, cari i miei *bamboccioni*, cari i miei basilischi, l'indipendenza – sono stati descritti per molti decenni nel discorso collettivo come funzioni private, personali, anche controllabili. Con che mezzo? In Kosovo come a Boston, in ufficio come già a scuola, in aziende grandi o piccole, sindacalizzate o no, da autonomi o da dipendenti, in professioni intellettuali o in lavori manuali allo stesso modo, con un mezzo soltanto, come asini da soma o ingranaggi o galline ovaiole, a dispetto del Pil, delle leggi, della congiuntura, della *downward mobility*: lavorando di più. Peccato che non basti mai.

ART. 5 – VISITE SANITARIE

Sono vietati accertamenti da parte del datore di lavoro sulla idoneità e sulla infermità per malattia o infortunio del lavoratore dipendente. [...]

"Ma sì, è una che non ha voglia di fare un cazzo", sento dire al capo. Mi si sgranano gli occhi. Avevo sempre pensato alla mia collega in termini opposti. Era sempre in ufficio. Io, per dire, non l'avevo mai vista mangiare lontana dalla sua scrivania. Era magrissima, come se ogni energia di cui disponeva venisse bruciata nella grande caldaia comune del lavoro: mi era sempre parsa tra le donne che conoscevo la sola che del proprio aspetto se ne sbattesse *davvero*, senza ostentazione ma radicalmente. La sua carriera aveva un obiettivo, quell'obiettivo era chiaro a tutti, lei ne sbranava una tappa dopo l'altra a grossi bocconi, masticando e ingoiando, masticando e ingoiando e noi colleghi, uniti a lei da quella specie di intimità che si crea solo al lavoro, potevamo vedere che vi era sempre più vicina. L'immagine che ho di lei si riassume nell'accessorio che le ho visto portare più spesso: un cartone di pizza *alla milanese*, cioè bisunti ottavi, o perfino sesti, di teglie da un metro di diametro. Spessa e filante. Buona. La sola donna che conoscessi a concedersene una porzione al giorno, senza complessi e senza alzarsi praticamente dalla scrivania, era proprio lei. E pesava quarantasei chili. Altro che non fare un cazzo.

Era a casa in malattia. Le avevano da poco tolto la colecisti. Della sua assenza si era fatto un grande parlare: non era stata sostituita, e in piena estate questo aveva comportato richiamare qualcuno dalle vacanze, con annessi mugugni. Scoprii in quel frangente che *farsi la cistifellea*, sottinteso "togliere", stava a noi, adulti impegnatissimi a lavorare molto e rispondere male il meno possibile e quindi chi può dirlo forse inclini a letterali *travasi di bile*, come la tonsillectomia ai bambini in età scolare o la rottura del legamento crociato ai calciatori: una specie di infortunio professionale da mettere in conto. A dire che Claudia "non faceva un cazzo" era un nostro coordinatore: anche lui non aveva più la colecisti, "ma io dopo quindici giorni lavoravo già. Questa è quasi due mesi che è a casa". Tutta questa abnegazione, comunque, non servì. Il progetto a cui lavoravamo fallì meno di un anno dopo.

Quando uno tra i miei cari sta male, ha il naso che cola, gli occhi che lacrimano, la stanchezza di stare in piedi, gli dico un'ovvietà: prendi un giorno di malattia. La risposta che ricevo più di frequente non è "sì"; ma una variazione sul tema di "sei matta, con tutto quello che c'è da fare?". La pagina Facebook di un "Ordine dei camerieri e cuochi", 164 mila seguaci, pubblica quotidiane "regole di comportamento" per i clienti (descritti come insopportabili: non chiedete conti separati, non fatevi aggiungere una sedia, non ordinate piatti speciali, se potete non venite proprio). L'"Ordine", il cui acronimo è Occca come un'imprecazione, sembra difendere soprattutto l'orgoglio della categoria e l'autonomia dalle pretese del "nemico", cioè il cliente. Ma un personaggio è più nemico del nemico, ed è il collega che si dà malato: "Se chiamate alle 17.30 per avvisare che siete ammalati dimostrate di avere sbagliato lavoro".

Di tutte le distorsioni che la mentalità aziendale opera su concetti sui quali altrimenti non avremmo alcuna confusione, la più drastica mi pare quella sul concetto di "solidarietà", altrimenti assai semplice. Dal dizionario Treccani: "rapporto di fratellanza e reciproco sostegno che collega i singoli componenti di una collettività nel sentimento di una loro appartenenza alla società medesima, e nella coscienza dei comuni interessi e delle comuni finalità". Tradotto: poverino, il mio collega si è ammalato.

Il destinatario della solidarietà di chi va a lavorare pur stando male, o dei colleghi pronti a dire che chi sta male "non fa un cazzo", è invece il povero datore di lavoro: lo stesso che spesso ha ridotto gli organici al minimo indispensabile, continuando però ad aumentare le richieste produttive e magari a distribuire dividendi.

La possibilità di vedersi corrisposta un'indennità nei giorni in cui si è malati – o di prendere permessi per cure e visite – non è appannaggio di tutti i lavoratori allo stesso modo. Per i dipendenti, in Italia circa 4 lavoratori su 5, la malattia è regolata dai contratti collettivi nazionali, dai regolamenti aziendali e anche dalla tipologia del contratto, a tempo indeterminato o determinato. Per gli autonomi, che sono il 21 per cento degli occupati, dipende dal regime cui si è iscritti ed è regolata dalle casse previdenziali professionali o dall'Inps. Ma soprattutto da valutazioni individuali di opportunità: i lavoratori precari o con contratti atipici sono statisticamente meno inclini a rimanere a casa per timore che il loro incarico non sia rinnovato; lo stesso vale per molti autonomi, datori di lavoro di se stessi, e infine per chi lavora in aziende piccole o molto piccole, dove non c'è una rappresentanza sindacale e soprattutto il defilarsi di un solo lavoratore aggrava i carichi di lavoro di tutti gli altri, generando tensioni.

Come ogni diritto la cui distribuzione è diseguale, anche la malattia è considerata spesso un lusso, un capriccio o un abuso. Il *New Yorker* ha pubblicato a dicembre 2019, poco prima che la grammatica delle comunicazioni di questo tipo venisse riscritta dalla pandemia per almeno un biennio, una "Guida alla composizione delle mail con cui ci si dà malati". Scrivere solo "non sto molto bene, sento che mi sta venendo qualcosa" è "una buona prima bozza, ma troppo indecisa. Mostra che si ha un piede nel mondo dei malati e uno nel mondo degli abbastanza sani per lavorare". Scusarsi coi colleghi non va bene: *excusatio non petita, accusatio manifesta*, e così "sembra che ci si scusi per *non* essere, veramente, malati". Suonare troppo lucidi o professionali non conviene: "è così che scriverebbe una persona che davvero non si regge in piedi?". E così via.

Un articolo di wikiHow, surreale enciclopedia che insegna di tutto, dall'autodifesa in caso di attacco atomico a come chiedere a una persona che ti piace di fidanzarsi, suggerisce di "cominciare a fingere sintomi dal giorno prima in cui ci si vuole assentare", non prendendo nemmeno in considerazione la possibilità che quel giorno di malattia sia *vero*.

Il rischio che poter disporre di un'indennità di malattia agevoli forme di assenteismo è connaturato all'istituto stesso. L'Osservatorio semestrale dell'Inps, del resto, indica che solo 42 certificati medici su mille – e più nel pubblico che nel privato – vengono controllati dalla visita di un medico del lavoro.[9] Tra coloro che la ricevono, però, solo pochi – tra lo 0,7 per cento e il 2,3 per cento secondo le categorie – si vedono ridurre una prognosi troppo generosa, o rimandare al lavoro. Il resto delle visite conferma i giorni assegnati dal medico in prima battuta.

È datato 2015 uno studio della Cgia di Mestre, tra i più re-

[9] Osservatorio statistico Istat "Polo unico di tutela della malattia", note 2023.

centi disponibili riguardo ai giorni non lavorati per malattia. Il 26 per cento delle assenze era di un solo giorno: "le più facili da programmare", annota, puntuto, il comunicato che correda la ricerca. Verrebbe da precisare che spesso durano un solo giorno anche le assenze legate a un forte raffreddore, o a dolori cronici, o a dolori mestruali, o a emicranie o a episodi ansiosi o depressivi o a insonnia: spesso per questo genere di malesseri, molto comuni, un giorno basta per riprendersi.

Ma il comunicato era uscito a gennaio: di pochi giorni prima, cioè San Silvestro 2014, era stata la "malattia di massa" dei vigili urbani di Roma, in cui l'85 per cento dell'organico che era previsto in turno era rimasto a casa la notte di Capodanno. Per "lacrimazione", "colpo della strega", perfino "dislalia" cioè difficoltà a parlare. Sono alcune delle malattie riferite dai 767 vigili assenti quella notte; nei loro confronti erano state aperte le indagini, che avevano trovato falsi solo ventisei certificati medici su 767. A processo finirono solo sei vigili (e sette medici ritenuti compiacenti). Tutti gli altri casi erano stati rapidamente archiviati. La "malattia" simultanea della maggior parte dell'organico era stata anche un modo di protestare contro alcuni tagli agli straordinari del corpo voluti dal sindaco di Roma Ignazio Marino (e poi revocati dalla sua successora Virginia Raggi). L'allarme assenteismo suonava chiaro e forte.

Poi però c'è stato il Covid. Se la Cgia di Mestre per l'intero 2014 riportava – fonte Inps – 17,9 milioni di certificati medici registrati, per il solo secondo semestre del 2022 (dati più recenti disponibili) se ne sono registrati 16,4 milioni. È quasi il doppio, ed è il 60,5 per cento in più dello stesso periodo del 2021. Il Polo unico per la tutela della malattia, cioè l'Osservatorio dell'Inps che divulga ogni sei mesi i numeri di chi fa ricorso a questo istituto, collega il boom invernale alla fine delle restrizioni antiCovid: ridotti gli obblighi di distanziamento, mascherine e lavoro da remoto, il 2022 è finito per quasi tutti con un tampone positivo.

Ma molti "addetti al lavoro", cioè legali, direttori del personale, avvocati, registrano anche la sensazione di un aumento delle assenze improprie; che sembra riflettere la generale disaffezione nei confronti del lavoro in sé. Confindustria stima per il 2022 (dato più recente disponibile)[10] che le assenze per malattia abbiano ammontato al 4,5 per cento delle ore lavorabili; l'"assenteismo", termine negativo nell'uso comune con il quale vengono però descritte le ore totali di assenza tra malattie e congedi, è quantificato nel 6,9 per cento delle ore totali nelle grandi aziende con 100 e più addetti e nel 4,5 per cento in quelle con meno di 15. Non è poco. È malato chi rosicchia un giorno di qua e uno di là perché di andare al lavoro non ne può più? No, naturalmente. Ma forse – ricorrendo alle sintomatologie di burnout, ansia, depressione, disturbi del sonno – comunque non sta bene.

Viceversa, il biennio della pandemia sembra avere evidenziato anche una tendenza opposta, soprattutto tra i lavoratori più vulnerabili: il *presentismo.* L'Osha, l'agenzia dell'Unione europea per la sicurezza sul lavoro, lo include negli indicatori di alto "rischio psicosociale" di un posto di lavoro: è quando i lavoratori vi si presentano malati, spinti da una cultura aziendale, da un carico di lavoro ingente o dalla semplice paura di perdere il posto, ma non riescono a lavorare bene. Ne conseguono anche contagi e incidenti: lo abbiamo imparato bene, come molte altre cose relative al lavoro, durante il Covid.

Nonostante le restrizioni messe in atto sin da subito anche

[10] Indagine Confindustria sul lavoro del 2023.

riguardo l'accesso ai luoghi di lavoro, molti focolai sul territorio nazionale sono partiti da fabbriche, call center, supermercati, naturalmente ospedali. L'Inail ha raccolto nel solo 2021 316 mila denunce di contagio da Covid avvenuto al lavoro, e 120 mila nel 2022: non è molto, su 25 milioni di casi totali, ma è un dato molto sottostimato a causa delle difficoltà effettive del tracciamento; dice, in compenso, di una tendenza.

Andare a lavorare malati era già prima del Covid un comportamento frequente. Nel 2012 l'associazione di categoria dei medici di famiglia Fimmg comunicò un allarme: sempre più lavoratori, soprattutto giovani, precari o atipici, cioè vulnerabili, chiedevano al medico di prescrivere loro medicine ma non giorni di malattia. Con il Covid questo è diventato un atteggiamento pericoloso e finalmente stigmatizzato: i casi in cui la presenza al lavoro di qualcuno che stava male scatenava dei focolai salivano ai disonori delle cronache e meritavano vertenze sindacali o risarcimenti da infortunio sul lavoro. È stato denunciato per epidemia colposa, per esempio (ipotesi poi esclusa però dal giudice), un primario che a Pordenone, in pieno lockdown, andò al lavoro starnutendo e tossendo, e contagiando con il Covid-19 l'intero reparto di anatomia patologica. Un comportamento irresponsabile che non somiglia, però, al tipo di "presentismo" più diffuso: quello forzato.

Tra febbraio e marzo 2021, nei mesi più duri della terza ondata, alla Fiac Compressori di Sasso Marconi (Bologna) 50 lavoratori si contagiano tra loro al lavoro e portano il virus a casa dalle loro famiglie, dove ci saranno molti ammalati e due morti. Il sindacato (la Fiom) otterrà il riconoscimento dall'Inail di infortunio sul lavoro. Nelle fabbriche di tutto il mondo, anche secondo il livello di tutela sindacale dei diversi ordinamenti, il presentismo miete vittime. La giornalista esperta di diritto del lavoro Sarah Jaffe – millennial, ex cameriera e autrice dell'inchiesta-bestseller *Il lavoro non ti ama* – documenta casi come quello di un'azienda produttrice di patatine in Kansas dove un operaio muore (di Covid) sulla linea, per venire rimpiazzato durante il turno senza un minuto di interruzione.

Più in generale, ci sono specifiche categorie produttive che diventano quasi in tutto il mondo, immediatamente, dei focolai. Sono i call center, i centri di smistamento logistico e soprattutto i mattatoi, cioè luoghi di lavoro poveri e dove ogni dipendente è altamente rimpiazzabile. Nel Regno Unito il sociologo del lavoro Philip Taylor ha sondato tremila lavoratori di call center, mestiere ad alto rischio Covid-19 – cuffie e microfoni condivisi, uso continuo della voce, spazi ristretti –, venendo a contatto con uno scenario da incubo, dove il 75 per cento degli intervistati aveva colleghi col Covid e il 73 per cento riteneva la gestione del distanziamento "pericolosa" o "molto pericolosa". Un'indagine Osha svolta su 27 mila lavoratori europei ha sondato anche un migliaio di italiani. Tra loro circa il 15 per cento diceva di aver preso il Covid o un'altra malattia infettiva al lavoro negli ultimi 12 mesi.[11]

Dal primo lockdown, i casi di cronaca iniziarono a saltare fuori in ordine sparso. A Vairano (Caserta) focolaio in un call center, trenta contagiati; Ascoli, laboratorio tessile, decine di lavoratori cinesi che ci vivono anche dentro: tutti contagiati, lo stabilimento indice una specie di lockdown; Bologna, base logistica di un corriere (Bartolini): dentro ci lavorano dipendenti di una cooperativa, sessantaquattro positivi. A Trento l'Asl locale pubblica un'indagine sul diffondersi di contagi a macchia d'o-

[11] Indagine OSH Pulse, "Sicurezza e salute sul lavoro dopo la pandemia", pubblicata a ottobre 2022.

lio nella filiera della produzione di carne e il dato su cui pone la maggiore attenzione – l'Asl, non il sindacato – è la composizione della forza lavoro per tipo di inquadramento contrattuale. Tra il 57 e il 72 per cento, secondo gli stabilimenti (la filiera comprende macellazione, confezionamento, trasformazione della carne), sono "avventizi" cioè manodopera precaria fornita da agenzie intermediarie. Cioè persone che non possono rifiutare di andare al lavoro ma nemmeno eccepire se, per esempio, le condizioni di sicurezza non sono osservate.

È il caso delle aziende monitorate nella filiera: soprattutto in quelle di macellazione, le condizioni di sicurezza antiCovid sono definite dalla Asl "scarse o molto scarse". Nelle prime settimane dell'autunno 2020, un lavoratore su quattro in questi stabilimenti si prende il Covid, e da questi contagi nasce un altro focolaio in un centro di alloggio per richiedenti asilo da cui molti lavoratori provengono. Tra i fattori che hanno agevolato il diffondersi della malattia i ricercatori indicano la fatica del lavoro (respiri ampi e profondi), le scarse condizioni di sicurezza degli stabilimenti, oltre alle case sovraffollate dei lavoratori, migranti stipati tutti insieme; ma soprattutto "le pressioni a venire al lavoro anche in presenza di sintomi".

Un capitolo speciale del rapporto annuale Inps sul lavoro, relativo al 2020, censisce i certificati di malattia del primo anno di Covid: dove si è lavorato da remoto sono diminuiti verticalmente. Purtroppo in Italia solo tre posti di lavoro su 10 – e quasi mai quelli a basso reddito – si possono svolgere in modalità "agile".

Non eccepire se le condizioni di sicurezza non sono osservate, del resto, sembra spesso la prassi. Il 30 agosto 2023 un disastro a Brandizzo, in provincia di Torino, lo rende evidente. Poco prima di mezzanotte, un treno in ritardo travolge e uccide cinque operai di una ditta subappaltatrice di Rfi che si apprestavano a sostituire 7 metri di binari. Perché erano lì? Con loro, ma superstiti, erano di turno un caposquadra e un rappresentante di Rfi, la Rete ferroviaria italiana. Proprio quest'ultimo avrebbe dovuto attendere un'autorizzazione a iniziare i lavori; nello stupore di nessuno, essendo tutti i presenti abituati a questa prassi, fa iniziare i lavori lo stesso dicendo semplicemente: "Se arriva il treno, vi buttate di là". La frase resta incisa in un video nello smartphone del più giovane dei cinque operai, un ventiduenne. E nei giorni seguenti dipendenti ed ex dipendenti dell'azienda testimoniano che lavorare in questo modo era un'abitudine con tutti i superiori, non solo con i due che poi sono stati indagati. Un minuto solo di ritardo su questo tipo di manutenzione costa alle aziende coinvolte migliaia di euro, e la consegna, tacita, sarebbe quella di risparmiarlo. La Rete ferroviaria italiana manda subito il suo amministratore delegato a riferire alla Camera: "la sicurezza", dice, "è la nostra assoluta priorità". Il rappresentante che ha dato il via ai lavori viene licenziato.

La strage del 30 agosto è identica a un'altra capitata nel 1956 nello stesso punto. Allora furono uccisi due operai, la vedova di uno di loro è ancora in vita e parla, con la rassegnazione tipica dell'epoca, di "fatalità". Non ci furono processi, né indennizzi. I protocolli di sicurezza sono gli stessi di allora; si attende, come allora, un "fonogramma" cioè una telefonata; sistemi di sicurezza automatici sono in vigore solo su 900 chilometri di ferrovie in tutta Italia, su 24.500 chilometri complessivi.

Nel 2022 l'Inail ha registrato 1.208 infortuni mortali sul lavoro, uno ogni otto ore; l'anno precedente erano molti di più perché, comunica l'Istituto, gran parte dei decessi per infortuni sul lavoro erano morti da Covid (di cui si era potuto dimostrare che il contagio era avvenuto al lavoro).

Dopo la strage di Brandizzo i sindacati iniziano a raccogliere esposti dai lavoratori della zona: sui tavoli della procura di Ivrea, competente, ne arrivano circa duecento in pochi giorni. E il procuratore generale fa una nota per i giornalisti che sembra una satira, e invece è vera: la procura è al collasso, non reggiamo tutto questo lavoro; l'organico prevederebbe venti agenti di polizia giudiziaria e noi disponiamo di otto, dovrebbero esserci dieci pubblici ministeri ma non li abbiamo, il personale amministrativo è in "terribile sottorganico". Persino gli arredi della procura arrivano per metà da quelli dismessi dalla vicina procura di Pinerolo e per l'altra metà dallo smantellamento della Olivetti. Lavorare decentemente – con il giusto numero di persone, con strumenti all'altezza, in condizioni sicure – sembra un proibitivo capriccio persino dove sulla sicurezza del lavoro si dovrebbe indagare.

Al lavoro ci si ammala spesso. Nell'indagine già citata, datata 2022, dell'Agenzia europea per la sicurezza e la salute sul lavoro Osha i lavoratori italiani hanno risposto come segue alla domanda se al lavoro avessero contratto o visto peggiorare, nell'ultimo anno, i seguenti sintomi. Depressione o ansia: 30 per cento. Problemi muscolari: 31 per cento. Mal di testa: 38 per cento. Affaticamento cronico: 40 per cento. Per quanto riguarda ansia e depressione, infine, nell'indagine Osha relativa a tutta Europa la classe di lavoratori che più comunemente riporta di averle sperimentate sono le donne: il 30 per cento, contro il 25 per cento dei maschi. Anche su questo tipo di fragilità si disegna, in questo nostro libretto, la figura della *lavoratrice.*

Tra i fattori di rischio per salute e sicurezza, la ricerca censisce anche problemi non medici, e non per questo privati. La sensazione di avere troppo poco tempo per completare il lavoro; bullismo e mobbing; esposizione alla violenza di clienti, pazienti e alunni. In Italia il 40 per cento dei lavoratori lamenta carichi di lavoro eccessivi e/o troppa pressione di tempo. Il 20 per cento "scarsa cooperazione o comunicazione interna". Il 13 per cento "assenza di autonomia e di influenza sull'esito del processo lavorativo", cioè gli ingredienti dell'"alienazione" di cui scriveva Marx. Il 12 per cento lamenta di essere esposto a "violenza o abusi verbali". Il 34 per cento dei lavoratori italiani lamenta stress. Anche questi fattori registrano percentuali più alte, regolarmente, nelle lavoratrici.

In generale gli standard nazionali e internazionali di sicurezza sul lavoro sono ormai concordi nell'inserire sullo stesso piano di rischi ambientali – come l'esposizione a radiazioni, lo spostamento di carichi pesanti, i forti rumori – anche questo tipo di fattori. Vengono definiti, largamente, "rischio psicosociale".

L'Osha individua "alto rischio psicosociale" nel 50 per cento dei lavoratori intervistati in tutta l'Unione europea: un rischio per la sicurezza che "viene da una cattiva organizzazione del lavoro, delle sue infrastrutture e delle sue gerarchie" e può condurre a depressione, disturbi di ansia e malattie cardiache.

Alcuni esempi di condizioni a rischio psicosociale: "carichi di lavoro ingestibili o eccessivi; consegne contraddittorie; ruoli professionali non chiari". C'è rischio psicosociale dove "il lavoratore non è coinvolto nelle decisioni che lo riguardano né determina il processo lavorativo"; ma anche dove c'è precariato o insicurezza circa il posto di lavoro. E ancora: "molestie, mobbing, persecuzioni". Le organizzazioni dove c'è alto rischio psicosociale vedono alti tassi di assenteismo e anche di *presentismo*. I costi di questo stress lavorativo: "miliardi di euro l'anno".

L'ultima volta che avevo visto Ida era stata prima che scoppiasse la pandemia, a febbraio 2020: quando l'ho ritrovata aveva l'identica pelle morbida e i soliti occhialetti color ambra da bionda, anche se ha i ricci neri; gli stessi occhi acuti, la stessa parlata da prima della classe simpatica che quando l'ho incontrata, molti anni fa, mi ha fatto decidere subito di voler essere amica sua.

Tre anni senza vedersi è un intervallo lungo. Cosa ne aveva fatto? Mi ha risposto con la malinconia di Noodles in *C'era una volta in America*, però al contrario: "Sono andata a letto tardi". Nella sua vita, mi ha detto con una sfumatura di panico nella voce, non è successo più niente: l'elenco delle cose mancanti lei non l'ha fatto ma a mente l'ho riempito io, che so bene che non ha fatto vacanze, non ha traslocato (voleva), non ha incontrato la persona della sua vita e nemmeno effimeri succedanei, non ha iniziato (ma come avrebbe potuto?) a fare quello che ci ripromettiamo sempre, cioè lavorare meno. Ida, che è medico, lavora su turni, condizione che per la medicina del lavoro è di per sé stressante; il lavoro di Ida segue ritmi dettati da eventi esterni, ed è aumentato con la pandemia. Esponenzialmente: Ida fa l'infettivologa.

L'ultima volta che avevo visto Ida, quasi solo i sieropositivi e certi trapiantati avevano dimestichezza con la sua specialità da studiosi gentili. Nei mesi della pandemia, invece, le competenze degli infettivologi e di singole star della disciplina sembrarono diventate dominio comune; "preferisci Galli o Bassetti?", una domanda accettabile in situazioni conviviali, a cui molti avevano perfino una risposta; il reparto dove Ida lavora una trincea.

"Tutto ciò che mi piaceva del mio lavoro si è trasformato nel suo contrario. Io non sono una che ha ambizioni di fare carriera, come si dice altrove: mi hanno assunto a tempo indeterminato e per i prossimi trent'anni il mio lavoro sarà tutto qui, pensavo. E ne ero felice. Non mi piace la competizione. L'infettivologia mi ha chiamato per assenza di molte cose che trovavo, nelle altre specialità, insopportabili. La ricchezza ostentata dei cardiologi, con le loro scarpe eleganti. Il clima autoritario a psichiatria. Il culto della personalità di certe ginecologhe star e dei loro *intra moenia*. La corsa a guadagnare di più nel privato, a cui sono contraria. Le tragedie senza scampo dell'oncologia: qui da me spesso si tratta solo di indovinare l'antibiotico giusto, e un male se ne va a posto." Parla del suo lavoro come il Tino Faussone di *La chiave a stella*. Guadagna "molto meno del giusto, e mio cugino che fa il quadro da Amazon prende sei volte me. Ma non mi importa tanto. Un'altra cosa con cui mi trovo a mio agio è la cronicità. Ho cinquecento pazienti e devo seguire la storia di ciascuno per molti anni. Mi fa star bene essere a disposizione".

L'ultima volta che avevo visto Ida le avevo parlato tutto il tempo di malattie: al minimo mal di testa ciascuno di noi la contatta. "E a me fa stare bene. Non avrei scelto altrimenti una professione di aiuto. Ma i pazienti sono come un oceano, non finiscono mai, e io per svuotarlo dispongo del proverbiale cucchiaino." Cinquecento pazienti "sono meno di quelli di un medico di base, ma sono tutti in cura, hanno la mia mail, prendono appuntamenti. Io non ho una segreteria: gli appuntamenti me li fisso io, io chiamo le strutture dove ricoverarli, io scrivo le richieste dei farmaci. Del resto non ho fatto altro per tutta la specializzazione: ero un'eccellente segretaria del primario, ma non avevo mai visto un'infezione. Il mio lavoro è una miscela di segreteria e infermeria, supporto psicologico e burocrazia assicurativa. Solo dopo aver sbrigato tutti questi aspetti posso visitare i pazienti". La già densa routine professionale di Ida era l'ordinaria amministrazione. Poi era arrivato il Covid.

Ai primi giorni di emergenza i reparti di infettivologia, già dotati delle corrette attrezzature, si erano riempiti subito. "E metà dei miei colleghi si è ammalata. Siamo stati per un mese in quattro a gestire il reparto intero, con mille mansioni non mediche: dimostrazioni tecniche, prescrizioni di farmaci sperimentali per tutti i reparti, separazione degli ambienti. Tracciavamo dei confini per terra con i cerotti tra aree 'sporche' e aree 'pulite'. A maggio 2020, rientrando a casa, mi sono accorta che non cambiavo le lenzuola da prima dell'emergenza. Non ne avevo la forza. Il primo giorno libero che ho avuto le ho buttate via." Da allora Ida lavora dalle 7 alle 23: l'emergenza è passata, ma i carichi di lavoro non si sono più ristretti, come un elastico che si è smollato per sempre. Ha preso il Covid due volte, in reparto, "e sono state le due settimane più belle degli ultimi anni. Ero già vaccinata, quindi non avevo paura. Avevo un videogioco comprato apposta per eventuali quarantene, la dispensa piena, il telefono acceso. Non mi mancava altro".

L'ultima volta che avevo visto Ida era – come lo ero io – una persona giovane ed estroversa, capace di farti domande e ascoltare la risposta, di preparare una cena per i suoi cari, di citofonarti se si trovava sotto casa tua: "Passavo di qua, come stai?". Tre anni più tardi eravamo state cambiate entrambe radicalmente dall'esperienza di un sentimento sorprendente ma irrefutabile e poi mai del tutto guarito, che era stato piuttosto comune nella stagione pandemica 2020-2021. In molti si accorgevano, allora, di preferire la prospettiva di mesi di arresti domiciliari, senza vedere nemmeno i propri cari, senza quasi uscire, a quella di ritornare al lavoro.

Gli psicologi sui giornali hanno parlato all'epoca di *sindrome della capanna*, diagnosticando un po' a spanne la solita depressione epocale a bassa intensità. Una misteriosa introversione slatentizzata dal Covid, ma forse da sempre acquattata negli animi di qualcuno di noi (i più morbidini? I meno adatti alla vita? I più levantini? Quelli in sostanza che in un lager non si sarebbero salvati? È normale che il paragone che per primo viene in mente sia quello con i lager?).

La *sindrome della capanna*, vista dalle pagine dei giornali, interpellava come sempre noi: cos'avete che non va? Migliaia di adulti altrimenti funzionanti, integrati nella società fino a un attimo prima, impegnati in lavori spesso cercati con fatica e frutto di studio, migliaia di adulti del cui giudizio altrimenti non ci sarebbe stato motivo di dubitare, improvvisamente preferivano la prospettiva di non uscire mai di casa, di non vedere nessuno, di non andare più al cinema o al ristorante, a quella di poter fare di nuovo tutte queste cose, sì, ma a prezzo di dover tornare al lavoro. Migliaia di professionisti, di stipendiati, di lavoratori, che se avessero potuto scegliere tra ancora un po' di clausura e ritornare alle loro scrivanie, dietro i loro banconi, avrebbero preferito, decisamente, ancora un po' di clausura. Era rilevante stabilire che cosa questo dicesse di loro, se fossero depressi o se avessero poca voglia di lavorare? Che cosa ci dice, invece, dei posti in cui lavoriamo?

Tra il 2019 e il 2021, cioè nei mesi del Covid, le dimissioni volontarie nel settore sanità e assistenza sociale sono aumentate del 33 per cento.[12] Nel solo 2021 gli ospedali pubblici hanno perso 2.886 medici: è il 2,9 per cento della forza lavoro totale. Non vanno a coltivare l'orto, ma nel privato, dove hanno orari migliori, più flessibilità, spesso più risorse e compensi più lauti. "Questa fuga mi dispiace: non lo farei mai", brontola Ida, "e ho scelto una specialità, infettivologia, che si può

[12] Indagine Università Milano Bicocca/Anaao-Assomed Lombardia, presentata ad aprile 2022.

portare avanti quasi solo nel pubblico. Questo è un altro piccolo lutto che ho sul lavoro, ogni giorno: vedere la diserzione rispetto a un servizio di cui sono sempre stata orgogliosa. E il suo sgretolarsi."

Penso a un mio recente spavento: mi serviva una risonanza magnetica e avevo una prescrizione con i codicini che vogliono dire "urgente". Nel servizio sanitario, a cui avevo diritto, non c'era posto per tutto l'anno in tutti gli ospedali della Lombardia; ho potuto farla privatamente tre giorni dopo pagando 942 euro, il prezzo del sollievo di scoprire che no, non avevo un cancro. Un altro lutto comune da cui è difficile che si guarisca: la fiducia nella società, in quel che è *pubblico* e quindi anche nei propri diritti (di ammalato, di lavoratore, di parte lesa in una causa).

"Da bambino volevo guarire i ciliegi", canta De André nella sua Spoon River: di tutte le professioni, fa parlare di disillusione proprio *Un medico*. Ne racconta la scoperta, parente di quella che logora Ida, che i malati non finiscono mai, e che "fare il dottore / è soltanto un mestiere / che la scienza non puoi / regalarla alla gente / se non vuoi che il sistema / ti pigli per fame".

Il lavoro, Ida scuote la testa, "mi ha dato la scusa perfetta per non occuparmi mai della mia vita. Certo, più che altro me l'ha imposto. Ma io già per conto mio lavoro per non pensare a molte cose. Per non chiedermi se mi mancherà fare un figlio, per non cercarmi una famiglia, e così mi adeguo sempre più alla forma del dipendente perfetto: non ho nessuno per cui assentarmi dall'ambulatorio, e siccome ci rimango sempre non ce l'avrò mai. Così sono passati tre anni, e io ne ho 36 invece che 33 ma sono uguale a prima. A meno di un'insonnia ormai cronica, di orari stabilmente peggiorati, di una generale delusione e di un entusiasmo per la medicina che è sceso allo zero Kelvin".

Questi sintomi che Ida elenca sono, precisi, quelli del burnout, sindrome la cui definizione è stata messa a punto sul finire degli anni Sessanta. Il concetto era stato elaborato proprio per definire il particolare esaurimento che colpisce i professionisti della cura: medici, infermieri, ostetriche, ma anche caregiver e assistenti sociali. Solo nel tempo si è generalizzato all'intero ambito professionale. La psichiatra americana Christina Maslach elaborò sul finire degli anni Settanta – a partire da una ricerca sugli avvocati pro bono – un questionario che fa ancora testo, il Maslach Burnout Inventory. Oggi ne circolano numerose varianti.

"L'ospedale ne ha somministrato uno anche a noi, in piena emergenza": Ida diventa improvvisamente furente. "Un test a crocette per la valutazione dello stress postraumatico, adattato in fretta sostituendo il riferimento a qualche altro trauma con la parola 'Covid', ed era mezzo sgrammaticato. Serviva a capire se avessimo necessità di un sostegno psichiatrico. Quante volte sogni il Covid a settimana? Ovvio, sette. Quante volte ti svegli rilassata? Zero. Quanto i tuoi ritmi sono cambiati? Da zero a dieci, dieci. Ma cosa credevano che avremmo risposto?"

Dal questionario Ida è risultata bisognosa di un colloquio con uno psicoterapeuta. "Un colloquio solo? Sarebbe stato sufficiente? Ma soprattutto: anziché un colloquio con lo psicologo, l'ospedale non potrebbe dotare il mio reparto di una segreteria? Assumere più personale così magari io lavoro le 7 ore e 40 del mio contratto, e non le 14 consuete? Permettermi di smaltire le ferie che ho arretrate, più di sessanta giorni? Dallo psicologo non sono mai andata. Mi tengo il mio burnout, che un colloquio solo non mi avrebbe risolto comunque." E che somiglia al sentimento che sento affiorare nella sua voce, che si è fatta più acuta, ed è quello che più mi pare appropriato: la rabbia. L'ultima volta che ho visto la mia amica Ida, non la trasmetteva mai.

La definizione di burnout, in questi mesi di dibattito collettivo sul lavoro, è diventata nota come la tabellina del tre. Tre sono i fattori che universalmente le si riconoscono: stanchezza, calo dell'umore, rifiuto improvviso del lavoro. E una la radice, l'ambiente di lavoro, gestito in maniera insalubre. Ubiqua nelle pagine di salute, attualità e costume dei nostri giornali – e invece assente dalle pagine di economia –, deve anche a questa collocazione una nomea di manfrina, di "malattia" modaiola, di ennesima bizza generazionale. Prima l'Erasmus, e ora il burnout.

Persino nei romanzi rosa: *The Burnout* è anche il titolo del più recente bestseller di Sophie Kinsella. Se nei ricchi Duemila pre-Goldman Sachs Kinsella scriveva di maniache dello shopping e voragini nelle carte di credito, la protagonista del suo ultimo romanzo – titolo italiano *Sono esaurita* – è l'ex entusiasta dipendente di una startup di viaggi, nel cui ufficio c'è una "Empowerment & Wellbeing Officer" a cui rivolgersi se si è stressati ma che è capace di rispondere soltanto con vani esercizi come "costruisciti una tua bacheca della gioia". Le giornate della protagonista Sasha Worth sono un flusso continuo di email punteggiate da pasti alla scrivania e riunioni superflue, tra colleghi che se ne vanno senza essere rimpiazzati e carichi di lavoro in aumento costante.

Come tutti i romanzi rosa, anche *The Burnout* ha un lieto fine: un'email di lamenti che Sasha invia all'ufficio del personale viene presa sul serio, e i capi sadici e inefficaci vengono mandati a casa. Niente terapia, niente mindfulness, niente ansiolitici: Sasha torna come per miracolo a stare benissimo. Se il lieto fine dei romanzi rosa dice qualcosa su cosa sognano le ragazze in quell'epoca…

L'Oms offre a Kinsella robusti fondamenti scientifici. Dal 2019 definisce il burnout un "fenomeno occupazionale globale", e lo ha inserito nell'undicesima *International Classification of Diseases*. Non è nella lista delle "malattie" ma delle "condizioni patogene che portano una persona a necessitare assistenza medica". Tra queste, per esempio, ci sono l'esposizione a pesticidi, polvere, vibrazioni, radiazioni; la povertà; l'essere senza casa. E il burnout, appunto. Cioè l'esaurimento da lavoro. "Il burnout è una sindrome che si concepisce come il risultato di uno stress cronico sul lavoro che non si sia riusciti a gestire. È caratterizzato da tre dimensioni: 1) sensazioni di deprivazione o esaurimento delle energie; 2) aumento del distacco mentale dal proprio lavoro, o sentimenti di negatività o cinismo legati al lavoro; e 3) ridotta efficacia professionale." La regola poi precisa che il termine si riferisce "specificamente a fenomeni nel contesto occupazionale".

L'Italia è uno dei pochi Paesi Ue (con Belgio, Lituania e Germania) che definiscono il burnout una "malattia professionale": lo *stress lavoro correlato* che l'Inail riconosce è una categoria assicurativa, che autorizza risarcimenti e fonda sentenze. La sua definizione, pur non perfettamente sovrapponibile a quella di burnout, è di "stress legato all'attività lavorativa che si manifesta quando le richieste dell'ambiente di lavoro superano la capacità del lavoratore di affrontarle, o di controllarle". Per la legge il datore di lavoro ha l'obbligo di valutare e gestire il rischio di questo tipo di stress.

Deve farlo in due fasi. La prima si dice "preliminare". Il datore di lavoro somministra un questionario, ogni tre anni, ai responsabili per la sicurezza, che devono compilarlo sentiti i rappresentanti dei lavoratori. I rappresentanti sono dei "portavoce" della forza lavoro che i dipendenti delle aziende che hanno almeno un lavoratore[13] hanno il diritto di eleggere (ma averli non è un dovere per il datore).

Nel questionario si elencano "eventi sentinella", cioè canarini

[13] Tranne quelle famigliari, quelle che impiegano solo lavoratori a progetto e quelle che offrono servizi a domicilio.

nella miniera: se si verificano spesso, probabilmente nell'azienda è alto il tasso di stress. Per esempio indici infortunistici, frequenza delle assenze per malattia, alto turnover, cause per molestie.

Poi si richiede di valutare "fattori di contenuto" e "fattori di contesto". Cioè, rispettivamente: orari e turni, carichi di lavoro richiesti, formazione del personale all'altezza di quanto si richiede loro, attrezzature adeguate; e poi "ruolo nell'ambito dell'organizzazione, autonomia decisionale, conflitti, evoluzione e sviluppo di carriera".

Se le risposte negative a queste domande sono più di qualcuna, il livello di rischio viene considerato medio e si passa a una "valutazione approfondita"; questa può, ma non per forza *deve*, includere interviste e questionari somministrati direttamente ai lavoratori. Il questionario base viene somministrato non a voi, ma ai vostri *responsabili della sicurezza*, e se non siete dipendenti di un'azienda o di un ente pubblico mettetevi il cuore in pace: non ce li avete e lo stress lavoro correlato ve lo diagnosticate da sole.

Ma già leggerlo tra sé e sé, il questionario preliminare, è un'esperienza istruttiva. Si trova online; un dipendente ha diritto a chiederlo, e anche a controllare le risposte date dai suoi responsabili. O soltanto a leggere le domande, per farsi un'idea di come sta e compiere una distinzione fondamentale: capire se sono loro, o sei tu. Se "te la stai prendendo troppo" o se davvero ti stanno facendo qualcosa. Se "non hai il fisico" o se le condizioni di lavoro a cui sei sottoposto sono riconosciute oggettivamente come stressanti. Se hai le manfrine o se hai il burnout.

Sei tu che non hai il fisico, per esempio, o il turnover di dipendenti nella tua azienda è alto? Vanno via in tanti e i neoassunti rimangono poco? Faticate a trovare personale nuovo?

A queste domande bastano a rispondere, collettivamente, le grandi dimissioni degli scorsi anni. Ci sono istanze giudiziarie per molestie? Alti indici di infortuni? L'assenteismo come va? Questi sono detti "eventi sentinella": dati che bastano da soli, cioè, senza bisogno di convalida soggettiva, a dimostrare che in quel posto di lavoro si sta male.

Poi ci sono le domande sulle condizioni ambientali, la pianificazione dei compiti e così via. Sei esposto a rumori? Le luci sono adeguate? Il tasso di umidità è adeguato? Il tuo lavoro è notturno, solitario o ti espone a un rischio di aggressione fisica da parte dell'utenza? Sei esposto a vibrazioni, radiazioni, agenti di rischio? Anche il più radicale negazionista del burnout riconosce cioè che il medico del pronto soccorso, il minatore, il metronotte, l'ostetrica hanno dai loro mestieri un impatto sulla salute. Già più difficile, per molte persone dai lavori il cui rischio fisico è meno immediato, è autorizzarsi la presa di coscienza che tra le condizioni *oggettivamente* stressanti – quindi non relative a ipersensibilità, a cattivo carattere o al peggiore dei peccati contemporanei, la *scarsa voglia di lavorare* – ci siano altre condizioni di lavoro molto comuni.

Una seconda parte del questionario indaga lo svolgimento concreto del lavoro.

Sei spesso interrotto da telefonate, interferenze o improvviso cambio di utilizzo degli spazi? Gli strumenti di cui disponi – sì, proprio il computer che non sempre si accende, con Internet Explorer installato di serie, la fotocopiatrice di quindici anni fa – sono adeguate allo svolgimento dei compiti? Il tuo lavoro è ripetitivo e monotono? Richiede di eseguire più compiti contemporaneamente? I tuoi compiti sono chiaramente definiti? Il numero di risorse umane allocate per lo svolgimento dei compiti è adeguato? I lavoratori fuoriusciti sono sostituiti adeguatamente con altri di pari funzione?

Hai autonomia sull'esecuzione dei compiti? Ci sono frequenti variazioni imprevedibili della quantità di lavoro? Gli orari sono rispettati? Devi prendere decisioni rapide? Sei costretto a prolungare regolarmente o spesso il tuo orario lavorativo oltre alle otto ore? Lavori a turni (condizione di per sé stressante)?

La terza sezione del questionario è ancora più sorprendente per un lavoratore medio della conoscenza che non è abituato a pensare alle sue condizioni di lavoro come frutto di negoziazioni o persino di politiche sociali e aziendali, ma solo come funzione del suo talento: se sei bravo o bravissimo farai carriera, se sei scarso no, se ti impegni al massimo delle tue forze per quindici anni forse, se sei uno sfigato no. Questa parte del questionario riguarda, appunto, i percorsi di carriera e le gratificazioni. Sì, incredibile: persino l'Inail, persino la legge, non solo lo psicoterapeuta che ti sei cercato tu per curarti il dispiacere che ti dà il lavoro, persino la comunità scientifica riconoscono che lavorare senza prospettive può causarti un danno alla salute. Non solo alla stima di sé o alla motivazione, categorie che per molti restano confinate nell'area "costume e società" dei giornali femminili e della propria coscienza di sé: lavorare senza prospettive di crescita o gratificazioni può danneggiare proprio la salute.

Quindi ecco alcune domande di questa terza sezione del questionario, che analizza il *contesto* del lavoro.

L'organigramma dell'azienda è chiaro? I rapporti gerarchici, cioè, sono trasparenti? Sono note le *procedure*, cioè non solo i compiti del proprio mansionario ma anche le modalità attraverso cui si può cambiare, magari in meglio, il proprio collocamento nell'organizzazione, a eccezione che andando a letto col capo?

Esiste un piano formativo per la crescita professionale, cioè un progetto di formazione per lo sviluppo delle proprie competenze accessibile a tutti i lavoratori? Ci sono incontri o riunioni tra dirigenti e forza lavoro? Esiste un referente per l'ascolto e la gestione dei casi di disagio lavorativo? I ruoli gerarchici sono definiti, cioè è chiaro chi fa cosa e chi dà ordini a chi? Accade di frequente che i dirigenti forniscano informazioni contrastanti circa i lavori da svolgere? Vi è una sovrapposizione di ruoli differenti sulle stesse persone? Sono definiti i criteri per l'avanzamento di carriera? I lavoratori hanno autonomia per l'esecuzione dei compiti? Sono predisposti strumenti di partecipazione decisionale dei lavoratori alle scelte aziendali? E quali? Conflitti e litigi tra lavoratori si possono segnalare? Vengono gestiti? E da chi? Siete mai stati in un ufficio?

Chiudono il questionario quattro domande sulla "conciliazione vita-lavoro", peculiare disabilità che nell'immaginario collettivo è collegata soprattutto al possesso di un utero ma che ohibò, a leggere questo questionario si direbbe composta invece di indicatori precisi e molto concreti, quasi pedestri, quasi gretti, fatta di piccole impuntature, di capriccetti, di vizi novecenteschi: per esempio la pausa per il pasto si può effettuare? E in un luogo adeguato? No, non vale la scrivania: in Francia è addirittura illegale mangiare alla scrivania. Non le macchinette che offrono pasti caldi istantanei, non l'esoso bar di fronte all'ufficio coi suoi panini vetusti che costano due buoni pasto ciascuno: un luogo *ancien régime* come una mensa aziendale. Il tuo posto di lavoro ce l'ha?

L'orario può essere flessibile?

Il posto di lavoro si raggiunge con i mezzi pubblici o una navetta dell'impresa?

È possibile svolgere un part-time verticale o orizzontale?

In azienda, questo questionario serve, più che altro, a *escludere* che l'ambiente di lavoro sia ad alto rischio stress. Nulla vieta, comunque, di somministrarselo da soli, come un test della personalità di quelli che spopolano, non a caso, nelle pagine di costume e psicologia di quel che resta delle riviste "da femmine". Se leggendo queste domande dentro di voi avrete collezionato parecchi "no", forse siete una *lavoratrice*. È tipico cioè della popolazione femminile di ogni epoca e latitudine veder ricondurre a storture o mancanze private problemi che sono invece frutto di circostanze di potere, sociali, culturali, storiche, economiche.

Da quasi un decennio facciamo questo esercizio in ogni altro ambito della nostra vita: non sei tu che se pesi sessanta chili devi mangiare meno, sono i canoni estetici dei media mainstream a essere irrealistici.

Non sei tu che se ti piace provarci coi ragazzi sei una virago, è che il modello della femminilità passiva e un po' riluttante è frutto di mille anni di rapporti di forza.

Non sei tu, levatrice o guaritrice o nubile, che sei una strega: è che è il XVI secolo e quasi nessuno sa leggere ma il bestseller del momento è il *Malleus Maleficarum*, ripubblicato già ventotto volte.

Non sei tu che non puoi fare la giudice perché quando hai le mestruazioni il tuo giudizio è offuscato:[14] è che il potere mantiene se stesso con gli strumenti che ha, e tra questi c'è escluderti.

Allo stesso modo, non per forza sei tu – uomo o donna, gio-

[14] Alla magistratura, comunque, le donne non poterono accedere fino al 1963: Giovanni Leone, nel dibattito che si tenne al riguardo alla Costituente, sostenne che per alcuni giorni al mese non avrebbero avuto fisiologicamente la serenità e l'equilibrio necessari per giudicare. Ricordiamocene quando salutiamo il congedo mestruale come una lotta di civiltà. La prima magistrata italiana è stata Gabriella Luccioli, classe 1950. Per la prima volta, nel 2023, la Cassazione è presieduta da una donna, Margherita Cassano (*nomen omen*).

vane o vecchio, dipendente o precario o autonomo, ma comunque *lavoratrice* cioè parte debole di un rapporto professionale – che non reggi ai ritmi, alle pretese e alle frustrazioni del tuo impiego; molto probabilmente il tuo lavoro è svolto in condizioni che forse tuo nonno tornato a piedi dalla guerra non considerava stressogene, i tuoi genitori ora in pensione (retributiva) non hanno mai conosciuto e il tuo capo assunto negli "anni d'oro" addirittura apprezza. Ma che per la letteratura scientifica in materia e vivaddio anche per il diritto concorrono, oggettivamente, a farti stare male.

Di qui il passo verso l'azione pratica è più breve: potresti per esempio cominciare a chiederti se per queste condizioni di lavoro, che sono *oggettivamente* elencate tra quelle stressanti, tu e i tuoi colleghi siete pagati abbastanza, e parlarne con l'ufficio del personale o col capo sapendo che non sono tue fantasie ma condizioni sancite nero su bianco.

O se il responsabile della sicurezza, come spesso accade, compila i questionari con una mano morbida verso l'azienda, e rileggendolo non ritrovi le tue condizioni di lavoro ma il solito *wishful thinking* che rassicura la dirigenza, puoi chiederne conto ai tuoi rappresentanti sindacali. Da solo, o meglio insieme ad altri colleghi: la tua fatica e la tua delusione non sono, non necessariamente, un fatto privato.

ART. 12 – ISTITUTI DI PATRONATO

Gli istituti di patronato e di assistenza sociale [...] *hanno diritto di svolgere, su un piano di parità, la loro attività all'interno dell'azienda* [...].

Ed è ai sensi dell'articolo 4 del presente Statuto, di quello vero, cioè, che non avrei potuto installare nel mio corridoio nemmeno una piccola telecamera di sorveglianza per vedere cosa facesse, quando io non c'ero, la signora delle pulizie; non l'ho mai ritenuto necessario.

Ma nel mio corridoio c'è un armadio, e nell'armadio un cofanetto di legno, e nel cofanetto una scatolina col marchio di una gioielleria che non esiste più e da cui provenivano tutte le gioie minori della mia infanzia. Ora è vuota.

Da quella scatola sono spariti i soli due gioielli veri che avevo. Due anelli pesanti, d'oro puro. Un'ametista, taglio chevalier, e un topazio a forma di noce, di foggia un po' vescovile: non oso avventurarmi nel conto di quanto saranno potuti valere, persi per persi, avrei potuto farmene un Tfr, un mio piano di fuga dal lavoro, viverci almeno sei mesi? Del resto nemmeno quando li possedevo ho mai pensato di venderli.

In *La Sparizione*, breve romanzo del 1989 di Saul Bellow (che però in inglese si intitola più correttamente *A Theft*, un furto), la "zarina delle giornaliste di moda" Clara Velde assume una ragazza alla pari perché badi alle sue tre figlie. La sparizione del titolo è quella di un anello molto amato da Clara: l'anello di fidanzamento in vista di un matrimonio poi mai celebrato, quello con il suo sfuggente grande amore Ithiel "Teddy" Regler. "Questo smeraldo era ghiaccio. In esso era congelata la promessa di Ithiel. Forse rappresentava la forma permanente della passione che lei aveva avuto per quest'uomo."

Così sono i gioielli: presto, immagino, saranno impopolari come le pellicce – rappresentano classismo, sessismo, familismo, privilegio, beni ereditari – ma il silicio e il carbonio compressi all'estremo delle loro gemme possono contenere più informazioni di un disco fisso, come se chi li indossa indossasse un cuore supplementare. I due anelli spariti dal centro della mia casa erano stati doni di mio padre a mia madre; chi ora li può maneggiare, probabilmente un merdoso compro oro di Buccinasco, non potrà mai decifrare i sentimenti di cui quell'ametista e quel topazio rappresentavano la forma permanente.

Chi me li ha rubati, invece, ha sentito parlare assai spesso dei miei genitori.

Già anni prima della *Sparizione* che dà il titolo al romanzo di Bellow, Clara Velde aveva ritenuto di aver "dimenticato l'anello su un lavabo, forse, o su una panchina al circolo del tennis". La perdita l'aveva depressa e "rimessa sul lettino", rimandata cioè dallo psichiatra alle cui cure Clara si affida, a intermittenza, da tutta la vita; e della cui utilità, tuttavia, diffida latentemente. "Non ti aspettavi risposte da questi dottori. Li pagavi affinché ti prestassero le loro orecchie." E anche: "Quelli là! Se gli entrasse in studio un millepiedi ne uscirebbe con una stampellina per gamba!".

L'anello era poi ricomparso, un anno dopo, "in uno dei fanatici attacchi di pulizie primaverili di Clara": era sotto il letto.

Pensa, le dice Teddy: "Se non avessi fatto tu le pulizie di primavera, come niente l'anello lo avrebbe trovato la tua donna". La risposta di Clara è quella che sa bene ogni padrona di casa che conosco: "La mia donna non si sarebbe sognata di pulire sotto il letto in nessuna stagione dell'anno".

Anche al centro della sparizione numero due, quella del titolo, c'è una donna di servizio. Questa volta è Gina Wegmann, la *au pair* austriaca che Clara assume – o meglio, quasi adotta – sulla scorta di un irresistibile sentimento di somiglianza. Nella ventenne Gina, venuta a New York dall'Austria "per l'onore di correre dei rischi", Clara rivede la se stessa ventenne, ansiosa di lasciarsi alle spalle la provincia, esposta a pericoli esplosivi, sola "nella città di Gog e Magog". Non solo. A differenza dello psichiatra, nominato appena due pagine prima, Gina al colloquio "aveva dato tutte le risposte giuste". Un'intimità istintiva.

Del resto come potremmo affidare ad altri i nostri figli, le nostre case, i nostri genitori anziani, la nostra stessa cura, se un'intimità istintiva tra noi e loro non si accendesse? Clara Velde, giornalista di moda nel culminare degli anni Ottanta, è assai ricca, io no, questo è un libro sul lavoro: questa intimità come si quantifica, a che tariffa si paga? Gina, la *au pair* di Vienna, dà una festa di nascosto a casa Velde; l'anello di smeraldo di Clara, dopo questa festa, sparisce di nuovo.

La colf Nunzia M., coetanea di mia madre e perfino del suo stesso segno zodiacale, mi era stata presentata da una collega come "un po' impicciona" ma sollecita, e il suo arrivo nei sessanta metri quadri della mia casa era stato, per me, un bel sollievo.

Mi portava piccole piantine per sostituire i monconi di cactus e il rosmarino rinsecchito sul balcone. Aveva riparato la mia caffettiera. Commentava ogni cosa: una boccetta nascosta tra le spezie – "E 'o *Xanàx* chi lo prende?", Nunzia, e chi vuoi che lo prenda –, l'acquisto di una camicetta nuova, "ha l'aria cara", le foto del mio compagno che chiamava con sarcasmo "il fidanzatino" perché a quasi quarant'anni non vivevamo insieme.

La tintoria mi restituiva abiti con un post-it sopra: "c'è una macchia"; lei prescriveva due gocce di detersivo per piatti e la macchia non c'era più. Infissi e persiane venivano spolverati regolarmente, e così i ripiani più alti della libreria dove non aveva paura di salire; in compenso il pavimento del bagno restava regolarmente lurido, gli stracci mescolati e sospetto usati indifferentemente per i fornelli come per il cesso; compravo una bottiglia di sgrassatore alla settimana come se lo bevesse, "del resto", dice la mia saggia collega Laura, "pure noi ci portiamo le penne dell'ufficio a casa".

Interrompeva le mie istruzioni sempre con un "sìssì, vabbuon'", poi attaccava a parlare del suo nipotino, mi diceva: "oggi quando esci?" e detestava lavorare in mia presenza perfino più di quanto io detestassi averla tra i piedi. Arrivava all'ora di pranzo dicendo "non mangio", e dalla mia cucina poi scomparivano gelatini, fichi, biscotti. Una scatola di latta della migliore pasticceria della mia città, che intendevo regalare ad amici, si rivelò già aperta, mezza svuotata e piena di pirottini appallottolati.

Quando ho chiesto a Nunzia se avesse visto i due anelli che avevo "forse lasciato in giro" non mi ha chiesto che forma avessero o dove pensavo di averli lasciati: è scoppiata in lacrime, ha cacciato dalla tasca un rosario e lo ha baciato giurando "i' nun n sacc nient", ha preso una pastiglia per il cuore, "perché m'agg a calma'"; mi ha ricordato che "io ti portavo amicizia" ed era vero, anche io avevo *portato amicizia* a lei, anche se mai al punto di lasciarle una frittata pronta per pranzo, un piatto di polpette, un panino al prosciutto, e pure avevo sempre pensato che li avrebbe graditi; si è svuotata teatralmente le tasche, ha urlato "ma a me perché nessuno mi crede mai" e io sapevo che faceva riferimento a un doloroso episodio[15] accaduto nella sua vita, quarant'anni prima, e sapevo anche che era vero: a Nunzia nessuno, nella sua vita, credeva mai. Anche io, quando mi aveva confidato la sua vicenda piangendo, ricordo di aver pensato: certo, se fossi nei panni dei suoi cari ne diffiderei. Perché lei aveva questo modo di non lasciarti mai parlare, di non voler mai essere colta in fallo; di prevenire alcuni dei tuoi desideri in modo da poter disattenderne altri, quelli a cui non aveva intenzione di ottemperare; ti piaceva subito, e poi ti manipolava un po' perché non cambiassi idea. Rifiutava il *lei* e ti costringeva alle sue confidenze: per semplicità di cuore o perché poi ti fosse

[15] Ma non racconto di più: avrei precedenti non illustri in Kathryn Stockett, la romanziera di *The Help*. *The Help*, pubblicato nel 2009 dopo essere stato rifiutato da sessanta agenti letterari, è diventato un bestseller mondiale anche grazie al film omonimo con Emma Stone e Viola Davis (2011). Mississippi, 1962. Le protagoniste sono le intelligenti serve nere Aibileen e Minny, che insieme alla bennata Eugenia, bianca, guidano un'indimenticabile vendetta delle cameriere sulle loro insopportabili padrone, tra cui la madre di Eugenia. I critici rimproverano alla storia, per intanto, di essere un po' ipocrita: le umiliazioni patite quotidianamente da Aibileen e Minny e le ristrettezze in cui vivono sono più frutto dell'individuale cattiveria e ottusità delle loro datrici di lavoro che di un classismo e di un razzismo sistemici, e tutti noi spettatori con le serve in nero a pochi euro l'ora spegniamo il video, tutto sommato, non sentendoci troppo male. Ma la vera recensione negativa su *The Help* l'ha data Ablene Cooper, anziana domestica della famiglia Stockett, che ha denunciato l'autrice. Il personaggio della cameriera Aibileen le è simile pure nel nome, è stato creato "saccheggiando" la sua storia personale, persino la perdita del figlio. Con lei si è schierato persino un fratello dell'autrice, che ha detto al giudice di un accordo, tra Kathryn Stockett e la domestica, in cui la prima garantiva alla seconda che non ne avrebbe usato le vicende. La causa è poi stata archiviata per questioni formali; ne resta la sensazione che persino un'autrice che si sente dalla parte dei buoni per il solo fatto di "vendicare", nel romanzo, le angherie subite dalla sua domestica, non sembri riconoscerle una dignità personale completa sufficiente, per esempio, a camuffarla un po' meglio nel suo romanzo, o a chiederle il permesso di raccontare la sua vita. O almeno, come minimo sindacale, a cambiarle il nome.

difficilissimo correggere il suo lavoro, essendovi ormai voi *portate amicizia*? E senza *portarsi amicizia*, almeno un po', il rapporto di due donne, una delle quali pulisce il cesso dell'altra e che si scambiano chiavi di casa e la sospensione involontaria di alcuni segreti, su cosa può poggiare?

L'*au pair* ventenne Gina Wegmann trova infine un modo ingegnoso per far rispuntare l'anello, lucido come appena comprato, sul comodino della signora Velde. Nei modi di questa restituzione è il senso, mi sembra, dell'intero romanzo. Dalla signora Nunzia ho riavuto le chiavi di casa e non l'ho mai più vista; per qualche giorno rientrando ho riaperto il portagioie, illuminato sotto il letto, frugato le tasche di tutti i cappotti, sperando che avesse trovato un modo ingegnoso, una delle sue soluzioni, per *riportarmi amicizia* anche lei.

Di certo, la nostra *amicizia* non era sancita in alcuna maniera dalla legge, e anche per questo non avevo potuto più fare niente per avere la mia refurtiva. Nunzia cioè veniva a lavorare per me *fuori dei libri*, diceva, cioè in nero: e per la somma oraria che mi aveva chiesto, e che avevo trovato assai bassa ma non avevo aumentato. Le lasciavo ogni tanto, sentendomi pure magnanima, qualche moneta in più.

L'ho potuta licenziare come si ripudia una moglie in certe religioni: *ad nutum*, cioè solo verbalmente. Da quel nostro ultimo incontro, quello in cui le avevo chiesto la verità sui miei anelli e avevo ripreso le chiavi di casa mia, eravamo uscite entrambe terrorizzate: lei, che io la denunciassi o la *mettessi sui giornali*; io di una sua vertenza. Chiedevo consiglio a tutti i miei cari, al mio compagno, ai colleghi, perfino alla commercialista; tutti tenevano in casa una colf in nero.

In Italia 2,3 milioni di famiglie, ufficialmente cioè con rapporti di lavoro regolati dal contratto nazionale per il lavoro domestico, fanno affidamento sulle cure di colf, badanti e babysitter;[16] ma la cifra raddoppia, o quasi, se vi si aggiunge una stima di chi le ha impiegate irregolarmente. A fronte di 961 mila in regola, altri 781 mila assistenti famigliari – si stima – lavorano in nero.

Secondo altre stime, quelli in nero sono di più: il 57 per cento di una forza lavoro totale di due milioni di persone. Appena nel 2001 era nero l'80 per cento dei posti di lavoro del settore; poi una sanatoria dopo l'altra, e infine il Covid che vietava di spostarsi agli abusivi, hanno fatto aumentare quelli in regola. Quello dei lavori domestici resta comunque in Italia il settore con più nero di tutti (al secondo posto c'è l'agricoltura, dove il nero dei braccianti è attorno al 24 per cento).

Già senza contare gli irregolari, il lavoro domestico retribuito contribuisce al Pil per poco più dell'1 per cento: 16,2 miliardi l'anno. Se ci fossero "adeguate politiche economiche e sociali", recita un rapporto dell'Oil, l'Agenzia delle Nazioni unite per il lavoro, "il settore di assistenza e cura potrebbe generare in Italia circa 1,4 milioni di nuovi posti di lavoro entro il 2030". Ma non accadrà: "il contributo del lavoro domestico al benessere collettivo è spesso sottovalutato".

Secondo l'Oil, le ragioni dell'ampiezza della quota di irregolari nel lavoro domestico sono varie. Tra queste c'è la "complessità burocratica e istituzionale": il datore di lavoro è trattato come un imprenditore, ma non ne ha i mezzi necessari – una segretaria, un contabile, nozioni di diritto – e non è sottoposto a controlli rigorosi perché "ciascuno, a casa sua, è padrone". Questo aspetto, per l'Oil, ha anche un risvolto economico: non

[16] Atlante Fidaldo, 2022.

sempre le famiglie, pur costrette dalle circostanze ad avvalersi di un assistente, hanno anche i mezzi per coprirne l'assunzione, il Tfr, le malattie.

La complessità burocratica e i costi aggiuntivi per assumere una colf sono conseguenza di norme che la politica potrebbe aggiornare. È dal 1994 che in Francia, per esempio, vige un sistema di *chèques-emploi*, cioè di voucher per il lavoro domestico, il cui utilizzo è incoraggiato da seri incentivi: chi li usa e si avvale così di un aiuto domestico regolare gode di un credito d'imposta del 50 per cento delle spese che sostiene per questi servizi. Cioè, dare dieci euro l'ora in nero alla colf non conviene né a te né alla colf: darle il *chèque-emploi*, invece, garantisce a lei i vantaggi di un lavoro regolare, e a te cinque euro indietro. Non possiamo copiarli? (In Francia peraltro le stesse aziende, in molti casi, offrono ai loro dipendenti a cui richiedono flessibilità di orario anche dei *chèques-emploi* per acquistare ore di lavoro domestico ma vabbè, per carità, mica dobbiamo sempre essere esterofili, ricordiamoci che non hanno il bidet.)

Dietro lo "spirito delle leggi", però, esistono sempre fattori soggettivi e sociali. Ancora l'Oil: il lavoro domestico è stato "storicamente percepito come estensione della gestione della casa, dunque come una questione privata, innanzitutto, e poi una questione in capo alla donna". Il lavoro domestico retribuito ha cominciato a diffondersi, nel secondo dopoguerra, parallelamente all'ingresso delle donne nel mercato del lavoro e dunque come sostituto dentro le mura di casa di una donna che di colpo, quasi per un capriccio emancipatorio, faceva mancare la sua presenza. Un assistente famigliare è percepito come un centro di costo, cioè, che sostituisce prestazioni di cui altrimenti si disporrebbe gratis perché fatte "per amore" da una persona di casa (tipicamente, da una donna).

Ma quanto varrebbe, collettivamente, tutto questo “amore”? Il tentativo di quantificarne la portata monetaria è vecchio quanto la discussione sul lavoro domestico. Senza spingerci troppo lontane: le scienze sociali tendono a stabilire questo valore convertendo un’ora di lavoro domestico svolto personalmente, cioè gratis, con l’ammontare di denaro necessario a comprare sul mercato questo servizio (lavanderia, Glovo, pulizie); oppure con il guadagno che alla stessa persona verrebbe dedicando quel tempo al lavoro retribuito. In questi anni in Italia si è tentato spesso di calcolarne le dimensioni, con questi due criteri, e la cifra su cui in genere gli economisti concordano è di 450 miliardi di euro l’anno. In termini relativi, è il 30 per cento del Pil.

La richiesta di riconoscimento normativo e sociale del lavoro di cura è al cuore di mobilitazioni delle organizzazioni delle lavoratrici domestiche da decenni; è incredibile come questi mestieri, su cui si fonda tanta parte della nostra possibilità di lavorare fuori casa, anche quando non abbiamo figli né famigliari fragili, restino confinati in una zona sociale che per precarietà e irregolarità è quasi contigua a quella della prostituzione.

Le economiste femministe di impostazione marxista sono state le prime, negli anni Sessanta e Settanta, a mettere nero su bianco una nozione ignorata fino ad allora dalla teoria economica classica a ogni livello: esiste un insieme di attività che fanno sì che il lavoratore – nella teoria economica classica quasi sempre questa figura va immaginata come un maschio con la tuta blu – possa ripresentarsi il giorno seguente al lavoro. Deve mangiare, avere una casa, potersi lavare e vestire; e anche l’insieme delle attività domestiche che lo permettono è un lavoro. Si chiama *lavoro riproduttivo*, perché *riproduce* la capacità di lavorare del lavoratore.

Nella teoria marxista classica, è quella parte del lavoro che serve per pagare la casa, il cibo, il riscaldamento: l'operaio lavora diciamo 140 ore al mese, e di queste 80 sono "lavoro necessario", cioè riproduttivo. Non è un caso che il pensiero marxista, che considerava le donne di casa come "risorse naturali" a cui il lavoratore accedeva in forza del proprio salario, e non come forza lavoro riproduttiva, le dimenticasse. Come fanno notare alcune studiose di scienze sociali, Marx aveva a che fare con una società, quella britannica dell'Ottocento, dove la feroce industrializzazione faceva vivere gli operai come bestie, o varianti umane dei pezzi di un ingranaggio: in case fatiscenti, sporchi e laceri, nutrendosi con cibi simili a mangime, lavorando sin dall'infanzia.

Opposto era il modello di vita nell'Italia del boom, che fu non a caso uno dei primi bacini di coltura, a livello internazionale, della riflessione femminista e sindacale sul lavoro famigliare. La cucina era curata anche quando era povera, l'accudimento dei figli attento e partecipe – e orientato al primato della loro istruzione –, gli standard igienici e di vita in crescita. E il compito di produrre questo miglioramento rispetto alle generazioni precedenti, di creare prospettive di vita migliori per l'intera famiglia, oltre che per sé, era anche delle donne.

È quindi a cavallo tra gli anni Sessanta e Settanta che, per la prima volta, gruppi di militanti – come a Padova il primo collettivo di Lotta femminista, poi rete dei Comitati per il salario al lavoro domestico – modificano la definizione di *lavoro riproduttivo*. Con loro lavorano anche teoriche come Silvia Federici e Mariarosa Dalla Costa, attive nella comunità accademica internazionale. Insieme sanciscono che *riproduttive* sono anche e soprattutto le ore di lavoro svolte dalle famigliari del lavoratore per cucinargli la cena, stirargli i vestiti, scaldare la sua casa, e non solo quelle che servono a lui per pagare queste risorse. È *lavoro riproduttivo* anche quello emotivo e di cura, che consiste nell'accudimento dei figli oltre che nel partorirli (riproduzione in senso stretto); nella creazione di un clima domestico sereno, nell'ascolto e – per alcune – persino nella sessualità coniugale.

La divisione è chiara e marcata per genere: il lavoro *produttivo* – cioè di beni e servizi, ancorché sempre più smaterializzati – è maschile. Quello *riproduttivo* – fondamentale per tutti, ma svolto dentro casa – è quello a cui storicamente sono state relegate le donne (e le straniere, e le persone povere, cioè le soggettività non dominanti).

Funziona così, con diversi gradi di evoluzione, in quasi tutto il mondo. In Italia, poi, la differenza è persino sancita dalla Costituzione: proprio la legge che all'articolo 1 fonda l'intera repubblica italiana, democratica, sul *lavoro*, recita poco più avanti, al 37, che "La donna lavoratrice ha gli stessi diritti e, a parità di lavoro, le stesse retribuzioni che spettano al lavoratore. Le condizioni di lavoro devono consentire l'adempimento della sua essenziale funzione familiare". Va bene questo capriccio di lavorare, cioè: ma la *funzione familiare* è in capo alle femmine.

Il lavoro domestico, perlopiù, è infatti esternalizzato ad altre femmine: è donna l'87 per cento dei lavoratori e il 57 per cento dei datori di lavoro domestico, e nella pratica è quasi sempre alle donne di casa, se ce ne sono, che è demandato il compito di formare e istruire la persona di servizio. Reti di donne, chi un po' più oppressa chi un po' meno, unite nell'*essenziale* obiettivo costituzionale di sollevare gli uomini dalle attività della casa.

Anche oggi, che a fare media nella statistica sono entrate generazioni dalla mentalità più paritaria, da vent'anni il contributo maschile al lavoro domestico si allunga di un minuto all'anno. Di questo passo gli uomini ci raggiungeranno per il 2066.

Le ore medie di lavoro domestico, in una coppia che convive, sono così ripartite: 5 ore e 5 minuti al giorno, le donne, e 1 ora e 48 minuti gli uomini. Le donne si occupano tuttora del 74 per cento delle attività domestiche (compreso istruire le colf).

Di più: la divisione dei lavori non è soltanto definita dai generi; li definisce. Se consideriamo il *genere* la serie di caratteristiche e comportamenti attesi culturalmente in relazione a un sesso attribuito alla nascita, ne consegue che è *femmina* chi si comporta come abbiamo deciso che è "da femmina", ed è *maschio*, anzi uomo, chi fa cose "da uomo". Il lavoro domestico è attribuito alle donne, *dunque* partecipa alla definizione stessa del gruppo donne. Essendo identitario, o supposto tale, il lavoro domestico è dunque considerato gratuito: non si paga certo una vacca per fare una cosa che è nella sua natura, come produrre latte, o un gatto per prendere i topi, o una donna per accudire. La *natura*, come la virtù, è premio a se stessa.

Come ogni meccanismo che viene descritto come "naturale" o eterno, quello dell'attribuzione dei ruoli di genere è invece storicamente e socialmente situato. Esattamente come il supposto ruolo passivo della donna in amore viene fatto risalire a motivazioni filogenetiche: la donna sarebbe monogama perché ha un ovulo al mese e deve proteggerlo, l'uomo cacciatore perché il suo sperma invece si rigenera; allo stesso modo, essendo cacciatore il suo regno è il "fuori", essendo la donna preda il suo regno è "dentro"; di qui il passo verso la segregazione sarebbe breve, poi interviene – o ci prova – la contemporaneità.

Di queste nocive cazzate, le femministe degli anni Sessanta e Settanta facevano drasticamente a meno: la decostruzione dei ruoli di genere e il coinvolgimento degli uomini nel lavoro domestico erano date per necessità assodate, e poco importa se avessero poi nel dibattito, di volta in volta, il peso del dogma o dell'utopia. In nome del "non considerarlo una cosa da donne", e dell'emancipazione a mezzo *lavoro produttivo*, molte rifiutarono poi di unirsi alla battaglia di quelle che rivendicavano, per il lavoro domestico, un salario. Altre erano più scettiche circa la possibilità di poter davvero decostruire, nel giro di meno di una generazione, la divisione sessuata del lavoro che assegnava alle donne quello domestico, e sapevano in qualche modo di doversene intestare le lotte.

Così sulle pagine della rivista *Noi donne*, organo dell'Unione donne in Italia che per il salario al lavoro domestico, o almeno per la pensione alle casalinghe, si batteva, trovo un'illustrazione che un po' mi fa pizzicare gli occhi, le cui protagoniste sono tutte sagome femminili. È una doppia pagina sul numero di luglio 1967; due spaccati di un condominio tagliato a metà, la più tipica delle illustrazioni per bambini: una casa a cui è stata tolta la facciata, e come in trasparenza se ne vedono gli appartamenti, le stanze, i pupazzetti dentro.

A sinistra: "Oggi". "Al primo piano di via Emilio Bandiera 10, palazzina A, la signora Ida Rossi – appena tornata dall'ufficio – si precipita in cucina e accende il suo fornello del gas. Sono le otto di sera, suo marito tornerà a casa tra poco e ci tiene alla puntualità." La vediamo, nell'illustrazione, la signora Ida: china sul forno, indossa un grembiulino da cameriera, è quasi in una posa sessuale. Mette su la bistecca.

Al piano di sopra la sua vicina Giovanna Biancolini, "casalinga con tre figli", ha "appena finito di stirare una montagna di mutandine, pannolini, camicette". E cucina pure lei: "mette su la bistecca".

Al terzo piano Anna Piccardi, "vedova e pensionata, se ne va malinconicamente in cucina". Trova terribile mangiare da soli, mette su una bistecca. "Di malavoglia."

Al quarto piano Geltrude Daverio, sarta, in cucina ha una pila di scampoli e a breve vedrà il fidanzato per il cinema: "un boccone alla svelta, per arrivare puntuale. Accende il gas e mette su la bistecca". Quattro piani, quattro bistecche, quattro solitudini: quale più, quale meno affollata.

Nella pagina a destra: "Domani". Un disegno quasi identico. Palazzina B. Al primo piano di via Emilio Bandiera 10, palazzina B, vediamo Carla Verdicchi: si spazzola, mette il rossetto e aspetta il marito. Non prepara la cena: "tra poco se ne andranno a mangiare giù, al ristorante comune. Ravioli alla panna o maccheroni alla chitarra?".

Al secondo piano Renata Nardi, casalinga con tre figli, prepara un biberon. Le camicette e i pannolini che ha lavato "saranno ritirati domattina dal servizio di lavanderia comune della casa".

La vedova della palazzina, al terzo piano, si sta vestendo "con l'abito buono". Tra poco scenderà al ristorante comune, "dove mangia tutte le sere, e c'è anche il cavalier Girolami, la signora Riccardi, il colonnello Bastia". Giocheranno a carte.

Al quarto piano la maestra, nubile, finisce di correggere i compiti e si prepara per uscire col fidanzato. "Scenderà alla cucina comune, mangerà un'insalata di riso (che è un piatto freddo, sempre pronto, delizioso) e via verso il suo appuntamento." Una palazzina dove la *cura* è condivisa: non un'utopia completa ma un progetto pensabile, in quel 1967 in cui i movimenti delle donne già da tempo si organizzavano per "socializzare la cura". Per esempio con i Gruppi domestiche delle Acli, o con lo scomparso "servizio formiche" di Torino, che era una specie di servizio d'emergenza di accudimento anziani e malati che le reti delle famiglie operaie di immigrati meridionali, soli e senza punti di riferimento, avevano organizzato; mentre a Firenze e a Trento era lo stesso comune a fornire servizi domestici, per le donne che lavoravano o per gli anziani.[17]

Le illustrazioni di queste due pagine, l'ingegno di queste utopie, mi lasciano gli occhi lucidi, e non so spiegarmi perché se non a costo di cedere a una retorica quasi da socialismo reale: penso con tenerezza a quelle centinaia di ragazze, poi ex ragazze, poi madri, le nostre, che si sono messe insieme a immaginare palazzine con cucine comuni, lavanderie collettive, asili nido, con la fiducia che il mondo le potesse ascoltare e se non a loro alle loro figlie togliere un po' di quelle incombenze così noiose, così malinconiche, così effimere, lasciare alle loro figlie la possibilità, neanche l'imperativo, di farsi largo nel mondo e non dover mai mai stirare; che hanno insegnato alle loro figlie che "l'indipendenza prima di tutto", e le hanno spinte a diventare quello che desideravano e a renderle orgogliose forse anche lontanamente per procura e la sera ricevono telefonate da città lontane delle loro ex bambine con la voce stanca e indisposta, che si irritano per un nonnulla, alle quali non sanno più cosa dire, che vivono sole in piccoli appartamenti che la loro *indipendenza* le costringe a pagare e però anche a riordinare, e a rendere accoglienti e a voler ampliare accendendo mutui e finanziamenti e facendo conti e non se li possono mai mai permettere a meno di non lavorare il doppio e dunque è così, è anche lì che andava a parare l'*indipendenza*; le abbiamo volute crescere libere e invece sono diventate – anche – amazzoni misteriosamente infelici, con stanze tutte per sé i cui pavimenti devono però anche lavare, con boccette di benzodiazepine riposte in mezzo al sommacco e ai *carvi* comprati per fare

[17] Una miniera di informazioni sulla storia e sul costume del lavoro domestico in Italia è la raccolta *Separate in casa*, a cura di Beatrice Busi (Futura Editrice, 2020).

le ricette esotiche lette sul *Guardian*; penso ai sogni di libertà e di *indipendenza* delle mie antenate e ai miei sogni più inconfessati che sono oggi di segno esattamente contrario, ai sogni miei di ex bambina che ha ereditato i loro e a scuola ritagliava le pubblicità dai giornali e si sognava in città, e che ora che in città ci vive e i giornali li impagina si strugge solo sempre per il desiderio delle stesse cose, che la porta di casa gliela apra sua madre, di trovare in cucina una caffettiera accesa, due pettegolezzi su membri della famiglia, amore in forma di profumo di pulito, di vestiti stirati, io mi penso una femminista e penso all'amore in termini di vestiti stirati, di una persona che sa cosa non metto più e che lo butta, che sa come lavare le mie camicette di seta, con una goccia di detersivo per piatti, io torno a casa e vorrei sempre solo mia madre; che qualcuno faccia per me un pochino del disprezzato, del mortificante, dell'antiquato *lavoro di cura*, due chiacchiere in una cucina fresca, leggere un libro in cortile; un cortile che qualcuno ha ramazzato, una casa fresca perché qualcuno ha avuto le mille piccole accortezze necessarie, durante il giorno, per renderla tale; anche questo è lavoro e quando da ragazza mi figuravo adulta in una casa così, senza piatti a marcire nel lavandino né sporcizia che si accumula né la pila di vestiti da stirare ancora dalle vacanze, da cui sono tornata un mese fa e che mi riservirebbero (le vacanze quanto i vestiti), quando da ragazzina pensavo alla mia affollata e allegra casa del futuro non pensavo che quella col compito di renderla fresca, di stirare, di mettere su il caffè e di comperarla, e figuriamoci di affollarla, sarei stata io.

Ed eccoci qui, alla soglia dei quaranta, ex figlie di donne già più libere delle loro mamme, noi eredi dei loro valori di *indipendenza*, noi signorine assistite dalla scienza che possiamo programmare di diventare madri in un'epoca futura, con mezzi senza precedenti, da sole con gameti donati e iniezioni e una tata nell'altra stanza se ce la potremo permettere o forse di farli solo nella fantasia finché sarà plausibile, importanti e solitarie come i volti di un manifesto, gigantografie della Possibilità.

Meno futuribili, sempre più private, restano le strutture di cui disporremo, gli ausili che la società ha ritenuto di destinarci, possiamo cioè riprodurci con tanti ormoni, tanto acido folico e tanto impegno ma poi ci resta sempre la questione dei nidi, a chi lo lasciamo il frutto dei nostri lombi – si fa per dire, si fa sempre più per dire – se dobbiamo tornare al lavoro, se non alle nostre madri, ancora una volta loro, cosa ci aspettiamo noi dalle nostre madri? Da bambine, che ci conoscano in ogni recesso, che ricordino quanto imbevuti di latte ci piacciono, precisamente, i cereali al mattino, i nomi di sedici nostre bambole, quanto sono scarichi i nostri pennarelli; da adulte che ci tengano i bambini ma a modo nostro, che ci aiutino, che ci ascoltino, che non ci giudichino, passiamo ore di psicoterapia a ricordare di quella volta che nostra madre, forse dopo una giornata somigliante alle nostre odierne, si lasciò sfuggire al nostro indirizzo un commento tagliente, ci negò la nona fetta di torta facendoci sentire grasse, arrivò in ritardo al saggio di scuola, ricordi che ci feriscono per tutta la vita come se quelle bambine non fossero mai cresciute, e che mettono bene in chiaro che cosa ci aspettiamo, noi, dalle nostre madri: tutto, per sempre.

Dalla politica, invece, ci siamo rassegnate a ottenere pochissimo. Peccato. Discorsi di principio, gli Stati Generali della natalità, la "libertà di non abortire" (ma vaffanculo), infrastrutture antiquate e insufficienti, i nidi che non ci sono mai, le badanti se siamo ricchi e le case di riposo se non lo siamo, le persone più care della nostra vita che improvvisamente "diventano un peso", che stronzi, del resto mica hanno pagato le tasse fino a un quarto d'ora fa, mica la società deve loro qualcosa; tutte "cose da donne" trattate come esangui questioni private, come capricci di signorine a cui nessuno ha insegnato, evidentemente, a non lamentarsi troppo.

E dalle aziende per cui lavoriamo, le nostre "grandi famiglie", cosa pretendiamo? Importante soprattutto, fondamentale, mantenersi il più possibile liberi da lacci e lacciuoli relazionali, i maschi e le femmine; congedi parentali più brevi che si può, orari inflessibili, tiralatte di serie, smartworking equiparato da dirigenti aziendali e sindaci progressisti all'autogestione, a un lavoretto montessoriano, alla vacanza pagata; nessuna regola che garantisca, al ritorno, di ritrovare le mansioni che avevamo prima, che nel frattempo qualcun altro più giovane, o più disponibile, si è potuto intestare, come in una giungla; genitori morenti che si spiccino, giorni per piangerli centellinati, la vita, diceva Manzoni, non è un giorno di festa né un giorno di lutto, ma un giorno di lavoro: adeguarsi.

I contratti a termine, dopo un figlio, a molte madri non vengono rinnovati; tra coloro che passano da un tempo determinato a un'assunzione, in tutti i settori, solo il 38 per cento è donna,[18] perché spesso una maternità fa perdere loro il "giro"; il tasso di occupazione delle donne senza figli tra i 25 e i 49 anni è del 73 per cento, scende al 55 per cento tra chi ha un figlio e arriva al 35 per cento per chi ha figli e vive al Sud;[19] nel 2020 si sono persi, in Italia, 440 mila posti di lavoro e il 98 per cento, il *novantotto – per – cento*, era di una donna. Le grandi dimissioni volontarie del 2020: nel 77 per cento dei casi si trattava di madri.[20]

Che cosa pretendiamo, noi, dai nostri uffici del personale, dai

[18] Rapporto Inapp 2022, "Lavoro e formazione".

[19] Eurostat, "Employment – Annual Statistics 2022", presentato ad aprile 2023.

[20] Ispettorato nazionale del lavoro, Relazione annuale 2021.

datori di lavoro? Figuriamoci, nulla, anzi grazie quando non ci mandano a casa, l'imprenditore che assume una donna incinta finisce in prima pagina sui giornali come un benefattore, l'imprenditrice che ciancia che assume le donne solo da vecchie, perché hanno già fatto tutto, bisognerà pur capirla. Nei Paesi scandinavi, ma pure in Spagna, i congedi di paternità vanno dai 4 mesi a ben più di un anno; in Italia si è fermi a un obbligo di 10 giorni, e quello facoltativo, dicono le statistiche, non viene quasi mai preso: non perché i nostri compagni siano dei bruti, non sappiano in che secolo vivano, detestino i neonati, ma perché penalizza sul piano della carriera, e non vorremo dotarci di politiche sul lavoro che correggano questo meccanismo, intralciando la Benemerita Impresa Privata, no, meglio che il congedo resti facoltativo, che un uomo che lo richiede venga dileggiato, che perda promozioni, incarichi, gratificazioni. Poiché nessuna legge dello Stato impedisce alla Benemerita di fissare una riunione "cruciale" alle 18.30 e ai nostri capi (maschi) di arrivarci in ritardo, sprecarne dieci minuti in chiacchiere tipicamente calcistiche, chiuderla tardi, ci attrezzeremo convocando a nostre spese una babysitter.

Nelle mille storie di donne e lavoro che si trovano online, e che finiscono per asseverare più che per combattere una disuguaglianza – sono sempre donne, i mariti comprimari e incolumi come il bue nel presepe –, una la dimentico meno di tutte.

Il nido e l'ufficio aprono alla stessa ora, il capo non permette alla sua impiegata di entrare in ritardo – "creerebbe un precedente" – e lei si licenzia. Non prima, racconta, di aver provato "per qualche settimana" a passare la sua bambina dalla finestra del nido alla prima operatrice che entrava, che l'attendeva allo scopo. Cosa pretendiamo noi dalla Benemerita Impresa Privata? Niente avvocato del lavoro, niente sindacato, niente vertenze, sfuriate, malattie fittizie, sciopero bianco, cagnara, denunce per mobbing; noi, e naturalmente i nostri colleghi imperturbati, capiamo la necessità di "non creare precedenti", e ci adeguiamo a passare le nostre bambine come pacchetti, dalla finestra.

Cosa pretendiamo, come società, dalle madri, e cosa rendiamo loro? La palazzina B con mensa e lavanderia dell'illustrazione che ho visto su *Noi donne* e che mi farò stampare, perché niente commuove di più del ricordo di un desiderio che non si è mai avverato, non è mai esistita; o almeno non per emancipare nessuno. Nelle città sono spuntati esperimenti di *cohousing*, cari, *green*, in comune c'è a volte il compostaggio e soprattutto la palestra, la piscina, perché rispetto alle Carla Verdicchi e Giovanna Biancolini della fantasia di *Noi Donne* noi siamo pure tenute o perlomeno spronate a mantenerci un po' magre; i nidi, in compenso, per restare sul semplice, sul già collaudato, su quello che si fa dappertutto, i nidi non riusciamo a garantirli nemmeno quando l'Unione europea ci regala i soldi per farlo.

Nel Pnrr, il Piano nazionale di ripresa e resilienza messo in piedi dal governo Draghi per la gestione dei fondi che l'Europa ha messo a disposizione dopo la pandemia, tra gli obiettivi principali c'è l'incremento dei nidi: 265 mila posti in più dei 355 mila già disponibili tra pubblico e privato. In Italia trova posto al nido il 28 per cento dei bambini[21] in età per fruirne – contro il 59 per cento in Francia, il 42 per cento in Spagna, il 35 per cento in Germania – e l'obiettivo pattuito (già nel 2010) sarebbe di salire almeno a un bambino su tre. Con una distribuzione più omogenea: a oggi in Calabria è coperto dai servizi per la prima infanzia il 14,6 per

[21] Istat, "Offerta di nidi e servizi integrativi per la prima infanzia 2021/2022". Da notare che il dato è in aumento sulla precedente rilevazione, 2018/2019, non per l'aumento dei posti disponibili al nido ma per la contrazione della natalità.

cento dei piccoli, in Sicilia il 13 per cento. Mancano i soldi, si dice sempre. L'Unione europea, ora, con il Pnrr li avrebbe pure stanziati. Eppure, per una serie di stasi burocratiche e supplementi di istruttorie, nonostante i 4,6 miliardi di euro stanziati per 2.189 interventi in graduatoria pubblica, più altri 381 progetti finanziati da 700 milioni di risorse nazionali, nonostante questi miliardi, insomma – e nonostante lo scorrere ben più fluido dei fiumi di denaro destinati, per esempio, al bonus facciate –, l'Italia ha ritardato la data di inaugurazione di 1.857 asili nido e 333 scuole materne, la maggior parte al Sud. Il primo bando scadeva a marzo 2023, poi il termine è stato fatto slittare a maggio perché non c'erano abbastanza candidature, poi al 20 giugno, poi il governo ha scritto di voler stanziare 900 milioni per rispettare i piani: per sfruttare i fondi bisognava avviare i lavori entro fine novembre 2023 (e terminarli entro giugno 2026). Alla fine del 2023 la revisione del Pnrr: i posti che l'Europa può finanziare sono centomila di meno di quelli previsti; l'obiettivo fissato per il 2010, di avere un bambino su tre al nido, è di nuovo sfumato.

Anche perché non basta il Pnrr. Tra le ragioni per cui i comuni hanno proposto poche candidature c'è quella che poi i nidi, dopo che li si è fatti, bisogna mantenerli: pagare le educatrici, per esempio, anche se poco (lo stipendio va dai 1.100 ai 1.700 euro mensili lordi, strano che non se ne trovino). Lasciare alle singole giunte comunali l'iniziativa di proporsi per la costruzione di un nido, poi, ha svantaggiato le aree già più svantaggiate, come il Sud: se le mamme in un comune già lavorano poco, che bisogno c'è di fare i nidi per loro? Intanto l'obiettivo 2010 è stato aggiornato: entro il 2030, per l'Europa, dovrebbe andare al nido il 45 per cento dei bambini. I comuni del Sud senza servizi per la prima infanzia, e senza una giunta lungimirante, non sono stati mai così lontani da Bruxelles.

I nidi insomma stentano a costruirli, le Rsa dopo la strage del Covid sono indesiderabili per sei anziani su dieci, che comprensibilmente preferiscono la badante; la palazzina B dell'utopia di *Noi donne* non è mai esistita, ma nelle stanze della palazzina A, quella tutta solitudine e bistecche individuali, accanto alle signore Ida Rossi e Giovanna Biancolini, e del tutto a loro spese, sono arrivate le serve.

La prima inchiesta sul lavoro domestico in Italia, condotta tra il 1974 e il 1976 da Acli-Colf, ne fa un ritratto: per la maggior parte sono donne sopra i 34 anni e con già un'alta anzianità di servizio, prevalentemente nubili, con una bassa istruzione, emigrate dal Sud al Nord, dalle zone depresse alle zone industrializzate, dai centri rurali e dai piccoli paesi ai grossi insediamenti urbani. Sono partite alla ventura; molte hanno avuto l'assicurazione di un altro tipo di lavoro che però non sono riuscite a ottenere. Solo qualcuna arriva dall'estero. È negli anni Sessanta che alcuni osservatori situano, del resto, la trasformazione dell'Italia da Paese di emigrazione a Paese (anche) di immigrazione. Tra il 1972 e il 1982 le "estere" immatricolate all'Inps sono il 5,6 per cento. Nel 1975 si contano in Italia cinquantamila migranti impiegate nel lavoro domestico: 11-12 mila vengono dall'Eritrea, ex colonia. Nel 1991 sono il 16,5 per cento delle assistenti famigliari di cui si ha notizia. Nel 2007, dopo una serie di sanatorie, sono il 77,7 per cento.

Oggi è straniero il 71,4 per cento degli assistenti famigliari regolarmente assunti e, grazie a questo settore professionale, quello dei "servizi di assistenza e cura", è donna il 52 per cento dei migranti regolari presenti sul nostro territorio. Quanto a quelli irregolari, chi lo sa: è un gatto che si morde la coda. Se i lavori in cui sono impiegati sono spesso sommersi, cioè in nero

– agricoltura, edilizia e i qui presenti servizi alla persona –, non si avverte l'esigenza, per esempio, di nuove sanatorie o piani regolatori dell'immigrazione. Di certo servirebbero: nel 2012 c'è stata l'ultima sanatoria per mettere in regola i lavoratori migranti, e gli assistenti famigliari sanati con almeno un versamento di contributi erano già poco più di un milione.

È incredibile come anche alle femministe degli anni Settanta, che dell'emancipazione delle donne dal lavoro domestico hanno fatto una delle loro più accanite battaglie, sia sfuggito questo aspetto: che i piatti che non hanno più lavato loro, *emancipandosi*, difficilmente li hanno lavati poi i loro mariti; che lo stipendio dal quale veniva mentalmente sottratto quello della babysitter o la rata del nido, era sempre il loro, e che molto di rado l'assistente famigliare di cui si avvalevano era di sesso maschile. Che rifiutare il lavoro domestico ha significato mollarlo sulle spalle di altre donne, quasi sempre più povere, a condizioni ancor più opprimenti.

Ma soprattutto ha significato rendere il lavoro di cura meno dignitoso, più mortificante, meno importante: in una parola rimuoverlo.

Nel lessico psicanalitico si intende per *rimozione* un processo in direzione inversa alla presa di coscienza, per via del quale l'apparato psichico si protegge da un contenuto che non tollera. In senso lato, e non tecnico, mi pare un meccanismo che si verifica spesso nel rapporto pieno di zone grigie che abbiamo con le nostre "assistenti famigliari", verso le quali di rado accettiamo l'idea di noi stessi come di padroni esosi, inadempienti, cattivi.

Qualche esempio. Ogni anno un'associazione dei datori di lavoro domestico, che tra i nomi possibili ha saputo scegliersi quello, inequivoco, di Domina, pubblica un dettagliato rapporto nazionale. Leggerlo – sono più di cento pagine, ciascuna fitta di dati, grafici, risposte multiple e purtroppo basate soltanto sul lavoro regolare, senza tener conto del nero – accende la luce su diverse rimozioni. L'82 per cento dei datori di lavoro intervistati dice di aver assunto regolarmente i suoi dipendenti. Tra i dipendenti, però, dice di avere un contratto solo il 76 per cento. Il 77 per cento dei datori dice di pagare tutte le ore regolarmente; si dice pagato regolarmente il 50 per cento dei lavoratori. Gli straordinari: ammette di non pagarli l'1,8 per cento dei datori intervistati. Il 15,6 per cento dei lavoratori domestici intervistati dice di non riceverli. E così via.

Poi, con che termini le definiamo? Sul pudore delle persone di sinistra a definire "colf" o "domestica" la "persona che ci dà una mano in casa", perifrasi che vale quanto una dichiarazione di voto, si è fatta già molta ironia. Anche "colf" è un termine nato – con una crasi tra *collaboratrice* e *famigliare* – per allontanare la mansione dalla parentela con il lavoro servile. Chi non ha di questi imbarazzi, come le memorabili padrone di casa dei *Canti dell'Olgiata* di Corrado Guzzanti, parla tranquillamente di "domestica", "donna di servizio", o a Milano semplicemente della "donna". Una titubanza simile, una simile incertezza, le ho riscontrate nei miei coetanei solo per definire gli psicoterapeuti a cui si rivolgono: i miei amici chiamano i loro "l'analista" se vogliono darsi un tono (sbagliando spesso al rialzo: quasi nessuno è davvero in analisi); "la psi" o "psic" se sono da poco scesi a patti con l'idea di avere bisogno di aiuto a riordinare, in questo caso i propri pensieri, e "psi" è sbrigativo e confidenziale insieme; "la psicologa" (vago), "lo strizzacervelli" (doppiaggese).

Come nota (inconsapevolmente il personaggio, con grande intenzione, invece, il suo autore) Clara Velde in *La Sparizione*, le attese che animano i nostri rapporti con le due figure sono simili. Dalla colf, come dalla psicoterapeuta, ci si attende tra l'altro una "rimessa in ordine" di nostre stanze, immobiliari o interiori; capacità unilaterale di comprenderci e perfino di anticipare, quando anche a noi stessi non siano chiari, i nostri bisogni; disposizione a svolgere al nostro posto compiti dei quali non ci sentiamo in grado, o di cui non vogliamo occuparci; infine, anche se è un'attesa malriposta, accudimento. Non è difficile sapere verso chi prima che da loro, nelle nostre vite, abbiamo nutrito queste stesse attese.

Attese grandi, come lo è il valore che nelle nostre vite hanno queste e altre forme di *cura*, senza le quali moriamo e che conosciamo, se tutto va bene, primariamente in forma gratuita. E a cui anche per questo diamo, nella politica e quindi nell'economia e quindi nella cultura, come si è già visto, ben poco valore.

Anzi, un valore *inestimabile*: il compenso per la colf, nel bilancio famigliare, si trova in una zona grigia tra la *necessità* – avete presente il panico che si genera quando ci mollano con poco preavviso? – e il *capriccio*: è in fondo un *capriccio*, sembrano pensare in tanti e soprattutto maschi, pagare qualcuno per mansioni che in generazioni meno delicatine di queste venivano svolte in famiglia o non esistevano.

È in fondo un capriccio, sembrano suggerire i regolamenti bizantini che servono per regolarizzare le colf e insieme l'inconsistenza, l'arbitrarietà del loro tariffario: non c'è un addetto alle pubbliche relazioni o un esperto di diritto societario o un consulente di *corporate responsibility*, per elencare tre lavori senza i quali, concorderete, il mondo cammina lo stesso, che sia impiegato a queste condizioni, con onorari decisi dal passaparola, senza assicurazioni né ferie, licenziabile con un cenno del capo.

Che valore attribuiamo, come società e come cittadini, al lavoro di chi ci lava e ci nutre quando non ci riusciamo da soli e guarda i nostri bambini e fa sì che ci presentiamo in ufficio con la camicia stirata? Comodamente, il minimo indispensabile.

Un altro sentimento che collettivamente ci riesce difficile ammettere, ma che mi sembra una componente fondamentale della disaffezione al lavoro degli ultimi anni è che non per tutti il lavoro che ha luogo dentro casa è mortificante. Molte persone, come forse il boom su Instagram e TikTok di tutorial inerenti a quella che un tempo si chiamava *economia domestica* può suggerire, lo trovano anche soddisfacente (sorpresa: più di molti lavori "veri").

La scrittrice Clara Sereni aveva un cognome di stirpe Pci: il padre Emilio, partigiano, era stato tra i membri della Costituente e ministro in due governi De Gasperi. Lei pubblicò il suo secondo libro nel 1987, con un buon successo. "Le donne se lo regalavano fra loro, so di tante cene in cui lo portavano al posto dei fiori o dei dolci per la padrona", scriveva lei nell'introduzione alla riedizione, datata 2015. La casa editrice Einaudi ne aveva affidato la cura a Natalia Ginzburg, che notoriamente detestava il lemma inventato che gli dà il titolo: *Casalinghitudine*, però, finì per entrare nei dizionari della lingua italiana. Era un neologismo felice, in cui molte si riconoscevano: Clara Sereni lo usava per rivendicare "un linguaggio extraverbale come l'abbigliamento, il maquillage, l'arredamento, che le donne, talvolta escluse dalla parola maschile, usano con particolare sapienza".

Casalinghitudine è un libro di ricette, a cui si alternano memorie famigliari e nazionali e soprattutto la rivendicazione di sentimenti privati che la stagione di lotte sociali che si stava chiudendo sembrava avere rimosso: "la cura e l'affetto per sé, e possibilmente anche per altre e altri" veicolati dalla preparazione del cibo; "piccoli gesti per sopravvivere"; intimità domestica. Sentimenti e gesti che le femministe di dieci, venti anni prima, a cui lei nella sua introduzione ripete di "dovere tanto", avevano anche ripudiato. "Vuotare i posacenere, sprimacciare i cuscini del divano, raccogliere i giochi di Tommaso, annaffiare le piante del terrazzo, sistemare i giornali, spegnere lo scaldabagno quando accendo la lavatrice altrimenti il contatore non regge, cucinare e ospitare [...] fare argine alle puzze, al degrado, alla frantumazione, e senza questi gesti non si sopravvive, io non sopravvivo. Perché non sopporto fettina e insalata (che comunque bisognerebbe comprare quasi ogni giorno), perché è impossibile una vita solo funzionale, senza piccoli gesti di agio, senza un odore di cura, senza una qualche ricchezza."

Per i suoi critici il termine *Casalinghitudine* fu sempre associato a un altro sentimento collettivo che stava prendendo piede, come una controriforma, negli anni Ottanta, e cioè il ripiego sul privato e l'allontanamento dalla politica, e la stessa autrice lamentò sempre di patire l'accoglienza che il mondo intellettuale e in generale gli altri scrittori riservavano ai suoi libri. Ma per molte lettrici e lettori, come per l'autrice stessa che così conclude il libro, "casalinghitudine è anche un angolino caldo". Un sentimento cioè da rivendicare.

Pochi mesi dopo *Casalinghitudine*, al cinema usciva *Working Girl*: in italiano tradotto *Una donna in carriera*, rom-com in cui Melanie Griffith, semplice segretaria, fa le scarpe alla sua perfida capa. Negli stessi anni io, bambina paurosa e sedentaria, inauguravo la mia *Agenda di rimedi casalinghi*: un quaderno su cui ricopiavo in bella, dai *Milleidee* e *Rakam* a cui era abbonata mia mamma, trucchi per togliere ogni tipo di macchia e per non fare attaccare il sugo, per medicare bambini che si erano fatti male giocando e per riparare i loro giocattoli; non ho mai giocato con le bambole nemmeno sotto tortura, ma quei consigli li ricordo tutti a memoria e l'*Agenda dei rimedi* resta, a essere oneste, il primo libro che ho scritto (su un'agenda colorata che mia mamma, come casualmente, mi aveva fatto trovare in casa; con le riviste che lei mi teneva da parte, conoscendomi, con pennarelli che poiché amavo disegnare ricevevo sempre nuovi, e bellissimi, il suo lavoro di concimare la mia fantasia come si quantifica, a che tariffa si paga, che valore ha per la società?). Dopodiché eccomi qui: questo *Statuto*, che nei miei sogni è una versione extradomestica dell'*Agenda dei rimedi* solo che il giocattolo che vorrei riparare è un po' più grande, e mi pare paralizzato dalla ruggine, viene scritto rigorosamente all'alba o dopo mezzanotte, cioè nei meno interrotti tra gli avanzi di tempo del mio lavoro. A chi ho dato ascolto, di chi mi sono fidata, per diventare così?

Ma restiamo prosaici. La questione del lavoro famigliare e della sua disuguale suddivisione è da molti anni al centro del dibattito delle scienze sociali. Si discute di come questo lavoro venga diviso tra i pilastri del welfare, che sono famiglia, mercato e Stato, ma anche tra uomini e donne. E delle ragioni per cui, soprattutto in Italia, rimanga un ambito particolarmente resistente ai mutamenti sociali.

In Italia fa testo in materia il periodico rapporto Istat "Uso del tempo". Al momento, il più recente a disposizione è quello del 2014, pubblicato nel 2016; le rilevazioni per il prossimo – su 50 mila italiani – sono in corso mentre io scrivo questo libro. Da questa indagine viene il già citato dato riguardo al *gender gap* dei lavori di casa: gli uomini vi si dedicano in media per 108 minuti al giorno, le donne per 305. Una differenza che non è esaurita soltanto da quella del lavoro retribuito, che occupa gli uomini per 328 minuti al giorno e le donne per 165, sempre in media. Per darne conto esistono diverse teorie sociologiche, nessuna esaustiva.

Per la "teoria delle risorse relative", il persistere delle disuguaglianze di genere in casa si dovrebbe al fatto che le donne, in media, guadagnano meno dei loro mariti: la negoziazione del lavoro famigliare avverrebbe di conseguenza. Vero, ma solo in parte. Uno studio dell'Università di Torino su coppie a doppio reddito tra i 18 e i 64 anni lo mostra bene. Dove lui guadagna "più o molto più di lei", lui dedica 38 minuti al giorno al lavoro domestico e lei 186. Dove lui guadagna "meno o molto meno" di lei, dedica 55 minuti al giorno al lavoro domestico ma lei, comunque, ce ne dedica in media 148. Al Sud addirittura l'uomo che guadagna meno o molto meno della partner lavora in casa per 18 minuti al giorno; mentre lei 253!

Non basta, da sola, nemmeno la teoria dei ruoli di genere, secondo cui le donne tendono a svolgere compiti "da donna" perché socializzate così, e gli uomini viceversa. Rispetto a questa scelta, uomini e donne si dividerebbero in "tradizionali" e "egualitari": un uomo tradizionale considera le attività domestiche e di cura di stretta competenza femminile, e crede che facendosene carico metterebbe in discussione la propria mascolinità; un egualitario percepisce il lavoro famigliare meno connotato in termini di genere, e non prevede una netta separazione delle sfere di competenza. Viceversa le donne "tradizionali" considerano il lavoro famigliare come un caposaldo della femminilità; le egualitarie non sono disposte a farsene completamente carico. In questo quadro, le donne continuerebbero a fare la maggior parte del lavoro famigliare – anche quando lavorano fuori casa – perché la cultura in cui vivono lo ascrive comunque ancora alla femminilità.

Questo punto di vista sembra reggere meglio. E anche le colf, si è visto, sono quasi sempre donne. Nel 2020, un libriccino di fumetti dallo stile di una pubblicità progresso dilagò nelle librerie italiane e di mezza Europa: il titolo italiano – *Bastava chiedere!* – faceva riferimento a una delle frasi più comuni e più irritanti che molte donne si sentono dire dal partner a cui contestano mancanze domestiche e persino emotive e il concetto chiave del libro, quello di "*charge mentale*", entrò nel lessico comune. Il "carico mentale" è "il ruolo di gerente e organizzatore di tutta la gestione della casa", scrive l'autrice del fumetto, la blogger francese Emma. "Ma mentre in ufficio, quando devo gestire e organizzare un progetto poi non devo anche occuparmene, a casa devo sia gestirlo che farne una gran parte." Chiaro, no? "La maggior parte degli uomini del mio entourage dicono di dividersi equamente i compiti di casa con le compagne. Ma le loro compagne sono di avviso ben diverso." Seguono esempi irritanti: J., puerpera, chiede al marito di togliere il biberon dalla lavapiatti quando questa ha finito, in modo da poterlo trovare pronto per la poppata notturna. Si alza per la poppata notturna e trova solo il biberon pronto; la lavapiatti, nessuno l'ha svuotata.

Segue una lista di ovvietà, certo: ma ovvietà la cui soluzione appartiene ancora, per adesso, se non all'utopia alla socialdemocrazia scandinava. La disuguaglianza nei compiti domestici, in famiglia, viene asseverata e aggravata dalla diversità dei congedi parentali; l'educazione dei bambini è imbevuta tuttora di ruoli di genere tradizionali; le donne vengono penalizzate, da tutto questo sistema, nelle loro carriere a cui non possono dedicare straordinari; e così via. Storture che sappiamo a memoria; e che però, "egualitari" o "tradizionali" che siano, non molti maschi puntano i piedi e scendono in piazza per affrontare.

Ma anche senza sognarci picchetti, cortei, proposte di legge per il congedo di paternità che non siano sempre solo firmate dalle solite tre femministe, anche senza attenderci prese di posizione pubbliche di parlamentari maschi con lo scopino in mano, senza che nascano Associazioni di Uomini Paritari: restiamo nel focolare domestico, e restiamo prosaici.

Torniamo allo studio dell'Università di Torino, per esempio, sulle coppie a doppio reddito. I ricercatori ne indagano anche l'atteggiamento: di ciascun intervistato, a mezzo questionario di domande sugli orientamenti valoriali, si sa se è più egualitario o più tradizionale, e se sta con un tradizionale o con un egualitario. Molto bene. Gli uomini egualitari fanno un po' di più, in casa, dei tradizionali; le donne egualitarie mollano un po' più di lavoro ai loro compagni, soprattutto se egualitari anche loro; ma gli effetti sulla distribuzione del carico sono così ridotti che quasi non rilevano.

Il libro da cui traiamo tutte queste teorie si intitola, non a caso, *Indaffarate e soddisfatte*; la sola tesi che pare convincere i due sociologi che l'hanno firmato è che così, in fondo, stiano dentro le loro case le donne italiane. L'"equità percepita del lavoro domestico", in tutte le ricerche finora svolte in Italia e nel resto del mondo, mostra per esempio che gran parte delle donne considera giusta la divisione del lavoro domestico anche se non è paritaria. I dati Istat ("Uso del tempo 2008-2009") ci dicono che in Italia il 62 per cento delle donne in coppia è soddisfatto (il 50 per cento abbastanza, il 12 per cento molto) della divisione del lavoro domestico con il partner. Per gli uomini la percentuale sale all'88 per cento (tante grazie). Le ragioni per cui le donne sembrano comunque avocare a sé per la maggior parte le incombenze relative alla cura dei figli e alla gestione della casa, in ordine sparso, sembrano varie: il risparmio dei soldi per la colf è una, ma valgono anche gli standard di ordine e pulizia

– che spesso non sono disposte a negoziare né con il partner né con una dipendente – e persino la più inconfessabile ragione di tutte. Il piacere di svolgerlo.

Non tutte le attività di cura, soprattutto non quelle che riguardano il tempo passato coi figli – in media 90 minuti al giorno per le mamme, 38 per i papà – sono cioè incombenze che non si vede l'ora di sbolognare. Leggere le favole ai bambini, far trovare loro i pennarelli nuovi quando li hanno finiti, tenere da parte per loro un'*agendina* su cui possano fantasticare, cucinare per una persona amata un piatto che le piace. È un lavoro? Ed è fungibile? Lo può fare una tata? O meglio, può farlo tutto una tata così posso stare in ufficio fino alle undici e mezza, con il *team building* obbligatorio nel fine settimana? Nonostante tutta la retorica della leadership al femminile e delle *women in the boardroom*, vi sono molte persone che al lavoro famigliare associano significati simbolici ed emotivi, e che faticano a rinunciarvi. Soprattutto se il lavoro *retribuito* è retribuito poco, organizzato in modo inconciliabile con quello famigliare e – non da ultimo – privo o quasi di gratificazioni.

Se la politica e l'economia ritengono desiderabile, come la vulgata in materia degli ultimi due decenni continua a strombazzare, *includere* le donne nella popolazione attiva, allora l'organizzazione di molti lavori e la regolamentazione dei diritti di chi li svolge dovranno tenere conto di una *flessibilità*, da parte della totalità della popolazione che offre lavoro, minore di quella su cui sono abituati a contare da una popolazione attiva a cospicua maggioranza maschile.

La *lavoratrice*, cioè la figura professionale a cui ho intitolato questa mia *Agendina dei rimedi* un po' ambiziosa, non è che questo: un lavoratore, maschio o femmina o fluido, con o senza figli, con o senza genitori anziani, ha poca importanza, che a un certo punto della sua giornata, e a orari determinati anche dalla vita e non in modo unilaterale dall'ufficio del personale, ha inderogabilmente, imperativamente, *naturalmente* qualcos'altro di fondamentale da fare.

A casa mia, dopo il tradimento di Nunzia, è spuntata Betsy, di origini filippine. Non ne ho mai potuto sapere il cognome: come già Nunzia era molto diffidente circa la mia professione, e preoccupata di finire un giorno in un mio articolo. Ed eccola qui.

Ha chiesto per prima cosa di essere messa in regola, non appena i documenti fossero stati pronti. L'ho fatto prontamente quanto malvolentieri, stavo per scrivere: la verità è pure peggio e cioè è che no, nemmeno dopo la disavventura con Nunzia l'ho davvero fatto. Ho scaricato i documenti necessari dal sito Assocolf, ho preso appuntamento al patronato, le ho mostrato l'incidenza della sua parte di contributi sulla sua paga oraria; anche se inferiore alla mia parte, le dispiaceva rinunciarci e alla fine ha preferito restare in nero.

Il sollievo mio è stato notevole: ci sarei andata al patronato, le avrei perse le necessarie mattinate in burocrazia, mi ci sarei adoperata, ma sono stata molto più contenta di non farlo; dirò di più, l'antipatia che tutte queste scartoffie mi suscitavano si scaricava assai più su di lei, che me le ha chieste come prima cosa al nostro primo incontro (ho il pudore di non chiamarlo "colloquio"), che sugli enti pubblici che mi chiedevano questo sbattimento ottocentesco di marche da bollo e documenti consegnati a mano e in originale.

A vederlo da vicino, in realtà, il contratto a Betsy non è così costoso: pensavo peggio, e non avendo mai goduto di tutele per tutto il primo decennio finto-autonomo della mia vita professionale non sapevo che a darmele, e a darmi un po' di tranquillità, sarebbe potuto bastare così poco. Ma nella me-padrona, ormai membro in pectore di Confindustria, era già partita una tirata sullo Stato burocratico e ladro, coi suoi lacci e lacciuoli; tirata naturalmente innescata dal solo fatto che i nostri rapporti di forza, e la quasi assenza dei controlli delle autorità, mi fanno percepire che fare a Betsy il contratto a cui ha diritto sia una specie di grazia che io le concedo, una mia larghezza non scontata. La stessa reazione l'ho avuta, dentro, quando mi ha comunicato la sua tariffa oraria: due euro l'ora in più di quanto pagavo Nunzia, che perlomeno non ha mai cianciato di documenti; ho acconsentito malvolentieri.

Mi dà fastidio, poi, quando Betsy arriva in ritardo. La aspettavo per le 14.30, e lei viene alle 14.35 o 40. Al momento di andare via, se io sono in casa, non posso fare a meno di notare che non solo non ha recuperato quei dieci minuti, ma che non sono le 18.30 a cui il suo orario pattuito sarebbe finito, bensì le 18.15. Ogni volta mi riprometto di decurtarle quei soldi, poi mi sento Scrooge e lascio stare; quando mi arrabbio molto, mi riprometto di dirle di non venire più, poi penso al senso di abbandono che mi assale quando rientro dal lavoro in una casa sporca e me la faccio passare.

Non svuota i portacenere; non pulisce il balcone; non toglie le ragnatele; la spazzatura della cucina la porta giù, ma quella del bagno la lascia lì. Spolvera attorno alle cose, se la lavatrice ha finito un ciclo mentre lavora e io ho scordato di dirglielo non la svuota, se asciuga dei piatti poi li lascia in bella mostra sul lavandino anziché riporli, non bagna piante evidentemente morenti, se l'aspirapolvere ha il sacchetto troppo pieno non lo cambia. Non fa, insomma, nulla di più del minimo sindacale. Se le dico di fare queste cose ha sempre una scusa pronta: le ragnatele sono in alto e (gli occhi le si assottigliano) non vorrai che mi faccia male; le piante non le tocco perché ho le mestruazioni; il sacchetto non lo svuoto perché non so come si fa; ah, nel bagno c'è un cestino della spazzatura? Non lo avevo visto.

Le prestazioni di Betsy, pagate pochi spicci l'ora, le prestazioni di Nunzia, quelle delle avventizie che le hanno precedute e le seguiranno sono anche l'unico ambito della mia vita di lavoratrice dipendente dove io, che nella mia esistenza ho fatto di tutto per non avere mai una lira di rischio d'impresa, sono una *padrona*. Anzi, di più, una plenipotenziaria: come mi è stato chiaro quando ha rinunciato a un contratto regolare per risparmiare qualche centesimo l'ora, lei ha più bisogno di me che io di lei.

Tutti i nostri accordi avvengono per via informale, di volta in volta, normati da nessun contratto. Le faccio lunghi elenchi di cose da sbrigare e di appunti, spesso piccati, alle piastrelle che ho trovato opache, alla cera che non ha passato a dovere, alla cassapanca ancora innevata di polvere. Lei li accetta, qualche volta li segue, mai mi risponde la sola cosa che a rigore dovrebbe o potrebbe rispondermi: amica, ma che cazzo vuoi, ti pulisco la casa a nero, mi paghi una lira, ringrazia che non ti denuncio.

I miei mansionari le arrivano sotto forma di messaggi vocali: ha iniziato lei a comunicare con me in questo modo, confessandomi con molto pudore che i messaggi scritti che le lasciavo, su WhatsApp o post-it sul tavolo della cucina, non li sa leggere. "I miei bambini studiano", dice guardandomi bene negli occhi, in un italiano storto ma impossibile da parodiare, "per non dover mai mai fare un lavoro *così*". Così come? "Come il mio, no?" Il sabato non può mai venire: va col marito a prenderli a scuola, cucinano insieme o prendono una pizza.

Che cosa chiediamo, anche diventati adulti, alle madri? Quand'è che staccano dal loro lavoro nei nostri confronti: la sera quando ci mettono a dormire? Quando compiamo 18 anni?

Quando mettiamo al mondo dei figli nostri? E che cosa chiediamo a queste persone povere e marginalizzate, quasi sempre straniere, che spesso nei nostri bisogni le surrogano, che sono madri di qualcuno che non siamo noi, le cui cure sottraggono a loro per prestarle a noi, ai bambini nostri, mentre noi *lavoriamo*?

Il contratto collettivo nazionale del lavoro domestico è firmato dai sindacati di categoria e dalle associazioni dei datori dei lavoro. La maggiore tra queste delinea quattro "livelli" di "assistenti famigliari" e 29 figure professionali diverse, dalla stiratrice allo stalliere, dal cuoco alla dama di compagnia. Ciascuna è definita dalle sue mansioni. La babysitter, per esempio (livello B super, profilo b.), "assiste bambini ivi comprese, se richieste, le attività connesse alle esigenze del vitto e della pulizia della casa ove vivono gli assistiti".

In generale, quelli dell'assistenza alla persona sono mestieri difficili da definire perché difficili da delimitare sono le mansioni di cui sono composti: quali sono le mansioni di una madre? Non solo sono tante e altamente personalizzate, ma sono anche tutte tenute insieme da un'intimità famigliare che rende facile anche lo sfruttamento.

"Mi piace ghermir l'agile fantesca", cinguettava nel 1911 Guido Gozzano, con il candore di un ragazzino: "Ella m'irride, si dibatte, implora / invoca il nome della sua padrona: / Ah, che vergogna! Povera signora! Ah povera signora / e s'abbandona". Un triangolo sottile: quasi come se la signora avesse assunto la domestica – il rapporto è sempre da donna a donna – per affidarle anche l'incombenza di soddisfare il marito. E a cavallo tra Otto e Novecento era del tutto normale, per l'allora celebre neurologo e antropologo Paolo Mantegazza, definire le cameriere di casa "buoni animali domestici, atti a sfogare se del caso le foje dei padroncini e il desiderio del padrone". Cioè non solo il padrone di casa, ma anche i figli adolescenti. Più avanti, nella saga dell'*Amica geniale* di Elena Ferrante, la protagonista Lenù sorprende il marito Nino Sarratore, che in questa scena rivela la sua natura di irrecuperabile erotomane, a cavalcioni sulla vecchia e sformata cameriera.

Anche bonificata di quelle che oggi chiameremmo molestie sessuali sistemiche (ma è alle soglie di questo millennio che Arnold Schwarzenegger, ancora sposato con la giornalista e parente di JFK Maria Shriver, concepiva un figlio illegittimo con la giunonica tata Mildred Baena), la vita domestica è fatta comunque di un magma di attività sempre richiedibili e non calcolabili, più di ogni altro posto di lavoro: pulire chi si è sporcato, stirare oggi ma non domani, correre a comperare l'ingrediente finito a sorpresa, e così via. *Volere bene* al bambino che si guarda, dimenticando, spesso, che per farlo ci si è allontanate dai propri. Accudire un anziano.

Non a caso, alcune sindacaliste del lavoro domestico, per esempio in Brasile, dove la cultura del lavoro informale è molto diffusa, condividono con numerose attiviste per i diritti dei *sex workers* la rivendicazione di una lista precisa di prestazioni da offrire, e per quale compenso. Non funziona del tutto. Tra le ragioni per cui – almeno in Italia – le app che permettono di prenotarsi le pulizie di casa con due clic non hanno mai sfondato, c'è anche che ogni sessione di pulizia si esaurisce in una lista breve di compiti garantiti: pulire il bagno, la cucina, rifare i letti, spolverare i mobili. E il corridoio? E le ragnatele? E se il cane vomita durante l'ora di pulizia?

Non parliamo dell'assistenza ai più vulnerabili, bambini e anziani. Vogliamo provare a stendere il *mansionario* della persona che – a vario titolo – fa le veci di un genitore, o di un membro della famiglia? Sono lavori davvero sostituibili? In un mondo dove l'offerta e la domanda di nidi e di residenze per anziani collimino, in cui cioè ogni bambino abbia un posto al nido e ogni anziano sia accudito da qualcuno che non sono i suoi figli, e le case siano pulite da robottini o personale di servizio finalmente in regola: noi, completamente esonerati, uomini e donne, da ogni aspetto della cura, saremmo felici? Cosa vorrebbe dire "volersi bene" se non – anche – ho cucinato per te? Ti ho piegato i vestiti?

Anche per questo la figura della colf ci dice così tanto, sul modo in cui dividiamo i lavori tra *produttivi* e non, tra dignitosi e non: una gran parte del lavoro di cura, anche della cura di se stessi per chi vive da solo, è impossibile da delegare, e anzi sarebbe indesiderabile, persino distopico, che lo facesse un altro. Anziché plasmare le nostre esistenze sul lavoro, passando le bambine dalla finestra alle educatrici del nido, rendendoci reperibili sempre, celibi e nubili, affidando le nostre case e i nostri cari a bisognose estranee, non è possibile negoziare nuovi modi di lavorare, che consentano, certo, di condividere con altri la cura – le palazzine dell'utopia di *Noi donne* – ma anche di tenerne per sé, volontariamente, uomini e donne, una parte?

E infine, o forse all'inizio: dove se ne va il mio, di potenziale di cura? Chi se lo prende? Io mica ce l'ho il *mansionario*, ribatte pensando a Betsy e ai suoi diritti la mia padrona interiore: in ufficio faccio quello che serve che faccia, prima di farmelo dire, e poco importa se sono mansioni pertinenti alla mia qualifica, un po' inferiori o completamente avulse; so quando entro e non so quando esco, ceno alla scrivania, faccio ore straordinarie che non sacrifico per i miei genitori quando si ammalano, sveglia di notte mi ci tiene la luce blu del pc spento troppo tardi e non il pianto di un mio bambino; la mia simpatia, la mia pazienza, le mie doti umane, lo spazio che ho per le mie relazioni e persino la mia *bella presenza* sono a disposizione non dei miei figli ma di questa comunità di non consanguinei, tenuta insieme a forza di cultura aziendale e fine settimana di *team building* obbligatori e pizze sulla scrivania, questa comunità da cui me ne posso andare quando voglio, naturalmente, ma a un prezzo non minore e con uno sforzo non meno titanico di quello intrapreso da chi lascia la sua famiglia.

Perché Betsy mi è antipatica? Perché non lavora per me con questo spirito.

La me-padrona detesta la sua pigrizia; detesta che faccia il minimo sindacale con il minimo di entusiasmo, niente di più; detesta che conosca i suoi diritti e che sia sui doveri assai più dura d'orecchio; detesta i suoi minuti di ritardo, la sua mancanza di iniziativa, la sua sciatteria, la indispone che metta bene in chiaro che lei lavora per i suoi bambini, e per nessun'altra ragione; la trovo infingarda, non me ne fido e fantastico di arrivare a casa senza annunciarmi, nel suo orario di lavoro, in modo da sorprenderla: ruberà come Nunzia? E perché non dovrebbe.

Le doti che rimprovero a Betsy di non avere sono le stesse che mi pesa garantire al lavoro: dedizione, reperibilità, empatia, comprensione di quel che c'è da fare anche senza indicazioni esplicite, capacità di "non guardare l'orologio". Le rimprovero, insomma, di lavorare per me senza amore.

P. S. Dal *servo furbo* plautino al "servo sciocco" della commedia dell'arte, da Venerdì di Robinson al domestico licenziato per aver offeso il cane dei padroni ne *Il giorno* di Giuseppe Parini: il teatro, la letteratura e poi il cinema hanno sempre pullulato di domestici. Quasi sempre queste figure sono servite, anche, a restituirci uno sguardo su "noi" padroni, soprattutto quando la lettura e il teatro erano esercizi borghesi: e nessun uomo, diceva Hegel, è grande agli occhi del suo cameriere.[22] Succede anche oggi.

Dal 2022, la Colombia ha la sua prima vicepresidente nera e donna: Francia Márquez. Ma non è una rivoluzione (solo) identitaria: nera e donna era anche la rivale conservatrice Marelen Castillo, dirigente di un'università. Márquez, acclamata già prima del voto, è una madre nubile che in pandemia ha dovuto contare sui sussidi; e per molti dei suoi quarantotto anni è stata una donna delle pulizie. In campagna elettorale ha parlato di disuguaglianze, e per le minacce ricevute ha la scorta: "Quel che disturba le élite", ha detto, "è che lavavo i piatti a casa loro".

Negli stessi giorni, in Francia, nella circoscrizione di Val-de-Marne, la franco-ivoriana Rachel Keke ha vinto le legislative contro l'ex ministra dello sport di Macron, la nuotatrice olimpica Roxana Maracineanu. Keke, cinque figli, prima di candidarsi era cameriera all'hotel Ibis di Batignolles, periferia di Parigi, quaranta stanze da pulire ogni mattina entro le 12. Nel 2019 ha condotto ventotto colleghe in uno degli scioperi più lunghi della storia del Paese, riuscendo a ottenere condizioni di lavoro migliori, un aumento di stipendio e una pausa quotidiana di 30 minuti; ha vinto promettendo che si sarebbe seduta all'Assemblea "per parlare di noi invisibili".

Lo slogan di Francia Márquez, "Osa votare", era rivolto ai più emarginati, che per una volta non si sono astenuti in massa;

[22] Una divagazione: questa frase molto citata di Hegel è un esempio tra i molti possibili di come un motto, detto e ridetto, finisca per significare nella vulgata l'opposto di quanto significava in origine. Che nessun uomo sia grande agli occhi del suo cameriere significa, certo, che la famigliarità con i difettucci e persino le miserie di una persona ne può ridimensionare la grandezza. Hegel però intendeva il contrario: che la meschinità sia del cameriere, incapace di elevarsi al livello dei grandi (il filosofo, qui, parlava di Napoleone).

la promessa di Keke ha conquistato cassieri, vigilanti, badanti, categorie essenziali per la produttività dei più tutelati ma spesso poco coscienti dei diritti e del rispetto che meritano. Chi ha voluto ricordarglieli ne ha avuto la fiducia.

Tra le serie tv più premiate degli ultimi anni, del resto, c'è *Maid*, storia vera di una ragazza madre che fa le pulizie per il minimo salariale. In fuga da un marito violento, che le ha impedito di lavorare, Stephanie deve cavarsela da sola, anche per provvedere alla sua bambina, Maddie, di tre anni. L'autrice del libro, autobiografico, da cui è tratta *Maid*, descrive un mondo privo di aiuti, in cui il welfare quasi non esiste ma quel che c'è va preso al volo, le generazioni precedenti sono di nessun aiuto quando non d'ostacolo e l'ingresso nella popolazione attiva è impervio, tanto che a lei, pure scolarizzata e nata in una villetta della classe media, non resta che la porta di servizio: pulizie a nove dollari l'ora, per una mediatrice che la sfrutta ma che le dà lavoro, pur precario e sfinente.

Se gli utenti di Netflix – globalizzati, colti, giovani – vi si sono identificati, la figura della domestica oggi non parla solo agli "invisibili".

ART. 13 – MANSIONI DEL LAVORATORE

Il prestatore di lavoro deve essere adibito alle mansioni per le quali è stato assunto o a quelle corrispondenti alla categoria superiore che abbia successivamente acquisito ovvero a mansioni equivalenti alle ultime effettivamente svolte, senza alcuna diminuzione della retribuzione. Nel caso di assegnazione a mansioni superiori il prestatore ha diritto al trattamento corrispondente all'attività svolta [...].

"Questo libro, trattando di lavoro, tratta per sua stessa natura anche di violenza – verso lo spirito altrettanto che verso il corpo. Tratta di ulcere e incidenti, sbraitate e anche risse, crolli nervosi e cazzeggio. Tratta soprattutto (o al fondo di tutto) di umiliazioni quotidiane."

Le 590 pagine fitte di *Working*, lungo reportage sul mondo del lavoro, iniziano così. Pubblicato nel 1974 in inglese, e mai tradotto in italiano, è una raccolta di un centinaio di interviste a lavoratori americani, dal becchino al pianista, dal poliziotto all'infermiera, che raccontano, così il sottotitolo in copertina, "quello che fanno tutto il giorno, e come queste occupazioni li fanno sentire". Il sunto dell'intero tomo da quasi un chilo è: quasi mai bene. Non è un caso che nel 2023 la casa di produzione dei coniugi Obama, con l'ex presidente Barack come voce narrante, abbia ripreso *Working* in forma di documentario a puntate, diffuso su Netflix: il tema di "come il lavoro ci fa sentire" e delle condizioni materiali che ingenerano i nostri sentimenti è di nuovo attuale.

"Le cicatrici psicologiche quanto fisiche che ciascuno di loro si porta a casa, al tavolo della cena, davanti alla tv, potrebbero aver toccato e danneggiato l'anima stessa della nostra società", scrive Studs Terkel nella sua introduzione. *Working* parla, soprattutto, "di una ricerca di significato quotidiano non meno che di pane quotidiano, di riconoscimento non meno che di denaro, di stupore ben più che di torpore: in breve, della ricerca di una forma di vita, anziché di un lento morire feriale. Forse c'è persino un desiderio di immortalità: tutti gli eroi e le eroine di questo libro cercano di essere ricordati, attraverso il proprio lavoro". L'autore delle interviste, Louis "Studs" Terkel, è un giornalista radiofonico statunitense, morto nel 2008 e insignito nel 1985 del premio Pulitzer, categoria *nonfiction*.

Working è un libro degli anni Settanta, e si sente. Non solo è un libro di interviste, ottenute misteriosamente e riportate più integralmente possibile, come lunghi monologhi. È una critica, e radicale, alla stessa etica del lavoro di matrice protestante. Due anni prima, nel 1972, il dipartimento americano della salute e del welfare aveva pubblicato il rapporto *Work in America*, che sulla base di centinaia di interviste a un campione di lavoratori di ogni genere, dai colletti bianchi alle tute blu, li aveva trovati "scontenti e demotivati" a ogni livello, e decretava in estrema sintesi l'obsolescenza del modello fordista. Il rapporto raccomandava "una generale revisione dell'organizzazione dei lavori per renderli più interessanti e gratificanti, dando ai lavoratori più responsabilità e autonomia. Per esempio distribuendo tra loro quote dei ricavi aziendali"; "l'istituzione di programmi di reimpiego o riqualificazione professionale, che incoraggino la mobilità tra i lavori o preparino per seconde carriere, comprendendo anche riposi sabbatici per tutti"; e così via (misure che cinquant'anni dopo sembrano ugualmente utopiche).

Il resto del mondo occidentale era attraversato da lotte sindacali anche aspre, anche armate, e in Italia era stato approvato da poco lo Statuto dei lavoratori; negli Stati Uniti era in corso una profonda messa in questione del fordismo, che il decennio avrebbe parzialmente rottamato. I lavoratori di *Working* riflettevano questo umore: "Uno scontento molto malcelato, che si leva dal *blues* dell'operaio come dai mugugni dell'impiegato. 'Sono una macchina', dice l'operaio specializzato; 'Sono in gabbia', dice l'impiegato di banca, e il contabile dell'albergo gli fa eco. 'Sono un mulo', dice l'operaio dell'acciaieria. 'Il mio lavoro potrebbe farlo una scimmia', dice il receptionist. 'Valgo meno di un attrezzo agricolo', dice il bracciante. 'Sono un oggetto', dice la fotomodella. Tutti ripetono la stessa frase: 'sono un robot'".

Working è come una versione giornalistica delle poesie corali di Walt Whitman: il suono che emerge leggendo di fila le testimonianze dei suoi protagonisti è ben più della somma dei suoni che le compongono, il clangore degli strumenti, il cigolio degli ingranaggi, gli squilli dei telefoni, i colpi dei telai. È una voce umana. I sentimenti che esprime coprono l'intera gamma di sfumature di cui è capace il cuore, per esempio, in amore: passione, dignità, eleganza, orgoglio, furia, desiderio di grandezza, ricerca di senso, perizia, grazia, curiosità, soddisfazione, serenità, collera, riconoscenza, livore, noia, disperazione. Non sono molti a lamentarsi dell'orario, e nemmeno dei salari; quasi tutti soffrono della natura ripetitiva e meccanica delle mansioni a cui sono chiamati.

A primavera 2013, quarant'anni dopo, su una rivista inglese intitolata *Strike*!, cioè "Sciopero!", esce un articolo dal titolo "Sul fenomeno dei lavori del cavolo". Ci sono stati molti studi, scrive l'autore, sulla felicità al lavoro. Ma nessuno pone mai questa domanda: credete che i vostri lavori abbiano ragione di esistere? "Conosciamo tutti quel tipo di impiego che, visto da fuori, non appare produrre in effetti granché. Consulenti per le risorse umane, coordinatori della comunicazione, ricercatori delle relazioni pubbliche, strateghi finanziari, legali d'azienda, o quel tipo di gente – ben rappresentato in ambiente accademico – che passa il tempo a costituire assurde commissioni per discutere del problema delle commissioni inutili. La lista è interminabile. E se questi lavori fossero davvero superflui e chi li svolge ne fosse consapevole?"

L'articolo ebbe effetti esplosivi. Fu tradotto in decine di lingue e il sito di *Strike!* crollò più volte per i milioni di accessi. Nella metropolitana di Londra, un anno dopo, una campagna anonima tappezzò gli spazi pubblicitari con stampe di frasi tratte dall'articolo. "È come se qualcuno ci costringesse a svolgere compiti senza scopo solo per tenerci tutti occupati"; "Il danno morale e spirituale che deriva da questa situazione è grave"; "Ampi strati della popolazione passano la vita a lavorare a compiti che in cuor loro ritengono inutili."

L'articolo diventò un libro, caposaldo della critica al lavoro dell'ultimo decennio: il titolo, non tradotto dall'inglese, è *Bullshit Jobs* (Garzanti, 2018). Sottotitolo: *Le professioni inutili che rendono ricco chi le svolge e povero chi fa un lavoro vero.* La tesi dell'autore – l'antropologo David Graeber, già ideologo del movimento del "99 percent", purtroppo morto a 59 anni appena prima di poter commentare il fenomeno della *great resignation* – è infatti che non solo i "lavori del cavolo" deprimono chi li fa. Ma che il loro proliferare svaluti e mortifichi i lavori "veri", infatti sempre meno pagati e sempre più bersaglio di insofferenza sociale. Cioè quelli che "se scomparissero, il mondo se ne accorgerebbe". Netturbini, portuali, conducenti dei mezzi pubblici, insegnanti, personale sanitario.

Provate a pensare a quanta irritazione circola sui tabloid quando c'è uno sciopero dei mezzi; o quando gli insegnanti chiedono un aumento ("ma fanno tre mesi di vacanza!"), o il medico di famiglia, ormai responsabile di centinaia di pazienti, non è reperibile. È come se queste categorie di lavoratori "pagassero", con stipendi sempre più bassi e carichi di lavoro sempre maggiori e burocratizzati, l'onore e il privilegio maggiori in quest'epoca piena di *bullshit jobs*, cioè quelli di fare lavori "veri".

I "lavori del cavolo" di David Graeber – addetti al telemarketing, uscieri, consulenti finanziari, attuari, un gran numero di pubblici ufficiali, amministratori di fondi di private equity, burocrati, ispettori fiscali, occupazioni "così inutili, superflue o dannose che nemmeno chi le svolge può giustificarne l'esistenza" e circa il 20 per cento dei posti di lavoro – si dividono in cinque categorie: tirapiedi, sgherri, ricucitori, barracaselle e supervisori.

I primi esistono per far sentire importante qualcun altro: uscieri, receptionist, segretari. Gli sgherri sono lobbisti, pr, addetti ai call center e legali d'azienda. Fanno cioè il "lavoro sporco" di qualcun altro. I ricucitori mettono pezze su errori di persone più alte in grado, o sopperiscono all'arretratezza dei mezzi di produzione riparandone gli errori: per esempio l'help desk delle infrastrutture informatiche aziendali, o molti programmatori. I barracaselle "consentono a un'azienda di dire che sta facendo qualcosa che non sta facendo": pr, di nuovo, addetti alla *corporate responsibility*, commissioni di indagini interne; i supervisori, infine servono solo ad assegnare lavori a sottoposti, o al massimo a controllare anche che li facciano: e questa definizione include gran parte del *middle management* di gran parte delle aziende.

Le irriverenti descrizioni di queste categorie ricordano, a un lettore italiano, il "sollevare la polvere" e il "marcare" di

Luciano Bianciardi, che nel 1962 descrive in *La vita agra* la vita nelle aziende milanesi negli anni del boom economico, nei settori terziario e, diceva lui, *quartario*, dove cioè i lavoratori "non sono strumenti di produzione, e nemmeno cinghie di trasmissione. Sono lubrificante, al massimo. Sono vaselina pura". Le sue righe sul "sollevare la polvere", dando cioè solo l'aria di lavorare ma senza scopo, molti impiegati nel *lavoro culturale* le sanno a memoria. E lette al contrario, cioè senza critica nei confronti del sistema del lavoro, potrebbero essere un utile manuale di come si campa in molti uffici.

Spesso ci si campa male. I lavori senza senso sono "violenza spirituale", scrive Graeber: generano un tipo di infelicità profonda ma sorda perché senza ragione, nel senso che è persino difficile comprendere perché un brutto lavoro, essendo una condizione così diffusa, possa rendere depressi. Uno schiavo sa di essere uno schiavo; un impiegato costretto per sette ore e mezzo al computer, tutti i giorni, per 11,2 euro l'ora (è il salario medio italiano) "a far finta di lavorare, sarà soltanto disorientato". La sensazione che quello che fai non dovrebbe poi farti così schifo; che gli altri se la mettano via più facilmente; che solo tu ne stia facendo una malattia così grande contribuisce al tuo senso di inadeguatezza al luogo e alla tua sfiducia nel fatto di potertene andare. E ti tortura, anche in senso stretto.

Così Dostoevskij in *Memorie da una casa di morti* (1862) compie una profezia involontaria. Descrive una tortura che sarà poi in effetti imposta, circa un secolo dopo, ai lavoratori forzati reclusi nelle carceri di Tito. "Se si volesse schiacciare del tutto un uomo, annientarlo, punirlo con il castigo più terribile, di modo che il più tremendo assassino rabbrividisse all'idea di un simile castigo, allora basterebbe soltanto conferire al lavoro un carattere di autentica, totale, inutilità e assurdità. L'attuale lavoro forzato è noioso e privo di interesse per il forzato. Di per sé, però, in quanto lavoro, è assennato: il detenuto fa mattoni, zappa la terra, mette lo stucco, costruisce: in questo lavoro c'è un senso e uno scopo. Il lavoratore forzato a volte persino s'appassiona, vuole farlo con maggiore abilità, efficacia, renderlo migliore. Ma se, per esempio, lo si costringesse a travasare dell'acqua da una bigoncia all'altra, e da questa riportarla nella prima; a triturare la sabbia; a trascinare un mucchio di terra da un posto all'altro e viceversa, io credo che il detenuto si impiccherebbe nel giro di pochi giorni, commetterebbe un migliaio di delitti per morire piuttosto, ma tirarsi fuori da una simile umiliazione, vergogna, tormento." Essere addetti a compiti che si sanno inutili, ma non potervisi sottrarre: una cupa fantasia dostoevskiana, la descrizione di una tortura applicata ai dissidenti titini, ma anche una sensazione che hanno spesso molti addetti a diversi lavori contemporanei.

"Ma davvero, detestate il vostro lavoro? E perché non lo avete detto prima? C'è un gruppo di mutuo aiuto per questo problema: si chiama *TUTTI.*"

È una battuta del comico George Carlin, e fa ridere in effetti: in effetti, "lavoro" discende da *labor*, termine che in latino significa "pena, sforzo, fatica" e che in inglese (*labour*) indica il travaglio che precede il parto. Travaglio condivide del resto l'etimo con *travail* (francese) e *trabajo* (spagnolo). Etimo interessante: l'Enciclopedia Einaudi traccia la storia di *travail* a partire dall'XI secolo, quando il *tripalium*, "composto di tre pali, era uno strumento di tortura. *Travailler* significava quindi torturare un recalcitrante [...] e il *travailleur* non era la vittima, ma il boia. *Travail* indicava pure un dispositivo composto di parecchie travi a cui si legavano, per ferrarli, cavalli o buoi". *Arbeit*, il lavoro che nella sinistra iscrizione di Auschwitz "rende liberi", viene dal medio alto-tedesco *ar(a)beit*, "impedimento", "sofferenza". Meno mortificante, sempre in tedesco, è il lemma *Beruf*, "chiamata" e dunque "vocazione" per Lutero e Calvino, dovere trascendente; la cui ricompensa, mandata da Dio per benedizione, sarà poi il profitto. Di qui l'impasto tra etica protestante del lavoro e capitalismo, ma allora è difficile immaginarsi che la propria *chiamata*, il compito assegnato dall'alto, risieda in molti dei ripetitivi compiti sostituibili da algoritmi o intelligenze artificiali o robot a cui molte persone sono inchiodate per mesi, anni, per vite intere (e robot infatti è dal russo *rabota*, "lavoro", la cui radice sarebbe l'indoeuropeo **orbh-*, "mancanza", "necessità" che in italiano dà luogo a "orfano", "orbo").

Ed è dalla Bibbia, cioè Genesi, 3:19, che il lavoro è assegnato all'uomo come punizione divina; e dalla disobbedienza di Pandora, che apre il vaso che ha in dote nel mito greco, derivano i mali del mondo, la perdita dell'innocenza e di nuovo la condanna al *ponos*, alla fatica fisica. Più di recente le avventure di Fantozzi, scritte da Paolo Villaggio a partire dal 1971 e da lui messe in scena, al cinema, dal 1975, mostrano dei lavoratori la malavoglia e l'inettitudine quanto l'oppressione e l'alienazione. Quelle di Homer Simpson, suo affine a chilometri e decenni di distanza, ribadiscono che anche malavoglia e inettitudine sono globali.

Qual è l'uovo, quale la gallina? I lavori sono brutti e gestiti in modo mortificante, dunque noi diventiamo *actively disengaged*, dormienti coi piedi sopra la pulsantiera della centrale nucleare come Homer, doppiolavoristi come Calboni, nichilisti come lo scrivano Bartleby? O noi siamo pigri e inetti per natura, ed è per questo che al lavoro non brilliamo? Cosa vuol dire lavoro brutto? Ma soprattutto: alla fine, l'azienda di Fantozzi dal suo lavoro avrà tratto beneficio o no? E la società in cui vive?

Una risposta la riassume Studs Terkel nella sua introduzione a *Working*, dove prova a tracciare i segni che il lavoratore scontento lascia, proprio, sul lavoro stesso. "Dalle catene di montaggio arrivano sempre più allarmi: assenteismo. Sul bus della sera le facce appese e nervose dei giovani impiegati e delle segretarie attempate ci dicono più di quel che vogliamo sapere. Sulle superstrade, quadri e medi dirigenti posano senza grazia dietro i volanti, mentre fuggono dalla città e dal lavoro per tornarci il giorno seguente." I modi di dimostrare scontentezza per il lavoro, scrive Terkel, "sono molti. Involontariamente, svogliatamente, [la scontentezza] si manifesta nel lavoro sciatto, nella rinuncia alla perizia artigianale. Un operaio agricolo di Moline lamenta che il lavoratore sciatto che produce molte cose malfatte è più lodato di quello coscienzioso che ne produce meno, ma con perizia. Il primo è un alleato del Pil. L'altro è una minaccia al prodotto interno lordo, un eccentrico, e prima verrà sanzionato meglio sarà". Anche l'assenza di incentivi a lavorare *bene*, piuttosto che *male*, è una costante di molti posti di lavoro e tortura chi ci vive immerso.

Un'analisi attuale: quanto spesso, in una giornata media e in una città qualunque, ci troviamo di fronte a lavori fatti oggettivamente di merda? La riparazione della caldaia che appena l'idraulico esce torna a gocciolare, il cameriere che da solo a gestire la sala dimentica la nostra ordinazione, il cuoco che ci mette un'ora a prepararla, il ristorante dai bagni sporchi (chissà la cucina); il taxi che non si trova, l'orlo troppo corto perché hanno preso le misure male, il call center che non sa risponderti, la fila di ore allo sportello dell'impiegato ottuso; le mail involontariamente sgarbate frutto dell'esposizione continua a fiumi di mail involontariamente sgarbate; il capo stronzo perché il suo capo è stronzo, il preventivo sparato a caso, l'avvocato esausto che dimentica un'eccezione e perde la causa, il postino che non citofona e tu devi recuperare la tua raccomandata in posta, il caporedattore che ti fa consegnare un pezzo in gran fretta e poi non lo pubblica perché nel frattempo è slittato, tu che per consegnarlo in gran fretta non fai la telefonata che avrebbe corretto un errore, la barista scontrosa, la tata che freme per andarsene alle 23 in punto, la maestra senza pazienza, l'autista del bus che è alla terza ora di straordinario della giornata e guarda il cellulare mentre guida, la commessa che ti dà del tu mentre le dai del lei, come in un grande musical dove nessuno va a tempo e sono tutti stonati e la morale della favola resta aperta: Fantozzi si nasce o si diventa?

Un esempio dal passato, così non si offende nessuno. "Volevo comprarmi un paio di culottine", inizia Franca Valeri. La sua pièce *Mutandine* parla di due commesse che lavorano male: negli anni del boom, lamentarsi delle commesse dei neonati *grandi magazzini* è un ritornello in voga, e lo ritroviamo negli articoli di Camilla Cederna e nelle poste di Donna Letizia. "Arrivo al reparto biancheria intima e trovo una montagna di mutandine... e due commesse. Credete che mi abbiano chiesto cosa volevo? Le signorine parlavano di viaggi... io ho detto faccio con calma perché in fondo chi mi corre dietro. Guardo le mutandine e aspettiamo. Passa un minuto. Due minuti, belli pieni. Due e mezzo. Due minuti e tre quarti, tre minuti e io sbotto: Signorine! Quando saranno tornate dalla Thailandia, avrebbero la cortesia, se non disturbo naturalmente, di occuparsi minimamente anche della clientela che contribuisce, in maniera naturalmente parziale, alla realizzazione dei loro meravigliosi viaggi? Hanno alzato al cielo uno sguardo sincrono di una stanchezza, perché – vero? – lavorano solo loro, e di un'insolenza... poi una si degna di avvicinarsi, mi fa, dice: *Diga*? Pronuncia super locale." E così via.

Negli stessi anni, tra i bersagli preferiti dell'ironia della giornalista Camilla Cederna ci sono cameriere e commesse, alla cui inettitudine la sua rubrica *Il lato debole*, sull'*Espresso*, è spesso dedicata. "Il loro scopo", scrive per esempio nel 1963, "è di allontanarlo per sempre, l'intruso (leggi il cliente), da cui si difendono con ogni mezzo, opponendosi a ogni richiesta: no quella non è la sua taglia, non abbiamo, non teniamo, non occorre che lo provi, se vuol provarselo, non glielo consiglio, è l'unico che abbiamo, tutto quello che c'è è esposto".[23] Cosa succede nei posti di lavoro, chiedono Valeri e Cederna? Ha ragione la cliente servita male, che però non ha mai lavorato un minuto in vita sua, o le ignave, ineducate commesse che però saranno pagate una lira e considerate meno?

A luglio 1967, sul mensile *Noi donne*, organo dell'Unione donne italiane, la copertina "Speciale donne e lavoro" introduce un'inchiesta sulle "Vestali del consumo": le ventimila commesse italiane. Un regime "da leva militare": dieci minuti di pausa al giorno, richiamo a chi indossa calze nere e non trasparenti, a chi fa pipì due volte in una mattina, licenziamenti a ogni ammanco in cassa, perquisizioni all'uscita da parte della "maestra" (la caporeparto). "Nei Grandi Magazzini", dice una, "è quasi peggio che in fabbrica." Le clienti? "Sono una calamità, rispondono quasi tutte. 'Certe volte ti trattano come una cosa', dice una giovane apprendista, reparto sottovesti. 'Di recente una pazza ha rotto una stampella addosso a una di noi, presa da una crisi di nervi. Ma cosa ci si può fare? Hanno sempre ragione. Quella era fu-

23 "Felici di non vendere", da *Il lato debole*, Bompiani, 1977.

rente perché non le avevano fatto una riparazione in tempo per una festa, come se il Grande Magazzino fosse una boutique!'."

La furia del consumatore, che tratta come punching ball commessi, camerieri e steward degli aerei, è un sentimento non desueto. Nell'estate 2021, la prima di viaggi semiliberi dopo le restrizioni pandemiche, i video della categoria "passeggeri che danno di matto in aereo" (quasi sempre per non mettere la mascherina) erano sulle home page di tutti i giornali: la più nota tra quelli italiani è stata la passeggera di un volo Ibiza-Bergamo che insultava passeggeri e hostess e tirava loro i capelli. Nella seconda metà di quell'anno, il sindacato degli assistenti di volo degli Stati Uniti registrò settemila episodi di violenza a bordo in sei mesi – e decretò per Natale uno sciopero degli straordinari conseguente, paralizzando il traffico aereo nel Paese.

Alla *consumer rage*, termine coniato per l'occasione, il *New York Times* ha dedicato un editoriale il 1° gennaio 2022: due anni di pandemia e isolamento, ma anche di restrizioni in quasi ogni spazio pubblico, ci hanno resi "furenti e insopportabili: nei negozi e negli aeroporti si assiste a una regressione all'infanzia senza precedenti". Non è un problema solo di chi lavora in aereo. Capricci, sfuriate, grida: lavorare a contatto col pubblico sembra più faticoso e pericoloso che mai. E d'altra parte le ristrettezze pandemiche e la generale cultura manageriale dei tagli alle spese rendono i servizi al pubblico stesso sempre più scarsi: basta fare un viaggio anche breve per vedersi investiti di decine di mansioni che un tempo avrebbero fatto parte del lavoro di qualcun altro, senza che per questo il servizio che riceviamo costi di meno, e perdere ore e pazienza appresso a check-in online, bagagli da pesarsi e imbustarsi da soli, biglietti da portarsi già stampati, check-in automatico pure in hotel, dove si può entrare solo computando una serie di combinazioni di due serrature e fotografandosi i documenti per poi mandarli su WhatsApp all'albergo (e la privacy?).

Nella mia testa di giornalista scatta in automatico un caporedattore vecchia scuola che a ogni anglismo abbaia: "Questa cosa non potevamo dirla in italiano?". La domanda sembra retorica, e invece a volte la risposta è sì, e altre volte no. *Great resignation*, per esempio: non fa differenza se la traduciamo in grandi dimissioni, e anzi mostra che il fenomeno, dapprima considerato un'americanata, esiste anche qui. *Smartworking* è più difficile: la definizione più invalsa è "lavoro agile", e c'è certo ben poco di smart, cioè di intelligente, di acuto, di migliorativo, nel modo in cui molte delle mansioni d'ufficio sono state abborracciate perché si potesse svolgerle pure dal cesso durante la pandemia. Mi irritano gli anglismi tipici dell'aziendalese come *brand*, *store*, *leadership*, ma riconosco che se si fanno largo nel linguaggio è perché vincono la battaglia silenziosa contro "marchio" (ugualmente di stampo zootecnico), "negozio" (sull'orlo della chiusura), "autorità" (irreperibile). Ma quello che mi fa infuriare è quando gli anglismi che adottiamo riflettono concetti che per noi hanno un'altra struttura e un'altra storia. È il caso, per esempio, di *quiet quitting*.

Tra i neologismi più usati per spiegare i recenti sentimenti che dilagano nei posti di lavoro – nessuno positivo – *quiet quitting* vale, alla lettera, *dimissione silenziosa*. Lasciare il lavoro, ma senza dirlo. Significa che da un giorno all'altro non ci si presenta più in ufficio, senza avvertire l'ufficio del personale ma attendendo un richiamo, poi l'altro, poi il licenziamento? Significa che alla tua scrivania ci mandi un cartonato? Che ti licenzi per lettera e non ti fai più vedere? No: significa che fai solo quello che il tuo contratto ti dice di fare, per le ore in cui devi farlo. Non fai straordinari, non prendi progetti né responsabilità che escano dal tuo orario, non esegui mansioni che non siano indicate sul tuo contratto. Rivoluzionario, no? Be', no.

Intanto fare quello per cui sei pagato e negli orari pattuiti non significa "non lavorare" o "quasi licenziarsi". Anche farlo malvolentieri significa lo stesso lavorare. Anche farlo sciattamente, rischiando semmai dei richiami. Anche farlo brontolando. Anche farlo senza perfezionismo, senza ambizione, senza gioia. Alcune persone sono proprio così, e non è reato. Molte altre sono così scontente del proprio lavoro – sono gli *actively disengaged* del sondaggio Gallup citato nel primo articolo di questo *Statuto* – che non potendo andarsene cercano, come minimo, di ridurne i danni nella propria vita più che possono. Nemmeno questo è reato. Fare le ore pattuite dal contratto, e non di più. Le mansioni concordate, e nessuna iniziativa aggiuntiva. Gli straordinari, solo se pagati. Sorridere? Sorridete voi. Anche questa è un'etica del lavoro, a suo modo, simile a quella che si ravvisa nella vulgata che vuole che le prostitute non bacino i clienti sulla bocca: ci sono avamposti del proprio sé, forse della propria anima – entusiasmo, creatività, guizzo, abnegazione, devozione, integrità, buona fede – che non sono (più) in vendita, non a beneficio di un datore di lavoro che non intende retribuirli o premiarli ma li dà per scontati. Al punto che quando mancano si parla di "dimissione silenziosa".

Un altro concetto che è stato di moda, nei giornali e sui social di prima del Covid, è stato quello di *procrastination*. Di buono c'è che nessuno ha davvero provato a tradurlo in "procrastinazione". *Procrastination* sarebbe quando devi rispondere a una mail di lavoro, possibilmente accettando cose che non ti vanno, e – sorpresa – rimandi la risposta a questa mail, la dimentichi, o la “dimentichi”, o la ritardi fino all’ultimo attimo utile o ben oltre la soglia del ritardo cortese e risponderai dieci giorni dopo dicendo “vedo solo ora questo messaggio”; quando devi alzarti per andare a correre, alle sei menunquarto di una mattina di novembre, per essere magro, magrissimo o comunque più magro, e *inspiegabilmente* il caldino del piumone invece ti avvince; stai *procrastinando* quando non riesci a ricavare dalla tua giornata, monopolizzata da uno spostare la polvere dopo l’altro, le due ore extra che ti eri ripromesso di strappare al sonno per scrivere il tuo romanzo, che non sarà *I Buddenbrook* ma è comunque la cosa che nell’arco della giornata ti fa sentire anche parte del genere umano, e poi sei così stanco e privo di idee che in quelle due ore guardi solo Instagram e risolvi Wordle in tutte le lingue che conosci (e nonostante tutte queste lingue, che lavoro fai?). Insomma *procrastination* sarebbe quando qualcosa dentro di te, resistente al corso di mindfulness e al regolamento aziendale e alla tua tirannica lista dei buoni propositi, recalcitra, rilutta, sabota i piani, ti fa sgarrare. Come se fossi una persona a dieta che si distrae un attimo e anziché il pollo grigliato si trova in bocca un cioccolatino.

Ho cercato su Amazon “procrastination” e ho trovato 306 manuali soltanto tra i libri in inglese pubblicati negli ultimi dieci anni; 270 diversi “productivity planner” cioè agende senza date, con puntini al posto dei quadretti o delle righe, set colorati di post-it che servono a indicare diversi livelli di priorità o diversi ambiti di azioni da programmare, astucci di evidenziatori di vari colori, persino stencil per realizzare elenchi puntati più eleganti.

Su Instagram scrivo l’hashtag #procrastination e compaiono un milione e mezzo di risultati, tre milioni e mezzo per #productivity (di nuovo un concetto che ci siamo rifiutati di importare: l’hashtag #produttività ha poche migliaia di post). Tutto – i manuali, i reel Instagram, le liste di *life-hacks* – serve a spiegare come produrre di più e combattere la *procrastination*. "Come essere meno pigro", scrive una coach da 50 mila seguaci. Punto primo: "cambia mentalità". Grazie tante. Secondo: "Pensa a lungo termine: è peggio lavorare ora o fallire in futuro?". Non mi aiuti, amica. In un post successivo c'è la spiegazione di come "non distrarsi": "Scopri cosa ti distrae ed eliminalo" (...), "riordina la scrivania", "metti il telefono in modalità aereo", "fai qualche pausa ma non troppe" (........), e la più bella di tutte, che leggo un po' ovunque dai consigli per superare il lutto a quelli per capire se hai la depressione o sei solo triste: "stay hydrated", assicurati di essere idratato, né più né meno che una pianta.

Un account francese di self help suggerisce la "regola dei cinque secondi" che no, non è quella circa la possibilità di mangiare ancora un cibo quando è caduto a terra. Quando devi fare una cosa che non hai lo slancio di fare, conta fino a cinque e inizia a farla almeno prima del quattro. Un altro parla di *procrastivity*, un po' "procrastination" e un po' "activity", sempre intraducibile: è illustrato con un pupazzetto che passa l'aspirapolvere e l'immagine spiega tutto, sarebbe quando pur di non scrivere il pezzo che devi consegnare o il romanzo che non sarà *I Buddenbrook* ma ti rende umano passi l'aspirapolvere, spolveri la libreria, rassetti gli armadi.

Una psicoterapeuta posta "Le dodici paure che ti fanno procrastinare": paura dell'imperfezione, dell'ignoto, del giudizio, degli errori, del successo, della svolta, del cambiamento, della responsabilità, dei sentimenti, del dire addio al tuo progetto, del rifiuto, della decisione. Rinviamo quel compito per paura di non farlo abbastanza bene, cioè, o di farlo così bene che il successo deraglierà le nostre vite (il contatto con la realtà di questo psicologhese ultradivulgativo è ben dimostrato dal fatto che le due opzioni sono prospettate come ugualmente probabili). Per rimediare: pianifica mesi in anticipo e ogni giorno datti un voto sulla base di quanto hai rispettato i tuoi piani; riordina la scrivania così non avrai distrazioni; rinuncia a un po' di sonno; settimanalmente valuta il tuo progresso. Un post dopo l'altro, le scuole di pensiero sono due, "fai prima la cosa più facile", col rischio poi di considerare finita la giornata e rinviare ancora quella difficile, e "fai prima la cosa più difficile", così poi non hai più energie per quella che ti riesce meglio e resti scontento. E così via.

Gode di poca visibilità l'ipotesi che a me pare più ovvia. E cioè che forse ci sia perlomeno una parte di noi che non vuole mandare quella mail, è indifferente nel profondo alla prospettiva di dimagrire, è esausta e rivendica più energie per il suo romanzo anche se non è *I Buddenbrook*. E non è detto che sia sempre, per usare un altro concetto della vulgata psicologica in cui come in uno sciroppo siamo immersi, un "sabotatore interno". Sì, al lavoro potremmo produrre di più – ma perché? Saremo premiati, o retribuiti meglio? Ci sarà consentito di finire prima? Ci riuscirà la carriera che speriamo? E soprattutto: l'impresa a cui concorriamo ha senso? Se la risposta a tutte queste domande è no, è possibile che il nostro "sabotatore interno", che ci rende *quiet quitters* un po' amareggiati, i quali – non potendo licenziarsi – lavorano al massimo per la sufficienza, non sia un sabotatore.

Il concetto di *quiet quitting* è stato reso molto popolare nell'estate 2022 dal TikTok di un ingegnere di New York: "Non mollo il lavoro", dice, "ma mollo l'idea di strafare al lavoro. Quando ti accorgi che la tua vita è fatta anche di altro, e che la tua produttività non ti definisce, decidi di mettere barriere molto nette tra il lavoro e il resto". Milioni di visualizzazioni. Chissà perché, però, questi discorsi suonano sempre con un sottofondo di nichilismo. Il fare senza strafare, l'attenersi al minimo sindacale, l'avarizia nei riguardi del proprio capitale umano diventa rinuncia. E al *quiet quitting*, si è osservato, i superiori rispondono col *quiet firing*, licenziamento silenzioso, sì, ma dalla parte del manico. Cioè generando un frattale di disinvestimento reciproco: riducendo ancora di più le opportunità offerte al dipendente scontento e accidioso, azzerando le sue possibilità di progredire in carriera, tendendo a isolarlo e se possibile riducendogli i compensi. Memorabile un'inchiesta del magazine *Business Insider*: a marzo 2022 aveva intervistato "Justin", dipendente scontento di una multinazionale che si dedicava a un personalissimo sciopero bianco, non facendo più del minimo sindacale. Sei mesi dopo la stessa giornalista lo aveva rintracciato di nuovo: terrorizzato di venire fatto fuori al lavoro, "Justin" era tornato a stare in ufficio più di cinquanta ore la settimana.

Il *quiet quitting*, poi, è un atto solitario: come tale, i suoi ritorni ma anche i suoi costi si scaricano tutti e solo su chi lo mette in pratica. Se a farlo fossero tanti si chiamerebbe, in italiano, stato di agitazione, o *sciopero bianco*.[24] Consiste nell'astenersi, per protesta, dalla collaborazione, pur presentandosi al lavoro: nella giurisprudenza italiana vi sono diversi riferimenti a *scioperi anomali*, cioè forme di lotta sindacale che sono diverse dallo sciopero ma interferiscono comunque con la produzione, come presenziare al lavoro senza però fare nulla, o rifiutare gli straordinari in "scioperi dello straordinario". Sono in genere ritenute veri e propri scioperi, e quindi garantite dall'articolo 40 della Costituzione.

[24] Una nota di orgoglio patrio: in molte lingue, soprattutto in quelle slave, questo tipo di protesta sindacale si chiama sciopero all'italiana!

Con “sciopero bianco” si intendono poi anche varie forme atipiche di lotta sindacale – di nuovo: collettive – che sono diverse dall’astensione dal lavoro e più difficilmente sono tutelate dal diritto di sciopero. Per esempio l’ostruzionismo o sciopero pignolo, che significa applicare le regole ottusamente e quindi paralizzare la produzione; o la permanenza nello spazio di lavoro durante uno sciopero, come a occuparlo. Nell’archivio storico del *Corriere*, dal 1960 a oggi, si trovano cronache di 1.565 scioperi bianchi: cioè di altrettante occasioni in cui magistrati, educatrici d’asilo, conducenti dei mezzi, infermieri, doganieri, netturbini, medici, ballerini della Scala, vigili urbani, insegnanti, piloti, parlamentari, facchini, spesso postali e vigili urbani, perfino (nel 1980) gli stessi ispettori del lavoro, si sono messi a lavorare al minimo. Ma tutti insieme, e rivendicandolo. Quasi sempre, gli scioperi bianchi hanno visto esaudire qualche richiesta.

Ma il nostro *quiet quitting* non è collettivo, e più che rivendicare è un ritirarsi, se per rivendicazione e collettività non intendiamo la condivisione di *stories* Instagram con lo slogan *I don’t dream of labor* o meme passivo-aggressivi sulla differenza tra quello che rispondiamo alle mail in aziendalese e quello che pensiamo. E a scioperare da soli, comunque, come si fa?

Ancora le commesse dei grandi magazzini del boom. Malpagate, maltrattate, scontente. A loro era intitolato, nel 1962, anche un libro-inchiesta della giornalista dell’*Avanti*! Milla Pastorino, autrice delle prime inchieste italiane sull’aborto clandestino. Il libro faceva parte di una serie dedicata a professioni e mestieri: ci sono *L’uomo politico* di Marco Cesarini Sforza e *L’avvocato* di Egisto Corradi. *La commessa* di Milla Pastorino riporta, per intero, un manuale di quelli che venivano distribuiti alle ragazze prima di essere assunte nei grandi magazzini.

Nozioni di psicologia spicciola (lezione 367, Tipi di clienti) e di matematica (lezione 25, Addizione e sottrazione) si sommavano a consigli quasi esistenziali: 310, Si parla sempre troppo; 311, Si può indovinare il pensiero della cliente; 316, I tacchi alti sono nocivi; 324, Mostratevi sicure del fatto vostro. Della commessa sono elencate le "Attitudini morali": gentilezza, educazione, sorriso, saluto, buon umore, calma e pazienza, spirito di adattamento, spirito d'osservazione, dono di persuasione, ordine, tatto. Nessuna era obbligatoria da contratto; tutte insieme componevano quasi un manuale di vita, la cui lettura, da parte di una adolescente italiana dell'epoca, oggi potrebbe essere definita aspirazionale. Quello della commessa, lavoro nuovo di zecca portato dal benessere, poteva essere eccome più desiderabile delle altre sorti disponibili allora per una ragazza che non avesse portato avanti gli studi: fabbrica, campagna, vita domestica. Le commesse ingrugnite di Franca Valeri stavano meglio di quelle che le loro "Attitudini morali" le mettevano in gioco? Non è anche attraverso il *lavoro ben fatto* che si può diventare un po' se stesse?

Il concetto di fare il minimo sindacale e potendo nemmeno quello, sottraendo lo slancio da ciò che si fa, senza strafare, parente della noia e dell'indolenza, è presente in quasi tutti i sistemi di pensiero. Tommaso d'Aquino ne parlava come di *inerzia nell'agire il bene divino*; Dante lo apparenta più alla collera che alla noia, descrivendolo come *un vizio per difetto dell'ira* nel suo *Convivio*: contrario all'ira in quanto segnata dalla rinuncia. Pascal parla addirittura di "impossibilità di desiderare". È l'ultimo dei sette sentimenti definiti dai cristiani "peccati capitali": è l'accidia.

"Se legge, s'interrompe inquieto e un minuto dopo scivola nel sonno; si frega la faccia con le mani, distende le dita e tolti gli occhi dal libro li fissa sulla parete; di nuovo li rimette sul libro, va avanti per qualche riga, ribalbettando la fine di ogni parola che legge, e intanto si riempie la testa di calcoli oziosi, conta il numero delle pagine e i fogli dei quaderni." È secondo san Nilo (910-1004) il ritratto del religioso quando lo visita il *demone del mezzogiorno*; allora "gli insinua dentro un orrore del luogo in cui si trova, un fastidio della propria cella e uno schifo dei fratelli che vivono con lui, che gli sembrano negligenti e grossolani".

Eccoci, san Nilo, ci hai visti: siamo noi in ufficio. Il monaco di san Nilo, preda del demone meridiano (con la sveglia monastica alle tre, il mezzogiorno del monaco equivale all'ora in cui si esce dall'ufficio), "si profonde in sperticati elogi di monasteri assenti e lontani ed evoca i luoghi dove potrebbe essere sano e felice; e all'opposto tutto quel che gli è a portata di mano gli sembra aspro e difficile". Medita di lasciare il monastero, entra ed esce dalla sua cella, poi a ora di cena ha molta fame e "alla fine gli cala sulla mente una dissennata confusione".

Quando investe i laici, poi, l'accidia è persino peggio: una forma sistemica di ozio. Sergio Benvenuto, che la compara a "una forma di menefreghismo", elenca le sue traduzioni nelle lingue volgari europee: *paresse* (francese), *pereza* (spagnolo), *preguiça* (portoghese). L'italiano, forse più in sintonia con questo sentimento, non "cede" al comodo e moralista prestito da "pigrizia" e mantiene quello da *acedia*, che vale "torpore", "abulia", mancanza di *cura.* Lo fa anche il tedesco, che tiene *Acedia* nella lista dei peccati capitali accanto a due altri termini: *Trägheit*, che è anche il principio fisico dell'inerzia, e *Überdruss*, ossia tedio, nausea. In inglese è *sloth*, che è il termine che indica anche i bradipi, dal medievale *slowth*, lentezza. In russo *unynie*, da *nyt*, piangere sconfortati.

In un microracconto contenuto nelle sue *Note sull'accidia*,[25] Salman Rushdie identifica questa condizione, smentendo che sia un peccato, in quella di uno studente nuovo, straniero e di indole timida, privo "dell'estroversione comune a latitudini così fredde" e dell'inclinazione allo sport, antipatico a tutti i nuovi compagni di collegio e quindi sempre più depresso.

Fatica ad alzarsi dal letto: l'accidia, nella letteratura contemporanea e soprattutto nel pensiero laico che non ne parla come di un peccato, è spesso assimilata alla depressione. "Accidia, anche nota come *acedia* o *pigritia*, e i suoi alter ego ombra: *tristitia*, la tristezza, e *anomie*, l'erosione dell'anima." In quasi ogni lingua, abbiamo visto, la rinuncia a fare è parente prossima della disperazione. Lo studente accidioso – depresso – di Rushdie non si alza dal letto quasi più, e si ritira progressivamente.

Non alzarsi dal letto, ricorda l'autore, è quel che faceva all'apice della sua carriera Linda Evangelista, se le venivano proposti ingaggi per somme non adeguate. "Noi non ci svegliamo neppure per meno di 10 mila dollari al giorno", ha detto nel 1990 in un'intervista a *Vogue* diventata celeberrima, concessa in coppia con la grande amica Christy Turlington. Somma favolosa, messaggio non sindacale: non è che Evangelista, in quell'intervista, volesse dire "pagate di più le modelle", ma "siamo così eccezionali, la mia amica Christy e io, che le condizioni le dettiamo noi".[26] Un tipo favoloso, lussuoso di accidia, impastato

[25] "Notes on Sloth", in *Granta* 109, Work, 2009.

[26] Dantescamente, Evangelista sconta oggi l'opposto dell'accidia: il nuovo "peccato capitale" che nel lessico base dell'attivismo social odierno si definisce performatività. Un trattamento di criolipolisi sfuggito di mano, nel 2016, ha sfigurato la supermodella, oggi cinquantasettenne, che vi si era sottoposta per dimagrire in punti selezionati e poter ancora lavorare: le sue colleghe degli stessi anni hanno molto mercato. Le ha invece causato gonfiori inguaribili, frutto della proliferazione incontrollata di cellule adipose "impazzite", e anche loro iperattive. Lo ha annun-

di avarizia e superbia, e forse pure lussuria; ma anche un modo irriverente e assai desiderabile di amare il proprio lavoro, esercitandolo cioè senza faticare.

All'appuntamento con l'intervistatore, Jonathan Van Meter, Linda e Christy arrivano con un'ora esatta di ritardo. Spiegano il loro successo con frasi ben distanti dalla retorica odierna del "duro lavoro" che ha investito tutte le professioni, comprese quelle legate al dono meno democratico di tutti, quello della bellezza: "Abbiamo volti versatili. Possiamo essere sofisticate o lolitesche, indossare Chanel o vestiti da poco, le altre no. Alle sfilate mi tengono sempre i vestiti più brutti, dicono: li sa portare solo Linda. Ed è vero". L'intervista si chiude con la celeberrima frase. Christy ridacchia: "Guadagnare quanto noi, divertendosi quanto noi, può far sentire un po' in colpa". E Linda: "Già. Così ci scherziamo su. Abbiamo questa frase..." e tra le due scorre uno sguardo d'intesa. "Non ci svegliamo nemmeno per meno di diecimila dollari al giorno." Sipario.

Il meschino *quiet quitter* mica può esercitarlo, questo tipo di accidia; le somme che percepiamo sono quasi sempre più modeste, e il mercato – non siamo supermodelle, gli anni Ottanta sono finiti – non sempre offre molto di meglio. Dunque ci alziamo dal letto per assai meno di 10 mila dollari pure mensili, e in compenso, arrivati in ufficio, facciamo il *quiet quitting*. Che malinconia.

A riscattare l'anonimo studente di Rushdie, qualunque fra i qualunque e incapace di lasciare un segno, sarà un altro peccato:

ciato lei stessa nel 2021: "Per chi si chiedesse perché non ho più lavorato mentre le carriere delle mie colleghe continuavano a fiorire, ecco: il motivo è che sono stata brutalmente sfigurata da una procedura che ha fatto l'opposto di ciò che aveva promesso". Senza ingaggi, senza lavoro, l'ex modella si dice "sprofondata in una grave depressione. Per questo sono diventata una reclusa". Un modo più cupo, e più contemporaneo, di "non alzarsi dal letto".

l'ira. Ai compagni che lo scimmiottano, un bel giorno, il ragazzo sa rispondere con il ruggito della belva, alzandosi dal letto e da quel giorno difendendosi ferocemente e primeggiando in tutto. È sempre nel peccato, ma non è più triste, in qualche modo si è salvato. È cessato il suo *quiet quitting*, il suo ritiro silenzioso, dalla vita. Noi lettori ne siamo sollevati.

E anche, credo, noi *quiet quitter* scazzati. Al termine di un ennesimo pomeriggio passato a sottrarmi, a produrre il minimo, pensando che l'impegno non serva a niente, a fantasticare di altri conventi, altre celle, altri confratelli, ingaggi da diecimila dollari... capisco che è la lezione più difficile quella che preferisco imparare, ed è la lezione dell'ira.

TITOLO II
DELLA LIBERTÀ SINDACALE

ART. 15 – TRATTAMENTI DISCRIMINATORI

È nullo qualsiasi patto od atto diretto a: a) subordinare l'occupazione di un lavoratore alla condizione che aderisca o non aderisca ad una associazione sindacale ovvero cessi di farne parte; b) licenziare un lavoratore, discriminarlo nella assegnazione di qualifiche o mansioni, nei trasferimenti, nei provvedimenti disciplinari, o recargli altrimenti pregiudizio a causa della sua affiliazione o attività sindacale ovvero della sua partecipazione ad uno sciopero. Le disposizioni di cui al comma precedente si applicano altresì ai patti o atti diretti a fini di discriminazione politica, religiosa, razziale, di lingua o di sesso, di handicap, di età, di nazionalità o basata sull'orientamento sessuale o sulle convinzioni personali.

Fino all'altro ieri eri brava, bravissima, poi è successo qualcosa e non lo sei più. Hai consegnato un lavoro in ritardo? No. Hai insultato qualcuno? Macché. Hai trascurato un ultimo controllo e mancato di evitare una cazzata? Non che tu sappia. Ma sei una *lavoratrice*, e dunque in azienda puoi ricevere diversi trattamentini speciali.

Lui è uno piacente, sa ascoltare, è garbato. Corregge le tue sviste con dolcezza, una mano sempre sulla tua spalla, tu sei molto brava, sei molto molto brava, questa è giusto una svista. La segna come a scuola, con un trattino di stilografica azzurra: la sua sola eccentricità. Te lo spiega perché così la prossima volta ci fai attenzione. Si scusa perfino per la pedanteria. Ci va più precisione, dice, più puntualità. Ma tu gli riporti in mente se stesso quand'era giovane. L'entusiasmo, la fretta di farcela, le mille idee. Sei tutta potenziale.

Finalmente qualcuno ti vede, ti trova brava, ha interesse a formarti. Funziona così, del resto. A essere bravi mica si impara da soli. Tu ti manifesti per come sei, e le opportunità arrivano; e il suo sguardo paterno, il suo favore, sono opportunità. Le hai meritate. Sei brava. Cosa vuol dire brava? Be'. Brava. La tua collega, la Roberta, per fortuna sua è carina, dice, ma copia tutte le tue idee, non te ne sei accorta? Darebbe un braccio per farsi dire brava, ma proprio non si può fare. Il talento – e ti guarda negli occhi – o si ha o non si ha. Tu, è sottinteso, ce l'hai.

Vieni a pranzo? Certo che vai a pranzo. L'appuntamento è nel solito posto: raggiungibile a piedi ma non nei paraggi dell'ufficio, in modo da non incontrare colleghi. Ci incontrate regolarmente colleghi, ciascuno con una commensale mai vista. Il pranzo è un tripudio di *inside jokes* e malignità su altri colleghi – quello non ha voglia di fare un cazzo, la poverina cioè sempre la Roberta non è portata, quella è una sgobbona quello è un baciapile l'altro è raccomandato – dai quali si consolida la certezza che siete voi i più bravi. Tu sei bravissima e hai ancora tutto da dimostrare. Lui è stato penalizzato dalle "dinamiche di questo posto", che fosse un po' meno tossico dirigerebbe. Quindi pur essendo il più bravo è mezza tacca sotto a dove si merita. Però meglio così che piegarsi alle "dinamiche di questo posto". Questi pranzi carbonari hanno luogo ogni tanto, un po' più spesso di una volta al mese, un po' meno di una a settimana. Al tuo compagno non lo dici, e a lui non dici che hai un compagno. Mangiate bene e bevete meglio; con la scusa che "sei precaria" offre sempre lui.

Sei precaria. Fai parte di un gruppo di consulenti esterni per la digitalizzazione chiamati temporaneamente ormai due anni fa e ora indispensabili alla vita dell'intera azienda. Ed è vero che guadagni mezza lira ma per fortuna, e non manca molto, una stabilizzazione è alle viste. Grazie anche ai suoi buoni uffici, a settembre l'azienda offrirà la possibilità a chi lo vuole, del gruppo, di passare tra i dipendenti. Stipendio quasi raddoppiato, contributi, stabilità. Non ci sarà posto per tutti tutti, ti ha fatto sapere lui riservatamente. C'è per i più bravi. Tu dormi pure tra due guanciali. Vieni a pranzo? Certo che vai a pranzo.

E a cena?

L'invito arriva in un pomeriggio di piena estate. Su WhatsApp, come al solito. Sei precaria e sei giovane e sei incline a rimuovere alcuni dati di realtà dal tuo campo visivo, d'accordo, ma non sei proprio Heidi: è un invito per le dieci di sera, in un chiringuito urbano dietro casa di lui, a tarda sera, *quando la moglie è in vacanza*. Il mondo si è evoluto dal 1955 di quel film con Marilyn, ma non tutti i tuoi colleghi hanno fatto lo stesso. È luglio e già alcune delle loro famiglie se ne sono partite per i due mesi al mare. I colleghi (maschi) sono garruli, goliardici, giovanili, l'epa fasciata in spavalde camicie di lino. Ci vieni a cena? Il messaggio lo leggi nell'anteprima. Disattivi la spunta blu, fai sparire l'ultimo accesso, spegni lo schermo. Ma no che non ci vai. Ma è scemo? Che domanda è?

Oddio, però lui dirà: perché a pranzo vai volentieri e a cena no? Perché dopo pranzo non è previsto scopare, ma siamo sicure che vuole scopare? Magari è un invito normale. La tua amica Eleonora lavora in un'altra azienda e il suo capo è ben più diretto: nell'ultima trasferta ha indetto una riunione "urgentissima" nella propria stanza e si è fatto trovare nudo. Ma infatti, guarda che alla fine sarà un invito normale. Dopodiché sei per non andare lo stesso.

"Grazie mille per l'invito, ma stasera sono ko." Brava, così chiunque insisterebbe. No, aspetta.

"Ti ringrazio tantissimo e mi piacerebbe molto, ma..." Ma cosa? Ma non voglio scopare. Ma che cazzo mi inviti a cena. Ma ho un ragazzo. Ma ho sonno. Ma che invito è?

"Non ti offendere ma..." ma va', così sì che lo offendi. Cruciale, prioritario, non offenderlo. Essere leggera, ignara, rimbalzare con grazia infantile: "Grazieee, top! [tre emoji anguria] bellooo il chiringuito ma stasera ho altro impegno [altre tre emoji anguria] rifacciamo presto!", ma chi ha scritto questo messaggio, una redattrice di *Cioè?*

"Grazie, stasera non posso. Ci vediamo al lavoro." Formale, algido, tanto varrebbe allora scrivergli "grazie, non voglio scopare". E anche tu, cazzo, ma perché non ci puoi scopare? Una volta e via, dai che è più difficile a pensarlo che a farlo. Potevi pensarci prima di accettare tutti quegli inviti a pranzo. Sei una cretina. Non ti sei mai sentita meno di mondo e sei certa che qualsiasi cosa tu scriva sarà involontariamente sgarbata. Sei una cretina. Aspetta, aspetta un attimo, chi lo ha detto che vuole scopare. Chi ha detto, soprattutto, che tu abbia visualizzato. Risponderai più tardi con un mendace "leggo ora". Anzi, domattina. "Ieri sera ero ko." Metti via il cellulare.

Solo che la mattina dopo al lavoro lui non c'è: ha una trasferta di cui non sapevi, e poi ha le ferie, e quando rientra hai le ferie tu. Trascorrete insomma un mese senza vedervi, e l'ultima settimana di agosto la musica è cambiata.

Consegni una presentazione in tempo – ok, all'ultimo minuto ma in tempo. E invece no, devi esserti confusa, andava consegnata ieri. Cretina. Le stampe vanno in tre copie, sulla sua scrivania. Il telefono fisso sulla tua suona, è lui: vieni nel mio ufficio.

Attraversi l'open space davanti a tutti (non ti eri accorta che i tuoi tacchi fossero così rumorosi?), arrivi da lui, c'è un refuso. Ristampagli le tre copie. Indica il titolo: lo vedi, il refuso? È qui. Non vedi nessun refuso. Lui resta calmo: se ti dice che c'è un refuso, c'è un refuso. Ristampagli queste copie.

Tu stampi, torni al tuo posto, e appena ti sei seduta il tuo fisso squilla di nuovo. Vieni nel mio ufficio. Di nuovo? Di nuovo. Pinzi le stampe e ti affretti. Riattraversi l'open space e ti pare di disturbare tutti. Lui guarda le nuove stampe: adesso andrebbero bene, ma non mi piace come hai impaginato le slide. Le slide non vanno bene, i dati non sono aggiornati, non abbiamo più molto tempo; finisci per consegnare il lavoro in piena notte dopo cinquanta andirivieni nell'open space, ma il giorno dopo non va comunque bene. Sai chi ha preparato le slide meglio di te? Roberta.

I pranzi carbonari non riprendono; in compenso a pranzo sparisce per un'oretta proprio lei, Roberta, ma non era una degli "scarsi"? Però è affidabile, non come te, che sei sempre quasi in ritardo. Sei una cretina. Hai offeso qualcuno? Hai offeso lui? Fai l'errore di chiederglielo. "Ho sbagliato qualcosa di recente?" Be', be'.

Sei poco puntuale, sei anche molto arrogante, pensi di non avere più nulla da imparare, pensi che il rispetto della forma sia pedanteria, ci degni della tua presenza. Sbreghi di stilografica azzurra falciano una slide dopo l'altra dell'ultima presentazione che gli hai consegnato. Non te lo dico più, mi pare una causa persa. Ai miei tempi i capi erano "vecchia scuola", dice, sviste come le tue le ho pagate care, non tutti sono come me. Ci va più precisione, dice, più puntualità. Che peccato che tu non lavori sul tuo potenziale. Di questo passo – e ci tiene a dirlo, come se tu non lo sapessi già – non è proprio detto che tu possa "passare", a settembre. Non è proprio detto.

E settembre arriva, e non arriva, in effetti, il contratto. Nel gruppo dei bravi è entrata però Roberta. Sulla sua scrivania, il giorno dopo la firma, spunta un mazzo di rose da un ammiratore segreto. Il nome sul biglietto – c'è bisogno di dirlo? – è scritto in stilografica azzurra.

La regione che parte da "violenza sessuale su persona che resiste a costo della vita, es. Maria Goretti" e confina con "favoloso amplesso desideratissimo da ambo le parti e a cui si è pervenuti attraverso inequivoca escalation di segni di consenso" è forse il territorio concettuale più disputato del decennio. La disputa è in malafede.

In questo territorio vige, non detta, una legge il cui primo bene giuridico salvaguardato è il diritto a non capire se la persona che desideri ricambia, a non saperlo evincere, in fondo a non domandarselo, né a domandarlo a lei. È un diritto goduto, goduto in modo diseguale. Se sei un maschio, soprattutto in posizioni di potere, lo hai potuto esercitare per decenni senza nemmeno accorgertene, anche grazie ai codici del corteggiamento tradizionale che prevederebbero dei "no" di prammatica, quasi per educazione, anche da una che invece intenderebbe "sì". Se sei una *lavoratrice*, viceversa, hai probabilmente esercitato altrettanto a lungo lo speculare requisito di dissimulare. Non i "sì"; i "no". Di nascondere incertezza, ambivalenza, rifiuto, persino disgusto il più a lungo possibile acciocché l'altro, che spesso è costoso offendere, continui nel suo diritto a ritenere privo di ostacoli l'accesso alla tua persona.

Nella cronaca, e nelle chiacchiere quotidiane che ne conseguono, non passa settimana senza un fatto che miri a ribadire questo diritto, confondendo utilmente il costume e le leggi: mentre scrivo queste righe, per esempio, il figlio della seconda carica dello Stato è andato a letto con una ragazza resa incosciente dalle droghe, è stato stupro? Come faceva a capire che una ragazza priva di sensi non lo voleva? Un bidello ha smanacciato per dieci secondi i glutei di una studentessa a scuola: dieci secondi sono pochi, ed è quindi goliardia? Sono troppi, per una che se non avesse davvero voluto poteva sempre spostarsi? Per la sentenza che assolve il bidello è "uno scherzo". E così via.

Quando il teatro è un luogo di lavoro, il dibattito altrui e interiore è ancora più fitto. Che vantaggi dà soddisfare, anche volentieri o assai volentieri, il desiderio di qualcuno? Ed esserne la preda? L'ossessione? La vittima?

Una mia cara amica al primo giorno in un munifico carrozzone ex statale si sentì ammonire da una collega anziana, con un accento bresciano che ha collocato questo aneddoto per sempre nel nostro lessico famigliare: "Guardi, lei, che qui siamo in uno dei pochi isolati d'Italia dove *la figa* conta ancora qualcosa. Nel resto del Paese è come il marco a Weimar, non val più niente. Ma qui è una possibilità. Se la giochi bene".

Poche settimane dopo, la mia amica iniziò a sentirsi domandare, tra il serio e il faceto ma con un'insistenza che faceva propendere verso il serio, se l'avesse "già data al Fumagalli". Il Fumagalli era il capo supremo del suo dipartimento, un dipartimento-eden di lavori ben pagati, non impossibili, quasi tutti a tempo indeterminato. Del Fumagalli si raccontavano aneddoti che senz'altro aveva contribuito lui stesso a far circolare, e che facevano in modo che le nuove arrivate, come la mia amica, capissero presto l'antifona. Si sapeva per esempio che aveva fatto inserire nel software per le note spese l'eufemismo "wellness" per farsi rimborsare le prostitute. Da stagisti, tirocinanti, aspiranti e ultimi arrivati pretendeva un dazio differenziato secondo il genere: le femmine dovevano passarci almeno una notte, i maschi prestargli la casa. L'ufficio del personale scoraggiava ogni segnalazione e la sola che avesse mai osato alzare la cresta, una dipendente ribelle che si era intestardita nello "sputtanarlo" e aveva ricevuto da lui, nientemeno, uno schiaffo, era stata spostata in un ufficio semivuoto, privata delle sue mansioni e messa nelle condizioni di licenziarsi. Ricevette una buonuscita ridicola, e di lei si diceva sempre che avesse un cattivo carattere.

Per alcuni settori professionali, l'avvocata Giulia Bongiorno ha ipotizzato la definizione di "molestie ambientali". Come ai tempi di Tangentopoli si parlava di "corruzione ambientale", cioè di una mentalità diffusa per cui la richiesta di una tangente era scontata in ogni transazione pubblica, ci sono ambiti lavorativi in cui le relazioni sessuali sembrerebbero tappe obbligate per fare carriera. La mia amica non prese mai nemmeno un caffè con "il Fumagalli", nemmeno quando un collega fu mandato a spiegarle il ricatto chiaro e tondo: o gliela dai, o te ne vai. Il suo contratto – davvero! – non fu mai rinnovato. Trovò lavoro in un'azienda più piccola, che pochi anni dopo fallì e lasciò tutti a piedi. Era il 2015.

Chi per qualsiasi ragione non se la sente proprio di scopare col Fumagalli, ed è in condizione di non volerlo però indispettire, prova più o meno sempre i medesimi sentimenti.

L'aspirante giornalista Purity detta Pip, che dà il titolo al romanzo *Purity* (2015) di Jonathan Franzen, è giovane, vulnerabile e ignara di chi è e di chi e cosa attrae. Ogni volta che sembra piacere a qualcuno se ne stupisce, e ogni persona a cui piace finisce, poi, per volerla prevaricare. È cioè una venticinquenne come tante. E una giovane giornalista come tante: c'è nel nostro mestiere una promessa di avventura che soprattutto all'inizio è attraente, e spinge ad abbassare ogni difesa: essere "di mondo" cioè non scandalizzarsi né restar male per quasi nulla è l'essenza di un praticantato professionale interiore che attrae chi si imbatte nella possibilità di "diventare giornalista", qualsiasi cosa ormai questo significhi, come una lampada attrae gli insetti. Così trovarsi in situazioni ambigue, e non solo dal punto di vista sessuale, non è un rischio collaterale; è piuttosto, ne conveniamo retrospettivamente e in silenzio, un modulo ineludibile dell'apprendistato.

L'apprendista giornalista Pip si sente vittima delle circostanze dalla prima all'ultima delle 675 pagine di romanzo; e invece desta desideri, turba matrimoni, attrae predatori. Tra questi c'è Andreas Wolf, carismatico Julian Assange alla guida di un collettivo di giustizieri della notizia, il *Sunshine Project*: una sorta di WikiLeaks alla macchia in Colombia, a cui Pip si unisce sperando di trovare notizie sulla propria misteriosa famiglia.

L'ingenuità e la vulnerabilità di Pip attirano Andreas Wolf, che ha già una biografia da predatore sessuale e che impiega meno di tre pagine, da quando entra in scena, a infilare a forza una mano nelle mutande di lei, giovane stagista. Pip, in una confusione di eccitazione, panico, soggezione del guru, coscienza di ricevere un atto sessuale senza avervi consentito ma anche lusinga, e anche mortificazione, non sa mai fare resistenza davvero. Per il resto del libro il supercapo Wolf continua a cercare di andarci a letto ogni volta che può; la stagista Pip, a cui Wolf non piace, continua a rifiutarlo ma debolmente. Riesce a evitare sempre un rapporto sessuale completo ma non i pettegolezzi delle colleghe; si mostra a Wolf comunque lusingata per non indisporlo, e prova continue sensazioni di colpa ("dovrei smettere di rifiutarlo"), vergogna (le colleghe, gelose, la emarginano) e disprezzo di sé ("sono una cretina"). Di queste sensazioni, e del connesso regime di segretezza della relazione, Wolf si avvale in seguito per ricattare Pip. E costringerla a un'azione riprovevole, il contrario della "purezza" che al romanzo dà il tema.

Nella varietà di sentimenti che ogni interazione sessuata desta nei partecipanti – la fatica della cui complessità è più del decadimento fisico la ragione per cui a una certa età la smettiamo – un'utile bussola per capire dove ci si trova è l'emergere dei tre sentimenti che prova Pip, personaggio istruttivo: colpa, vergogna, disprezzo di sé. Sentinelle il cui squillo di tromba è il comitato di benvenuto nella confusa regione di cui sopra, quella degli abusi.

Quando cioè si prova vergogna o colpa e la ragione non è chiara, o detta ad alta voce non regge – "ormai è tardi per non andarci a letto" ad alta voce non regge – sono spesso il segno che qualcuno si sta adoperando perché tu provi questi sentimenti. Ti tratta cioè da inferiore (disprezzo); da colpevole (senso di colpa); da cretina (vergogna). Da persona che come minimo ha fatto qualcosa di sbagliato, come illudere un uomo e poi rifiutarlo. Ci è andata a pranzo; ma non ci vuole finire a cena. Gli ha creduto quando lui le parlava del suo talento, ma pensava davvero dicesse sul serio? Cretina. Si è mostrata disponibile per averne dei vantaggi; ottenuti i vantaggi, o almeno la loro promessa, non intende saldare. Ogni ricatto sessuale si nutre di segretezza e di questi assunti ambigui; il prezzo per chi lo addita è di essere emarginata, stigmatizzata o poco creduta. Ma poi additarlo di fronte a chi? La regione che va da "violenza sessuale" a "favoloso amplesso consensualissimo" è costellata di comportamenti ambivalenti, sentimenti compositi, dicerie. È facile passare anche ai propri stessi occhi come un'ingenua o una truffatrice.

Così non è strano che la reazione emotiva che scatta di fronte alle stilografiche azzurre che troviamo sulle nostre strade non sia di furia, di risposta pronta, di un rapido "come ti permetti". L'idea che aprire un conflitto, nei luoghi di lavoro e non solo, sia costoso – e che il capo non sia solo un superiore ma un re, da contraddire il meno possibile – è interiorizzata e rinforzata nella maggior parte di noi sin dalle prime ore di servizio. Non è nemmeno detto che si capisca lì per lì di avere ricevuto un ricatto, un abuso, un torto. Più comune è la reazione di "congelare" biasimo, rabbia e aggressività e rivolgerli quasi automaticamente verso se stesse.

Ed ecco colpa, vergogna, disprezzo di sé. Se li provi, e non capisci perché, è possibile che qualcuno *ti stia facendo qualcosa*.

Molto del lavoro di una psicoterapia, anche in un'epoca apparentemente alfabetizzata in questo senso come la nostra, riguarda il riconoscimento di come ci si sente o ci si è sentiti in un certo frangente. Anche per questo vende molte copie, in questi anni Venti, un *Atlante delle emozioni umane* che ne censisce ben 156. Tra queste ci sono *colpa* e *vergogna*.

Piccola digressione: a volte sono irriconoscibili, soprattutto se le proviamo al lavoro, perché camuffate da un'altra emozione, più esotica. Le nostre lingue di Paesi occidentali, che si ritengono affrancati a mezzo Stato di diritto da rapporti professionali meno che corretti, meno che paritari, meno che democratici, non ammettono più l'esistenza di un sentimento che la complicata lingua dell'Indonesia invece sa definire: il *malu*. *Malu* è una soggezione specifica che si prova nell'avere a che fare con superiori gerarchici, con maschi se si è femmine, con anziani se si è giovani, e in generale si riassume nella confusione che proviamo di fronte a qualcuno molto stimato. Quando si è con qualcuno di superiore a noi e ci sentiamo impacciati, goffi, inferiori. Straparliamo; arrossiamo; ci sudano le mani. Nella cultura indonesiana questa reazione è considerata così appropriata da essere addirittura attesa: è arrogante, è irrispettoso, chi non dimostra *malu*. Un occidentale difficilmente ammetterebbe di sentirsi così, eppure la descrizione del *malu* non risulta esotica nei nostri uffici. E un sentimento della gerarchia tanto interiorizzato non aiuta a rendersi conto per tempo che qualcosa che ci succede non è colpa nostra.

Il *senso di colpa* è definito nell'*Atlante* "la maledizione dei giorni nostri" e l'autrice Tiffany Watt Smith nota come tendiamo a risolverlo con *risarcimenti*. *Guilt*, in inglese, viene dall'antico *gylt* che in genere si fa risalire a *Geld*, alto tedesco per "oro", "denaro", "pagare". L'equazione tra *colpa* e *debito* rimane, peraltro, nel tedesco moderno, che usa per entrambi i concetti la parola *Schuld*. La colpa cioè è stata a lungo concepita più come una responsabilità che come un sentimento. È stato soprattutto il contributo della psicoanalisi al pensiero moderno a separare il sentimento di colpa dall'effettiva responsabilità; e oggi siamo a nostro agio, almeno in teoria, con la nozione che esistano sensi di colpa staccati da una ragione oggettiva, come quello dei sopravvissuti di un incidente dove altri sono morti, o di una tragedia storica come i campi di concentramento; quello dei bambini che si ritengono colpevoli della separazione dei genitori; l'idea di avere troppo a lungo incoraggiato l'avvicinamento di un corteggiatore, e ora non volerlo (più) ricambiare. Una persona che si sente in colpa fatica a ribellarsi a una situazione di abuso, a contestarne anche internamente regole e presupposti, persino a detestarne i responsabili. Può ritenere, anzi, di essersela meritata.

Paralizzante è anche l'azione della *vergogna*, che a differenza della colpa non è un'esperienza solo interiore: la vergogna viene soprattutto dalla sensazione di essere stati *visti* da qualcuno, dalla collettività, in atteggiamenti riprovevoli. Il biasimo non è solo un conto che si fa con se stessi, ma lo si sente arrivare da fuori. "Sappiamo che ci vergogniamo di qualcosa", recita l'*Atlante*, "quando vogliamo scomparire, ai nostri stessi occhi oltre che a quelli degli altri". Voler scomparire: utile sentinella.

A una persona che si vergogna puoi chiedere di subire qualunque cosa. Lo sa chi ha subito una truffa. Per non far sapere ai nostri cari di avere perduto soldi alle slot machine, di avere scaricato un filmato porno, di avere una corrispondenza amorosa con un sedicente medico della Nato di stanza in Bosnia conosciuto su Instagram inventiamo bugie, allestiamo vite parallele, versiamo a estranei somme incredibili di denaro. Una puntata della terza stagione di *Black Mirror* si intitola "Zitto e balla" e racconta bene la potenza coercitiva del vergognarsi. Il timido e gentile protagonista Kenny si masturba davanti a foto pornografiche, e un malware lo filma. Poco dopo riceve un messaggio: fa' ciò che ti diciamo, o il filmato e le foto verranno spediti a tutti i tuoi contatti, svergognandoti. Kenny fa ciò che gli hacker gli chiedono, in una spirale crescente di abiezione. Consegna pacchi misteriosi, rapina banche, partecipa a un feroce duello, arriva a uccidere un uomo.

I personaggi che incontra sulla sua strada e noi spettatori pensiamo, a ogni escalation di violenza: ma insomma, ha solo guardato qualche foto porno, lo fanno tutti; capiamo l'imbarazzo, ma piuttosto che rapinare una banca, pensiamo, potrebbe ben accettare di essere "smascherato". Il finale ci contraddice[27] ma il centro della storia è la possibilità concreta che un sentimento di vergogna sia sproporzionato rispetto al suo oggetto, unita al

[27] Kenny ha *davvero* commesso una cosa di cui è previsto che debba vergognarsi.

meccanico impulso a fare di tutto perché nessuno venga a conoscenza di quel che è successo.

Sentimenti di paralisi, difficoltà a prendere le redini della situazione, passività, senso di fallimento; desiderio di nascondersi, ricerca di segretezza, volontà di "passare oltre", cambiare discorso, non parlarne. Le reazioni alimentate da colpa e vergogna sono il contrario della ribellione, del sovvertimento della gerarchia che si è rivelata ingiusta, della vendetta. Non è un caso che gli antropologi moderni abbiano attribuito loro funzioni cardinali nel mantenimento di interi ordini sociali. Di "società della colpa" versus "società della vergogna" teorizza per esempio l'antropologa Ruth Benedict già negli anni Quaranta, opponendo a culture del primo tipo, come il cattolicesimo della *penitenza*, culture fondate sulla vergogna, come il Giappone dei suicidi rituali. Sono esempi semplificati, che non tengono conto della complessità reale né del cattolicesimo, né del Giappone; ma in estrema sintesi la differenza tra i due sistemi di controllo sociale si riassumerebbe in quella tra pentimento e sanzione privati o pubblici. La funzione fondamentale dei due sentimenti, però, è la medesima: il rinforzo di regole e il mantenimento in vita di gerarchie, a beneficio del sistema che le genera. Una persona che si vergogna non contesterà che la regola che ha violato sia insensata o sadica. Si vergognerà, e resterà al suo posto.

Questo è spesso vero, l'epoca ce l'ha insegnato, per la vergogna di tipo sessuale. Quasi più nulla, in questo campo, ci sembra così vergognoso da dover cedere persino a un ricatto, piuttosto che rivelarlo. Nessuna preferenza, nessuna disforia, non molte perversioni. L'idea di dire a qualcuno di aver ricevuto una molestia, bloccata dal sentimento feroce di *essersela andata a cercare*, è invece ancora difficile.

Quando subisci un ricatto sessuale, per esempio, ti chiedi a chi potresti confidarlo senza che ti venga rinfacciato. Non alla tua collega che col capo a pranzo non ci andava, che obietterebbe, o penserebbe, che tu *l'hai incoraggiato*. Non all'ufficio del personale: il novanta per cento dei casi di molestie sessuali comprovate (e lasciamo perdere le ridicole "prove" che tu avresti in mano, cioè una decina di sms ai quali rispondi pure, in genere in modo entusiasta) finisce con la polverizzazione della carriera della denunciante, o come minimo col suo spostamento in un altro ufficio. Non al tuo compagno, che resterebbe male. Non in famiglia, dove sarebbero mortificati di saperti finita così. Non alla tua amica più furba, che ti direbbe di esserne lusingata. Perché hai risposto sì a quegli inviti a pranzo? Sei una cretina.

Così tu resti zitta, e il tuo capo con la stilografica azzurra ha spazio per farsi avanti con Roberta, e con Giulia, e con la collega dell'ufficio di fronte; nessuna parla con nessun'altra, perché cosa penserebbero? Sei una cretina.

Nei ceti più poveri le donne hanno sempre contribuito al lavoro agricolo delle proprie famiglie. Ma il loro ingresso di massa nella popolazione attiva, in Italia, avviene a partire dalla seconda metà dell'Ottocento con lo sviluppo della grande industria, soprattutto tessile. Vi erano esposte a ogni genere di molestia e promiscuità. Tanto che papa Leone XIII, nella sua enciclica *Rerum Novarum* sulle questioni sociali (1891), ripete che il posto della donna è a casa in senso anche protettivo. "Certe specie di lavoro non si addicono alle donne, fatte da natura per i lavori domestici, i quali grandemente proteggono l'*onestà* del sesso debole." Nessun papa trovò mai da ridire a che le donne lavorassero nei campi, con parenti maschi e fratelli: la minaccia all'"onestà" delle donne era la fabbrica, con i suoi ritmi lontani dalla natura e la lontananza dallo sguardo protettore dei maschi di casa.[28]

"Ho 17 anni e lavoro in una casa di spedizioni. Ho due principali. Il primo, giorni or sono, mi fece certi atti da dongiovanni. Il secondo mi mise le mani addosso e tentò di baciarmi." "Ho 18 anni, segretaria, seria. Il mio principale è un uomo sposato di 40. Mi ha assunta perché gli piacevo. Mi invitava a fare passeggiate in macchina; rifiutavo e diceva che mi avrebbe licenziato. Così ci andai, e fui sua." Italia, 1959. Il libro *Le italiane si confessano*, della sociologa Gabriella Parca, uscì quell'anno, raccogliendo 8 mila lettere inviate alle rubriche di posta del cuore dei giornali. Un capitolo intero si intitola "Rapporti col principale". Le storie da ufficio narrate nelle lettere parlano di un'epoca in cui le donne, da poco entrate in massa nel mondo del lavoro, erano considerate un benefit del "principale", che poteva corteggiarle, chiedere loro sesso, ricattarle, senza timore alcuno. Nei tanti manuali di comportamento proposti alle donne nei decenni tra l'Unità e il Sessantotto, abbondano le istruzioni per non attirarsi molestie. "Un contegno sotto zero", di persona "seria e semplice che non permette confidenze" dovrebbe bastare, recita per esempio una *Diplomazia femminile* che spo-

[28] Eppure il papa non aveva ragione: lo dimostrano le statistiche elettorali dell'affluenza quando si votò per l'aborto. Nelle campagne e nelle zone montane, tradizionalmente, trionfava l'astensionismo, soprattutto femminile. Nel 1981, al doppio referendum indetto per far tornare illegale l'aborto (da destra) o per estendere la legge che lo disciplinava, la 194 (da parte dei radicali), l'affluenza nelle zone rurali fu insolitamente in linea con quelle urbane. Le donne delle campagne e soprattutto delle zone montane più remote erano tormentate dalle violenze sessuali: il "martirio" di Maria Goretti in campagna, avvenuto all'inizio del Novecento, era lì a dimostrarlo. Spesso le violenze lasciavano conseguenze e le donne erano costrette ad abortire pericolosamente. Quando si trattò di dire la loro sull'interruzione di gravidanza, ancorché residenti in zone profondamente cattoliche, volarono a difenderlo alle urne praticamente in massa.

polava durante il fascismo. Che raccomanda, "se un vostro superiore tentasse delle galanterie", di "non mettersi subito irsutamente sulle difensive con arie da regine offese, rispondendo magari con frasi irrimediabili: ricordatevi che siete davanti ad un superiore, e che la vostra offesa potrebbe ritorcersi a vostro danno e quindi... benedetta diplomazia". Ai primi complimenti "fingete di non comprendere e continuate sorridendo il vostro lavoro; se l'interessamento si accentua, arginatelo con la vostra semplicità". Se proprio "le insistenze si facessero sempre più pressanti, dimettetevi. Sarà doloroso ma non vi è altra via per salvare la vostra dignità ed... il resto".

Per molti anni, nel sentire comune, una donna che lavorava era di per sé "compromessa"; togliere la moglie dal lavoro anche prima del primo figlio era uno status symbol negli anni del boom economico; qualunque lavoro, dalla fabbrica alle professioni (aperte alle donne e con riserve solo dal 1919), era un feudo maschile, nel quale la donna-preda metteva piede, se spinta dalla povertà o da ubbie emancipatorie, a suo chiaro rischio e pericolo. Ed era una cultura non soltanto italiana. Le prime stagioni di *Mad Men*, serie ambientata negli anni Sessanta in un'agenzia pubblicitaria di New York, descrivono una situazione molto simile. Le mansioni di segretaria, le sole con cui una ragazza trovasse impiego presso la Sterling & Cooper di Madison Avenue, accorpavano quelle di cameriera, infermiera, badante, amante. Nessuno trovava alcunché da ridire.

Finché, come accade, qualcuna trovò da ridire.

La scintilla di una delle più grandi rivoluzioni femministe del costume sarebbe stata innescata proprio da un episodio di sessismo da ufficio. "Smart, so she doesn't have to be" era un claim pubblicitario datato 1972 per le macchine da scrivere elettriche

Olivetti. La campagna pubblicitaria di cui il marchio aveva tappezzato giornali e riviste negli Stati Uniti si basava su un concetto impubblicabile oggi (forse). L'impiegata più brava non era per forza la più brava, ma quella che scriveva su una Olivetti. Cioè la macchina da scrivere "intelligente, così non deve esserlo lei". "Lei" compariva in foto: una giovane modella scollata. Shirley Diana Gregory, una delle modelle, si ribellò. Non era stata avvertita, ricordò in molte interviste qualche anno dopo, che la campagna l'avrebbe fatta passare per stupida.

Parente dei già noti sentimenti di *vergogna* e *colpa* è l'*umiliazione*, un altro stato d'animo con cui soprattutto nei primi anni di lavoro si viene a contatto spesso. E un buon esempio di umiliazione potrebbe essere proprio questo: fare un servizio pubblicitario per un oggetto anodino come una macchina da scrivere, e scoprire vedendolo affisso su un cartellone che sotto la tua faccia c'è scritto "stupida".[29]

Come la vergogna, l'umiliazione si manifesta "con la voglia di scomparire" (sempre l'*Atlante*). Come la vergogna, spesso si trasforma in collera. Ancora una volta in questo *Statuto* le illustrazioni migliori di alcuni sentimenti che proviamo al lavoro vengono dalle memorie di vite monastiche: sull'*humilitas*, e sul tentativo di imporla ai confratelli, il mistico cistercense del XII secolo Bernardo di Chiaravalle, detto *Doctor mellifluus* (era un complimento), notò opportunamente che "molti di coloro che vengono umiliati non diventano umili, e alcuni reagiscono con violenza".

[29] O, per attingere alla cronaca più recente, scoprire che i tuoi colleghi hanno un file Excel in cui sei catalogata come "cessa", però "scopabile" se "messa a pecora": questi erano i commenti condivisi nella famigerata "chat degli 80". Vi partecipavano un'ottantina di professionisti di una grande agenzia pubblicitaria milanese. L'esistenza di questa chat è stata rivelata nel 2023 in un'intervista su Facebook, ma la sua scoperta da parte dell'agenzia risale a qualche anno prima, senza particolari provvedimenti disciplinari.

Shirley Diana Gregory non colse, dallo slogan della pubblicità, un invito a "considerarsi e dichiararsi inferiore a tutti" come Bernardo di Chiaravalle l'avrebbe ammonita a fare.[30] Si rivolse invece all'ufficio newyorchese di un'organizzazione femminista, la National Organization for Women, dove le sue rimostranze furono prese sul serio. Il ruolo di Shirley nella pubblicità era "lo stesso che toccava a molte donne negli Stati Uniti. Una maggioranza silenziosa di oggetti sessuali, i cui sentimenti sono ignorati o sfruttati"[31]. La modella, che coi proventi dei servizi di moda si pagava un dottorato in storia sociale alla Columbia University, fu invitata come relatrice a diversi convegni dell'associazione.

Quattro anni dopo firmava con lo pseudonimo di Shere Hite il più celebre rapporto sulla sessualità femminile mai pubblicato, il *Rapporto Hite*.

Il *Rapporto Hite*, pubblicato nel 1976, era basato su 3.019 interviste a donne americane sul tema della sessualità, e l'idea era germogliata proprio al primo ritrovo della National Organization for Women dove Shere Hite era stata invitata.

Il dibattito era cominciato, come da cartellone, proprio discutendo il caso della macchina da scrivere. Ma nel pieno stile dell'epoca era passato presto a discutere di orgasmo. Dai gruppi

[30] Gli undici Gradi dell'umiltà teorizzati da Bernardo, a leggerli, sono una perfetta guida per un dipendente di un'azienda, specie se un po' all'antica; anzi, sono proprio i comportamenti generalmente richiesti. Bernardo di Chiaravalle li enumera su una scala in salita. Eccone alcuni. Manifestare sempre umiltà, di cuore e di corpo, con gli occhi fissi a terra: e vengono in mente le retoriche dell'"umiltà" di cui sono permeati lo sport, il mondo dello spettacolo, le culture aziendali. Riconoscersi e credersi inutile a tutti e indegno di tutto. Con obbedienza abbracciare le difficoltà. In piena obbedienza, sottomettersi agli anziani. Non amare la propria volontà. Il perfetto monaco, "umiliato", è anche il dipendente perfetto.

[31] *Der Spiegel*, maggio 1977.

di autocoscienza veniva una verità incontestata: la maggioranza delle donne, durante il sesso con uomini, non lo provava. Molte non lo avevano provato mai. La prima pubblicazione di Shere Hite, datata 1974, si intitolerà *Sexual Honesty*. Il rivoluzionario *Rapporto* sarebbe uscito due anni dopo.

Hite, morta nel 2020 a 77 anni, ha contribuito alla carica rivoluzionaria degli anni Settanta con questi studi. La conclusione essenziale e generale che le sue ricerche, condotte sulla base di centinaia o migliaia di interviste, sembravano trarre, era che le donne non avessero affatto bisogno della penetrazione per raggiungere il piacere; che anzi spesso la penetrazione lo ostacolasse; che non avessero, in estrema sintesi, bisogno di maschi *tout court*. Una conclusione che oggi sembra ovvia (forse; forse torna invece dirompente per le generazioni più giovani educate da Pornhub) ma che all'epoca diede luogo a tante reazioni, non tutte composte, che Hite decise infine di lasciare i natii Stati Uniti, rinunciando perfino alla cittadinanza.

Il *Rapporto Hite* ha venduto, in tutto il mondo, cinquanta milioni di copie: quando è uscito, nel 1976, la rivoluzione sessuale del decennio precedente aveva già liberato la possibilità delle donne di cercare più partner sessuali nella loro vita e di separare, volendo, la sessualità dall'amore, ma restava da scardinare la dinamica incentrata sul maschile che ancora dominava nel sesso e nella concezione stessa del piacere e di cui nessuna osava parlare. Il *Rapporto Hite* lo faceva, con due messaggi. Ai lettori maschi diceva: state sbagliando tutto.

Alle lettrici diceva una cosa più potente ancora: no, non succede solo a te.

C'è un sentimento specifico che ha una grande forza liberatrice e per cui nemmeno nel superattrezzato vocabolario tedesco, o nell'*Atlante delle emozioni*, c'è una parola. Ed è quello di quando osi raccontare una tua esperienza privata e scopri che anche la tua interlocutrice ci è passata, solo che non lo diceva; non lo diceva prima che gliene parlassi tu; e insieme capite meglio cosa ha significato.

Su questo sentimento specifico si è basata, anche prima dei lavori di Shere Hite, l'intera rivoluzione sessuale. Inquinato dalle "buone intenzioni" delle aziende in pieno pink-, green- e rainbow-washing, e spesso riferito a sentimenti che di eversivo non hanno più nulla,[32] è tornato a dilagare negli ultimi anni su Instagram e sui social, diventati chiassosi gruppi di mutuo aiuto.

Shere Hite, ricercatrice con un piede nel giornalismo – questo le rimproveravano i detrattori –, ne aveva fatto il motore della sua ricerca.

Una nota di metodo, che vale per i *Rapporti* stilati da Shere Hite[33] quanto per molte delle ricerche contemporanee sulla disaffezione verso il lavoro, tra cui questa. I detrattori di Shere Hite criticavano il metodo messo a punto da lei come "statisticamente non rigoroso". Hite inviava decine di migliaia di questionari per posta, e qui c'era un primo squilibrio: le associazioni di cui si serviva per ottenere gli indirizzi delle donne da interpellare erano associazioni femministe, quindi già orientate e probabilmente più insoddisfatte dei rapporti tra i generi. Anche la numerosità del campione era criticata. Per esempio per il *Rapporto Hite* ne inviò centomila e solo tremila le tornarono indietro, compilati.

Sono obiezioni comprensibili anche a un non addetto ai lavori. Il *Rapporto Hite*, però, è stato miliare. Quattromilacinquecento

[32] Basta, per favore, basta, parlare di "stigma mestruale" se si vive in un Paese del G20.

[33] Dopo il *Rapporto Hite*, 1976: il rapporto Hite sugli uomini, non tradotto in italiano, 1981; *Le donne e l'amore*, 1987; *Sesso & Business*, 2000.

questionari consegnati su centomila distribuiti (per *Le donne e l'amore*) erano pochi per il canone della sociologia; hanno avuto così tanta forza, però, da cambiare la sensibilità globale su un argomento fino ad allora molto mistificato.

Allo stesso modo, e soprattutto in Italia, le ricerche sulle cosiddette "grandi dimissioni" sono state incentrate soprattutto su un aspetto quantitativo: il fenomeno c'è stato o no? 2,2 milioni di dimissioni volontarie nel 2022 sono tanti o pochi? I dimissionari hanno in gran parte cercato un altro lavoro: contano come dimissionari o no? E così via. Eppure, tanti o pochi, calcolati con un parametro o con l'altro, i molti lavoratori che contemporaneamente hanno manifestato forme di scontento circa le condizioni a cui erano costretti hanno contribuito eccome ad avviare un dibattito.

Come le donne di Shere Hite, che – tante o poche – parlavano. E con una franchezza e una vivacità di dettagli che furono uno tsunami culturale per molte, moltissime altre. Sentirsi sola in un matrimonio, come le donne di *Le donne e l'amore*. Avere rapporti sessuali per quieto vivere e non venire mai, mai, mai se non da sole, come quelle del *Rapporto Hite*. Avere rapporti e avere durante e dopo dolori strazianti. Avere rapporti pensando ad altro. Sei frigida. Tutte le altre ce la fanno. Nessuna la fa tanto lunga.

Esserci uscita a cena due volte, più che altro per non indisporlo, e ora essere perseguitata dai suoi messaggini. Sei una cretina. Averci flirtato, ma aver cambiato idea. Sei una cretina. Sentirsi in dovere di saldare un conto. Rimproverarsi di non essere stata più chiara. Alle altre non succede. C'è una chat dei maschi dell'ufficio e uno scrive che ti infilerebbe le palle in gola, il cazzo nel culo, hai le tette come due bisacce, sei una cessa ma con un sacchetto in testa ti si scoperebbe, sei grassa ma stai bene a pecora,[34] devi lavorare con questa gente qui, ti sembra umiliante? Oh scusa, principessina, te ne puoi sempre andare.

Finché, dopo tentativi andati a vuoto, messaggi cifrati per vedere se l'interlocutrice capisce, dettagli rivelatori e intuizioni fondate, trovi un'altra come te con cui parlarne. E poi un'altra. E un'altra. No, non sei frigida. Non sei una cretina, non sei la sola che non ce la fa, non sei la sola per cui è impossibile lavorare con questi qui, non sei la sola che "l'ha incoraggiato". Non sei la sola che guadagna meno dei colleghi che le guardano le tette e le commentano tutto il giorno e deve pure prendere da loro ordini, che se protesta viene demansionata, che riceve messaggi del capo a ogni orario e non sa non rispondergli. Quello della stilografica azzurra? Lo ha fatto anche a me. Ci ho messo un anno di psicoterapia per capirlo. Ci sono anch'io.

E anche io. E anche io.

E "anche io", non a caso, è stato lo slogan finora più universale del millennio. Me Too. Anzi, MeToo: un hashtag, scritto tutto attaccato. Forse questa parola nuova, *MeToo*, potrebbe diventare provvisoriamente l'etichetta del sentimento, nitido, di cui sopra: dirsi l'uno con l'altro che ci succede una cosa, e nel dirselo trasformare la vergogna in qualcosa di nuovo e meno solitario.

Per esempio in rivendicazione.

Riesce difficile, a posteriori, spiegarsi come proprio la rivoluzionaria Shere Hite abbia dedicato un saggio al sesso nei luoghi di lavoro e mancato di trasferirvi questo sentimento. Proprio lei che l'aveva inventato.

Sesso & Business, pubblicato nel 2000, è il solo rapporto della sua lunga bibliografia a non basarsi su migliaia di interviste

[34] Ancora la chat dei pubblicitari di cui alla nota 29.

anonime a risposta aperta, come lo scandaloso *Rapporto Hite*, *Le donne e l'amore*, *Sexual Honesty.* Le interviste del *Rapporto Hite* a donne qualunque erano migliaia, e a risposta aperta; quelle alle dipendenti di grandi aziende di *Sesso & Business* sono appena 95, e con risposte a crocette. L'attenzione maggiore Hite la dedica agli amministratori delegati, intervistandone 21 personalmente e riportando le loro risposte, aperte e non a crocette, per intero. Al tema delle molestie sessuali è dedicato soltanto un capitolo; il resto del libro cerca di stabilire se davvero, al netto dell'attrazione reciproca, uomini e donne possano lavorare insieme, e la risposta è a grandi linee che le donne devono prima liberarsi dei complessi da "brava bambina" o dal lolitismo con cui proietterebbero, sui loro superiori, la figura paterna. Più che di molestie o ricatti si parla di "favori" sessuali, e la domanda al riguardo si chiede se funzionino: "Se ne avete distribuiti", chiede Hite alle donne, "vi sono stati d'aiuto per la carriera?". (Risposte: 14 per cento sì, 26 per cento sì ma in modo insoddisfacente, 21 per cento avrebbe preferito una ricompensa in denaro, 29 per cento no.) Le più opportuniste si regolino.

Sesso & Business, dunque, non ebbe nemmeno un centesimo del potenziale eversivo dei precedenti *Rapporti Hite.* Vedeva del resto le stampe nemmeno due anni dopo il "sexgate" alla Casa Bianca, quando una giornalista, Paula Jones, aveva accusato il presidente Clinton di molestie sessuali, e la sua ex stagista Monica Lewinsky era stata travolta da uno tsunami di vergogna in mondovisione. Il caso letterario dell'anno era stato *La macchia umana*, di Philip Roth, che additava le possibili derive tragiche del moralismo nei luoghi di lavoro, di potere, di cultura; evitare di istituire una polizia morale in queste sedi sembrava la principale preoccupazione del momento, e anche della Shere Hite non più rivoluzionaria di *Sesso & Business*.

Hite aveva incendiato il campo della sessualità consensuale, ancorché "liberata" dal Sessantotto, con la scintilla di un sentimento collettivo: di un "anche io". Non era arrivata a mettere in discussione anche le intersezioni tra sesso e potere presenti fuori dalla sfera privata, per esempio al lavoro.

Perché questo avvenisse dovevano passare ancora 17 anni.

"Come esco da questa stanza senza inimicarmi Harvey Weinstein?" È così, con la domanda che l'attrice Ashley Judd racconta di aver posto a se stessa di fronte a un'avance diretta del produttore/plenipotenziario, che il *New York Times* apre il suo pezzo-rivelazione del 5 ottobre 2017, "Harvey Weinstein ha pagato per decenni il silenzio di chi lo accusava di molestie". Come Ashley Judd testimoniano nell'articolo tante altre attrici, modelle, assistenti, ammiratrici, aspiranti. Lo schema era simile: appuntamenti in hotel per colloqui o conversazioni di lavoro sfociavano nella richiesta di un massaggio, nell'esibizione di parti intime o in un agguato. Le donne vittime delle molestie erano perlopiù "desiderose di infilare un piede nell'uscio dello star system", scrive il *Times*, e dunque inclini ad accettare appuntamenti anche a orari o in luoghi insoliti. La condotta del super produttore andava avanti da decenni. Già alcune sue dipendenti si erano consorziate e lo avevano minacciato, anni prima del 2017, di smascherarlo sui giornali: lui aveva risolto, come sempre, con una transazione extragiudiziale.

Non è sempre facile capire perché un movimento decolla; perché il gruppetto di dipendenti non innesca una rivoluzione, un articolo sui giornali non innesca una rivoluzione, un hashtag non innesca una rivoluzione, e poi in un diverso momento lo stesso raggrupparsi, lo stesso articolo, lo stesso hashtag invece prendono fuoco. Ma a ottobre 2017 andò così.

Dopo l'articolo del *New York Times* vennero a galla in pochi giorni le testimonianze di attrici famose: Angelina Jolie, Gwyneth Paltrow, Rosanna Arquette, Rose McGowan; e così via. L'8 ottobre Harvey Weinstein fu licenziato dalla Weinstein Company, che aveva contribuito a fondare; il 10 ottobre il settimanale *New Yorker* pubblicò un'altra inchiesta, firmata da Ronan Farrow, che dava voce alle sue accusatrici. Altre donne di spettacolo, come Lena Dunham, allargarono il discorso oltre Harvey Weinstein, all'intera "cultura delle molestie" che avvolgeva Hollywood. Nei mesi precedenti, del resto, lo stesso *New York Times* aveva ricostruito storie simili di molestie sistemiche nell'emittente Fox News, nella Silicon Valley e ora a Hollywood. In tutti e tre i casi emergevano elementi costanti, gli stessi della vicenda Weinstein: i molestatori offrivano più o meno copertamente avanzamenti di carriera, e poi in un secondo momento passavano "all'incasso"; oppure costruivano una relazione con la vittima, dapprima di tipo amicale, per poi sfoderare *avances*. Un'altra costante era la disparità gerarchica tra molestatore e molestata; la stragrande maggioranza dei casi che i giornalisti erano riusciti a documentare, infine, si era chiusa con un accordo extragiudiziale e la clausola di riservatezza, rendendo impossibile intervistare le vittime anche dopo decenni.

Il 15 ottobre l'attrice Alyssa Milano scrisse su Twitter: "Se sei stata molestata o aggredita sessualmente scrivi 'me too' nelle risposte a questo tweet". Nelle prime dodici ore raccolse cinquecentomila risposte; Facebook registrò dodici milioni di interazioni collegate all'hashtag #MeToo; per l'intero anno seguente, cioè fino a ottobre 2018, #MeToo fu twittato e ritwittato una media di cinquantacinquemila volte ogni giorno. L'hashtag #MeToo era stato usato per la prima volta dall'attivista Tarana Burke nel 2006. Era la parola d'ordine di una campagna a sostegno delle donne nere vittime di stupro o molestie. Lei ha poi raccontato nel tempo che intendeva non solo dimostrare quanto queste, più di altri gruppi sociali negli Stati Uniti, vi fossero esposte; ma anche imbastire una sorta di gruppo telematico di mutuo aiuto, in cui il riconoscimento reciproco potesse portare a una "guarigione". Non immaginava che anni dopo lo stesso slogan sarebbe stato la benzina di una rivoluzione anche per molte altre.

Conseguenze immediate del #MeToo, lemma oramai diventato autonomo e, sganciato dal cancelletto dell'hashtag, presente in enciclopedie e dizionari.

I giornalisti di *New York Times* e *New Yorker* che avevano smascherato Harvey Weinstein e innescato l'intera valanga meritarono il Pulitzer.

Harvey Weinstein sta scontando due condanne a 23 e 16 anni di carcere per violenze sessuali.

A seguito delle inchieste e delle denunce che nelle settimane seguenti coinvolsero ogni campo, decine e decine di molestatori vennero licenziati. Secondo la voce "MeToo" dell'Enciclopedia Britannica persero il posto negli ultimi mesi del 2017 circa duecento alti dirigenti di ogni settore.

Il punto delle proteste, hanno ripetuto spesso le loro organizzatrici, non è mai stato di far finire in prigione, o nemmeno licenziati, gli uomini che le avevano tormentate. Bensì di far sentire meno sole le vittime; e per mezzo di questo sentimento, cambiare una cultura diffusa circa il consenso, l'intersezione tra relazioni sessuali e di potere, l'accesso ai corpi femminili.

Conseguenze meno immediate, forse più a lungo termine: quest'ultimo cambiamento collettivo si è avviato.

Non è del resto la prima volta, nella storia moderna e contemporanea, che un sentimento come il *disprezzo* viene convertito in arma di difesa, e rivolto dal gruppo che lo subisce a quello che finora glielo ha inflitto. L'*Atlante delle emozioni umane* evidenzia, alla voce "Disprezzo", proprio questo potenziale.

Gli esempi che cita, non a caso, sono femminili e collettivi. Le donne britanniche del Cinquecento e del Seicento: se rispondevano male ai loro mariti potevano essere condannate per il reato di *scolding*, e costrette a indossare una mordacchia chiodata per "tenere a posto la lingua". Esempio preclaro di un disprezzo secolare, che molto tempo dopo le proteste delle suffragette rovesciarono, deridendo e schernendo il sistema oppressore. La notte del censimento 1911, per esempio, le suffragette la trascorsero fuori casa, scorrazzando in pattini a rotelle per non farsi trovare, quindi registrare, dagli ufficiali. "Se non contiamo, non ci contate." Equivalente contemporaneo: il concetto di *mansplaining*. Come ribellione a una cultura dove ci si aspettava un tasso di deferenza *naturale* garantito da un gruppo a un altro – le donne agli uomini, i giovani ai vecchi – ecco lo sfottò, certo livido, verso gli *uomini che ti spiegano cose*. Allo stesso modo, la vergogna della persona molestata viene rovesciata politicamente in *svergognamento*: "naming and shaming", fare nomi e svergognare. Questo è un maiale. Questo pure. Quest'altro anche.

Per molti è una "gogna", e in effetti il diritto moderno ha teso per anni a minimizzare il valore spettacolare delle punizioni, in favore della tutela della reputazione anche del reo. Nel "naming and shaming" di movimenti come il #MeToo, lo scherno è rivolto anche allo stesso diritto, che è additato come insufficiente a proteggere le donne nei luoghi di lavoro, nei luoghi pubblici, in casa. Soprattutto nei luoghi di lavoro. Tra le forze propulsive del cambiamento di molti sentimenti collettivi circa il lavoro, negli ultimi anni, c'è senz'altro l'indignazione sollevata dal movimento #MeToo per l'ipocrisia e la violenza di molti ambienti lavorativi. Ed è per questo, più che per la sola questione delle molestie, che in questo *Statuto* è un'esperienza rilevante.

Come scrive[35] la ricercatrice militante Sarah Jaffe, autrice di *Il lavoro non ti ama*, "se l'anno del #MeToo ha dimostrato qualcosa, è anche stato quanto poco i sistemi cui apparteniamo ci tutelino", e quanto le regole che dovrebbero disciplinare i comportamenti dei loro membri siano farisaiche. Le molestie sessuali ne sono un ottimo, ma non l'unico, esempio: quanti luoghi di lavoro fanno rispettare davvero gli orari di lavoro previsti e le norme sulla sicurezza? E a chi ci si rimette se ciò non accade? E a spese di chi? Se c'è un capo che umilia o vessa i suoi sottoposti, viene davvero punito?

Né i regolamenti aziendali né le leggi in vigore hanno poi molti mezzi per tutelare davvero le vittime di molestie sessuali; la raccolta delle prove è un processo spesso complicato; la ribellione, dunque, è quella di *farsi giustizia da sole*.

Il termine di "molestia sessuale" è comparso nella legge italiana non prima del 2005, e nel codice penale non esiste ancora un reato specifico.[36] Il decreto legislativo che per primo

35 "The Collective Power of #MeToo", *Dissent Magazine*, primavera 2018.

36 Esiste la violenza sessuale (art. 609 bis c.p.), o la "molestia" la cui definizione però è generica (art. 660 c.p.). Finora i comportamenti sessualmente molesti o non sono stati riconosciuti o sono stati riferiti ad altri reati: o sono stati assimilati alla violenza sessuale, nei casi più gravi, o sono stati ridotti a violenza privata. Già da due legislature c'è chi tenta di introdurre il reato di molestia sessuale nel codice penale: il più recente disegno di legge è stato presentato dalla senatrice Pd Valeria Valente, e disegna l'introduzione di un articolo 609 ter. 1 del codice penale in cui si punisca con la reclusione da 2 a 4 anni "chiunque, con minacce, atti o comportamenti indesiderati a connotazione sessuale, in forma verbale o gestuale, reca a taluno molestie o disturbo violando la dignità della persona". Specificamente, se il fatto è commesso al lavoro o a scuola, e in un rapporto gerarchico, la pena può aumentare della metà.

introduce il termine è, non a caso, in materia di lavoro. È il 145 del 2005, che recepisce una direttiva europea di tre anni prima in materia di "parità di trattamento tra gli uomini e le donne, per quanto riguarda l'accesso al lavoro, alla formazione e alla promozione professionale e le condizioni di lavoro". Siamo nel 2005; le donne, negli uffici e nelle fabbriche italiani, lavorano gomito a gomito da ben più di cento anni.

Per questo decreto sono molestie sessuali "quei comportamenti indesiderati a connotazione sessuale, espressi in forma fisica, verbale o non verbale, aventi lo scopo o l'effetto di violare la dignità di una lavoratrice o di un lavoratore e di creare un clima intimidatorio, ostile, degradante, umiliante o offensivo". Tradotto? Non contano le intenzioni di un molestatore, non conta cioè se la sua condotta abbia "lo scopo" di mortificarti o semplicemente "l'effetto". Può essere una barzelletta, un meme scambiato nelle chat tra colleghi, una serie di battute, apprezzamenti fisici, "galanterie"; un invito a cena che non si sa se si può rifiutare o no; una battuta che chi la fa crede spiritosa, un complimento che chi lo offre intende galante. Conta però – per la legge, non per le tue amiche che ti danno sempre ragione o per i tuoi famigliari, proprio per la legge dello Stato – l'"effetto", cioè la sensazione percepita da chi subisce. Vergogna, senso di colpa, mortificazione, disprezzo di sé. Ancora le sgradite e utili sentinelle. La legge dello Stato, qui, avrebbe la precedenza anche sul diritto millenario che vige nella regione degli abusi. Per la legge, cioè, non sei tu a "non dover incoraggiare". È il molestatore a dover imparare a capire se ti va o no.

Benissimo la legge. E come va nella cronaca? Quante donne riguarda questa "percezione soggettiva di disagio"? Poche mitomani? Alcune vittime designate? Una minoranza di magnifiche che vanno al lavoro vestite molto succinte? L'Istat[37] stima che siano 1 milione 404mila (8,9 per cento delle lavoratrici) le donne che hanno subito molestie fisiche o ricatti sessuali sul posto di lavoro: 425mila (2,7 per cento) nei tre anni precedenti alla chiusura della più recente indagine in materia. Con riferimento ai soli ricatti sessuali sul luogo di lavoro si stima che, nel corso della vita, 1 milione 173mila italiane (7,5 per cento) ne abbiano subiti per essere assunte, per mantenere il posto di lavoro o per ottenere progressioni nella carriera.

Al momento dell'assunzione ne sono state colpite più spesso le donne impiegate (37,6 per cento) o le lavoratrici nel settore del commercio e dei servizi (30,4 per cento), quindi cameriere, hostess, commesse. La quota maggiore delle vittime dopo l'assunzione, invece, lavorava o cercava lavoro nel settore delle attività professionali, scientifiche e tecniche (20 per cento) e in quello del lavoro domestico (18,2 per cento), cioè rispettivamente in settori "da maschi" e in un ambito poco regolato.

Nell'11,3 per cento dei casi le donne vittime hanno subito più ricatti dalla stessa persona. Il 32,4 per cento dei ricatti viene ripetuto ogni giorno o più volte alla settimana, e del resto gli esperti in materia concordano che il molestatore, in genere, sia seriale. La grande maggioranza delle vittime (69,6 per cento) ritiene molto o abbastanza grave il ricatto subito.

Eppure denunciano? Ma a chi? Figuriamoci.

Sempre dall'Istat. Nell'80,9 per cento dei casi, le vittime non ne hanno parlato con alcuno sul posto di lavoro. Solo lo 0,7 per cento ha denunciato il fatto alle forze dell'ordine. Sette su mil-

[37] Indagine multiscopo sulla sicurezza dei cittadini 2016, la più recente disponibile.

le. La domanda sul "perché così poche" è retorica: a campione, prendo da una delle molte indagini in materia le risposte più frequenti e rappresentative, e sono senza sorpresa "Temevo di peggiorare il conflitto"; "Avevo un contratto precario"; "Il capo era diventato aggressivo".[38]

Queste risposte riassumono i problemi rilevati da tutti gli esperti: provare una molestia non è semplice, chi molesta non di rado è potente, nella vittima scatta un senso di vergogna ("Penseranno che sia stata disponibile, o che ne abbia approfittato"). Non solo: per molte delle nostre care, benemerite, generose imprese private chi rende pubblica una molestia rappresenta soprattutto un problema.

Proprio come nella Hollywood di Harvey Weinstein, anche le aziende tendono – nel novanta per cento dei casi, mi dice un'avvocata del lavoro – a trovare soluzioni extragiudiziali. Formalmente quasi tutte le aziende offrono percorsi interni per far presente le molestie alla dirigenza, o all'ufficio del personale. Ed esiste, in alcuni casi, la possibilità di un congedo retribuito di 90 giorni per chi può dimostrare di aver subito un danno psicologico dalle molestie. Quando però la vittima vuole fare causa, in genere la prassi è di offrirle un compenso perché si cerchi un altro lavoro e rinunci all'azione legale. Quasi tutte accettano: nemmeno chi arriva a denunciare, poi, vuole tornare nel vecchio ufficio, con lo stesso collega molesto che spesso è pure un suo superiore. La mia amica che al lavoro si sentì dire che per restare doveva scopare col Fumagalli se n'è andata via; il Fumagalli è andato in pensione pochi anni fa, con una rumorosa festa d'addio dei colleghi.

[38] Da "Vita da scienziate", indagine della psicologa Tiziana Metitieri sulle molestie in ambiente accademico. Dove, *passim*, una donna su tre ha ricevuto "approcci sessuali inappropriati".

Che esporsi, e da sole, contro i Fumagalli e i Weinstein sia un rischio, è un segreto di Pulcinella che si impara già da stagiste. Come molte persone della mia generazione, non ho mai avuto in casa per molti anni una copia dello Statuto dei lavoratori; sul contratto collettivo nazionale che regola i miei rapporti professionali, e sancisce i miei diritti, ho persino dato una parte dell'esame di abilitazione, per poi relegarne tutti i 52 articoli e 13 allegati nel dimenticatoio.[39] In compenso ho in casa un buon numero di manuali di autoaiuto di quelli di cui la mia generazione si abbuffa, il più irritante dei quali si intitola *Corporate Confidential*.

Lo ha scritto, nel 2011, un'ex consulente per le risorse umane di nome Cynthia Shapiro, e io che in quell'anno ero semidisoccupata lo avevo comprato per imparare come rendermi irresistibile a un imminente colloquio; cercando su Google che fine ha fatto l'autrice, le sue più recenti tracce rimandano proprio al 2017 del dopo #MeToo, quando veniva interpellata come esperta da tv e siti di informazione per "informare" lettori e telespettatori dei rischi a cui andavano incontro decidendo di denunciare il capo per molestie sessuali. *Corporate Confidential* non è mai stato tradotto in italiano, probabilmente proprio perché nel nostro Paese vige lo Statuto. Ma la cultura aziendale di cui promette di svelarci le regole è sempre più diffusa nel nostro Paese, dove è di moda invocare gli standard americani di competitività del mercato del lavoro senza mai ricordare al contempo gli stipendi che vi corrispondono.

Dunque segreto numero uno: siete tutti licenziabili, anche se la legge vi illude del contrario. Protestate per qualsiasi cosa,

[39] Non solo io, ma anche il mio sindacato di categoria. Il mio contratto collettivo nazionale, compresi quindi i minimi salariali, è scaduto nel 2016 e non è mai stato rinnovato.

scrive Shapiro, e il vostro nome finirà in una lista nera; alla prima ristrutturazione, caso strano, voi finirete "ridimensionati" cioè licenziati, e la vostra collega Roberta, che oltre a essere l'amante di quello della stilografica cambia strada se in corridoio incontra il rappresentante sindacale, no.

Segreto numero due: lamentarsi di qualsiasi cosa con le risorse umane può costarti il posto, o almeno la carriera. Le risorse umane lavorano per il tuo padrone, mica per te; non hanno un vero e proprio obbligo al segreto professionale, perché qualsiasi cosa tu dica a un rappresentante della tua azienda diventa, di fatto, di interesse della tua azienda; se quello che vai a segnalare, in più, è anche passibile di denuncia, eccoti diventato ai suoi occhi una mina vagante che potrebbe portare tutti in tribunale. Un rischio che il responsabile delle risorse umane è pagato per evitare, anche a tuo discapito. E così via. Questo vale doppio, scrive Shapiro, se il comportamento che vuoi denunciare è una molestia, terreno scivoloso perché fonte di scandali. "Fatti piuttosto spostare, e ricomincia la tua carriera da quel nuovo ufficio." Qualsiasi cosa succeda, "non aprire mai una procedura interna per molestie sessuali". Tutto ciò, infine, ammesso che la tua azienda ce l'abbia, un ufficio delle risorse umane; nelle aziende piccole o medio-piccole, che in Italia sono la maggioranza, molto spesso non c'è neppure. E per denunciare il comportamento molesto o improprio del tuo superiore, la persona preposta è spesso proprio lui: il tuo superiore.

Succede anche da voi? "Sì, anche da noi." "Anche a me." "Anche io."

Di fronte a un sistema che ne tutela i diritti e l'incolumità più che altro formalmente, a ottobre 2017 e in tutto il mondo migliaia di donne si sono organizzate, mobilitate ed esposte *collettivamente* e dal basso. Hanno stilato liste, concepito campagne social, manifestato, scritto proposte di legge, contattato i giornali. Qualcosa, con questo intervento, è indubitabilmente cambiato.

In questo *Statuto*, lo abbiamo già ripetuto, la *lavoratrice* è il modello sul quale troviamo utile ripensare, in quest'epoca di grande dibattito collettivo sul lavoro, l'intera figura del lavoratore. Questo femminile è cioè sovraesteso: la tesi è che correggere o sanare fenomeni che penalizzano soprattutto le donne servirebbe a risolvere i sentimenti di distacco, disaffezione e delusione che dilagano tra i lavoratori ambosessi, certo forse non sempre per la gioia dei loro superiori.

Una *lavoratrice* è quindi chi al lavoro subisce comportamenti difficili da sanzionare con le leggi, i regolamenti aziendali, il ricorso alle risorse umane. Come una molestia sessuale, ma non solo: di "culture aziendali tossiche" o semplicemente di contratti di lavoro non rispettati è pieno il mondo del lavoro, e le difese dei piccoli lavoratori Davide contro i munifici datori Golia sono formalmente garantite, ma nei fatti molto spesso inapplicate.

Non è una condizione specifica di questo decennio, ma quella verso cui gravitano, se incontrastati, i rapporti di forza tra datore e lavoratore: sanare questa disparità fondamentale, lo abbiamo già ricordato, è lo spirito con cui per 18 anni si lavorò, nella politica e nel sindacato italiani, alla stesura e agli emendamenti di uno Statuto dei lavoratori. Quando fu promulgato, alla fine, si disse che "portava la Costituzione in fabbrica": portava cioè i diritti fondamentali del cittadino anche nei luoghi di lavoro dove sì, vigevano formalmente, ma nei fatti venivano calpestati. L'articolo 15 dello Statuto a cui questo nostro art. 15 si rifà, per esempio, parlava di trattamenti discriminatori ai danni di chi era attivo sindacalmente: formalmente, la legge garantiva già a un cittadino il diritto di opinione politica e di aderire al sindacato, ma gli anni precedenti la promulgazione dello Statuto, densi di lotte sindacali, erano stati costellati di licenziamenti mirati proprio a chi esercitava questi diritti.

A una *lavoratrice*, dunque, non resta spesso molta scelta che parlare con le sue colleghe e *organizzarsi*: il verbo in italiano ha un significato più povero che in inglese, dove *organize* ha un senso sindacale, anzi *protosindacale*. "Sindacalizzarsi", nel senso di aderire collettivamente a un sindacato, ha un verbo a sé, che è *unionize*. "Organizzarsi", in inglese, vuol dire anche coordinarsi allo scopo di rivendicare. Parlare con le altre e gli altri; scegliere come e quando prendere parola, se e quando fare nomi e cognomi, tramutare la vergogna e il senso di inferiorità in rivendicazione.

È valso per le molestie sessuali; e perché non per i carichi di lavoro, le disparità salariali, il mobbing, le discriminazioni?

In Italia, per esempio, la tecnica del "fare nomi" per svergognare ambienti professionali problematici è quella che usano con successo gli anonimi animatori della pagina Instagram "Riordine degli Architetti". Pubblicano online le offerte di lavoro più esose e peggio pagate, lasciando bene in vista i nomi degli studi di architetti da cui provengono, e specificando che per rigore escludono dalla gogna i semplici annunci con offerte di lavoro. Un prestigioso studio fiorentino invita i "collaboratori", cioè lavoratori autonomi, a riunioni obbligatorie dalle 19 alle 23: è quindi un finto lavoro autonomo, in realtà subordinato. L'archistar milanese assume a partita Iva a mille euro lordi al mese. Un altro famosissimo offre settecento euro lordi al mese, sempre a partita Iva. Gli orari di lavoro superano le dodici ore al giorno. Una giovane architetta veneta, anche sostenuta dalla rete dei colleghi stufi dello sfruttamento, ha poi fatto causa allo studio di Mogliano Veneto dove aveva lavorato per tre anni con partita Iva, in realtà da subordinata: a marzo 2022 il giudice ha disposto che venisse risarcita per 142 mila euro.

Ho il burnout, detesto i miei compiti, sono sempre stanco, sono scarso, dovevo fare un lavoro un po' meno ambizioso, gli altri ce la fanno, perché solo io no? Guadagno mezza lira, se fossi davvero bravo prenderei uno stipendio migliore. La colpa è mia che non ho fatto ingegneria. La colpa è mia che ho fatto scienze della comunicazione. La notte non dormo pensando alle mail di lavoro. Il mio capo mi tratta come un coglione, sono un coglione, se fossi meno un coglione non mi tratterebbe come un coglione. Sono tutti più bravi di me, io mi barcameno, non ci capisco un cazzo, sono sempre l'ultimo ad andare via. Non ho uno scatto di carriera da dieci anni, lo credo, sono il meno bravo.

O, viceversa: no, tu non sei un coglione. Per legge lavori troppe ore. Anche io non dormo la notte, sono sottopagato, ho troppo lavoro. Anche con me il capo sbraita. Anche io lavoro sessanta ore a settimana. Anche a me ha dato del coglione. Anche io.

Cosa facciamo?

ART. 16 – TRATTAMENTI ECONOMICI COLLETTIVI DISCRIMINATORI

È vietata la concessione di trattamenti economici di maggior favore aventi carattere discriminatorio a mente dell'articolo 15.

Barbara: quando sua mamma l'aspettava, e le chiedevano come avrebbe chiamato la bambina, rispondeva gettando la testa indietro in un gesto un po' teatrale, alzando per un istante gli occhi, forse sospirando. Col nome intendeva assegnarle un avvenire o perlomeno un'allure: Barbara. Una donna elegante e sempre giovane, altera se necessario, indipendente e a volte tagliente, capace di girare il mondo, di sistemarsi favorevolmente una camicetta, di amare con libertà. Senza dubbio ricca. Erano gli anni Ottanta.

La mia amica, tranne ricca, è diventata proprio così. Alta un metro e ottantatré, piena di gusto, priva di infantilismi. Quando puntuali alle quattro e mezza mi svegliano i miei pensieri accendo WhatsApp, ed è sempre sveglia anche lei, gli occhi fissi al soffitto dal suo letto francese, che non divide con nessuno. *Nessuno sta bene alle quattro del mattino*, cantava Wisława Szymborska. Non certo noi.

"Dice la Fendessa che ci sono siti dove ti vendi le foto dei piedi anche per trecento euro." La Fendessa, soprannome-madeleine, è il suo photo editor, già modello negli anni Ottanta e ora adiposetto e nostalgico; Barbara è stylist di moda per una delle poche riviste femminili superstiti, cioè collabora a scegliere abiti e accessori per i servizi, e le mete dove ambientarli. Da bambina ritagliava le foto più belle dai *Grazia* e dai *Marie Claire* della madre, allora così spessi che nei mesi grassi per la pubblicità uscivano rilegati in brossura. Oggi il suo lavoro, una variante da grandi di quel caro esercizio, somiglia a quello della ballerina classica o del maitre d'hotel, mestieri complicati e raffinatissimi ma resi marginali dall'epoca. "Domani mi apro un profilo." Ma che dici, e se ti riconoscono dal tatuaggio. "Non mi riconoscono e il tatuaggio lo copro con quei fondotinta per grandi ustionati." Ma sarà un sito falso. Ma poi mica lo abbiamo mai incontrato un vero feticista dei piedi. "Come no, te lo ricordi quel commerciale di Tinder." Ma trecento euro? "Anche cinquecento." Barbara ha il piede greco, pare sia ricercato. "Quella cartella in qualche modo la devo pur pagare." Ha sbagliato a versarsi i contributi nell'anno in cui, da freelance, abitava a Londra; ora ha un mese di tempo per restituire seimila euro al suo ente previdenziale. Siamo al telefono alle quattro e mezza, l'ora dei demoni, ognuna è tra le braccia dei suoi e il suo sono i debiti.

Ha studiato a Londra; ha un tempo indeterminato se no chi glielo dava il mutuo; oltre al mutuo ha acceso un prestito per la ristrutturazione, si è fatta dare l'anticipo sul Tfr, e contava di tirare il fiato entro un anno ma non è andata così perché il suo mutuo è a tasso variabile. La rata è raddoppiata meno di un anno dopo che lo aveva acceso. Sua madre all'età sua aveva già smesso di lavorare da un pezzo per crescere lei e le due sorelle, e oggi si è trasferita in una villetta al mare a Sanremo con il marito, idolatrato medico condotto del loro paese, ora in pensione. A Barbara ha sempre sconsigliato di fare un mutuo: si vive in affitto, non lo sai mica dove sei oggi e dove sei domani. Si sta in affitto proprio per non saperlo. Ma Barbara stava in una mansardina di 35 metri quadri, che ancorché eleganti stavano cominciando a diventare stretti; e soprattutto l'affitto, costoso come ogni libertà, era passato da 650 euro a 1.050 più spese. La nuova casa non misura più 32 metri quadri ma 64, non è più in centro ma in un quartiere "richiestissimo", così l'agente che gliel'ha venduta (commissione al 4,8 per cento). Tra mutui e prestiti Barbara spende un po' più di prima, e ora ha pure il debito dei contributi. Dai, prendiamoci qualche goccina e proviamo a ridormire. "Ma va'. Ne ho già presi due litri."

Sognate Barbara, sceneggiate Ragazze Carla. "Un amico psichiatra mi riferisce di una giovane impiegata tanto poco allenata alle domeniche cittadine che spesso il sabato si prende un sonnifero, opportunamente dosato, che la faccia dormire fino al lunedì. Ha senso dedicare a quella ragazza questa *Ragazza Carla*?". È il breve esergo all'opera forse più nota del poeta riminese Elio Pagliarani: protagonista, "Carla Dondi fu Ambrogio di anni /diciassette primo impiego stenodattilo / all'ombra del Duomo". Scritto tra il 1954 e il 1957, pubblicato nel 1962, *La ragazza Carla* è la storia di "una moderna educazione sentimentale", moderna perché si svolge al lavoro e contrassegnata da un sentimento struggente e anche questo moderno, fotografato nel perfetto endecasillabo di chiusura: "pietà di noi, e orgoglio con dolore".

Carla Dondi è di famiglia sottoproletaria, e di lavorare ha bisogno, non per sogni di indipendenza ma per contribuire al bilancio di casa. Vive in famiglia, in uno spazio sempre più ristretto dall'invadenza della sorella e del cognato, serviti e riveriti in quanto sposati; si iscrive così alle scuole serali da stenodattilografa e poi un impiego lo trova, ma una mesta autonomia le arriva, dopo essersi dovuta scusare col "padrone" per averne rifiutato le avances, solo dalla relazione con il collega impiegato Aldo.

Anche Barbara ha una relazione, e da più di un anno, ma con un NP: narcisista patologico, diciamo convinte, cioè il solito che ti vuole, ma non tanto; prima c'era un altro che era sposato, poi c'era uno che viveva a Bruxelles, poi una teoria di professionisti, un bocconiano che lavorava da Bain, avvocati, ingegneri, medici, mai nemmeno architetti, mai nemmeno giornalisti. Nessuno finora è diventato suo marito e sua mamma ama giurare che sia meglio così, che un uomo accanto sia "come il caldo: adorabile, ma non si regge". Il papà di Barbara, che dal suo posto al fianco della moglie non si è mai mosso, non dice niente.

Della "pietà di sé" della povera Ragazza Carla in apparenza Barbara non ha molto; la sua vita sentimentale, che si svolge come dettata dal sogno materno, è una processione di NP nessuno dei quali si propone di restare per un po' più di una notte, e questo dispera la mia amica che pure, forse ereditariamente, quelli che desiderano fermarsi per la notte non li sopporta. Come molte altre: non sarà un caso se il sintagma "narcisista patologico" è evaso dal lessico clinico per colonizzare il mondo delle frasi fatte, e le *vieilles filles* di ogni età lo usano ad ogni amorazzo sentendosi, magra consolazione, quella risolta dei due. "Cùrati il narcisismo patologico, affrontalo un *percorzo*", urla nel film *Siccità* la tradita Emanuela Fanelli al marito beccato sul fatto. La macchietta è lei, ma l'ottanta per cento delle mie amiche ci si immedesima.

Ma questo è un libro sul lavoro, e non sto spettegolando a caso: anche la grande popolarità odierna dei cosiddetti NP, e degli immaritabili in generale, sembra un silenzioso e fondato sciopero generale. Da un tipo di coppia, e poi di famiglia, e infine di società, che pure nel ventunesimo secolo e tra uomini e donne giovani va ancora forte e dove la femmina è spesso il socio perdente, il germano con la livrea marroncina mentre i piumaggi stupendi li indossa il maschio, comprimaria e ascoltatrice e di supporto a grandi e piccini, autista e motivatrice, forza lavoro e focolare, marginale se non esclusa nel mondo esterno, e ricompensata in casa non sempre generosamente; tenuta all'oscuro di ogni tipo di fatti essenziali, di quel che succede davvero, mai richiesta di un'opinione o di un consiglio tanto cosa vuoi che ne sappia, in teoria risparmiata dalle fatiche del mondo, tacitamente anche dalle sue allegrie. Il presidente della casa quando c'è non sa che eccepire, trova un po' scotta la pasta e troppo sciupone il vitto, indice vacanze in montagna anche se a lei piace il mare perché al mare c'è troppa gente, o vacanze al mare anche se lei odia la folla perché "non essere sempre musona"; rientra quando vuole, dirige l'educazione dei figli e l'economia domestica con poche essenziali sentenze poi si ritira a dedicarsi alle proprie mansioni, molto più importanti di quelle della socia di minoranza perché attinenti il più vasto mondo, da cui lei è esclusa per via *naturale* e dove chissà mai come se la caverebbe, se non ci fosse lui.

Molte non sognano altro, e basta vedere con quanto zelo si rispetta alla lettera ancora oggi, nel 2023, il rituale nuziale con anello da due mensilità di stipendio, sposa consegnata dal padre al futuro tutore, velo a coprirle pudicamente il viso, quarantamila euro tra banchetto e fotografo e sgozzamento del vitello grasso. Ma qualcuna c'è che tra sé e sé preferisce di no.

E qui arriva il NP. Che non si ferma a dormire, non programma vacanze, non lascia nel bagno più che uno spazzolino, a pranzo ha da fare, per qualche settimana non chiama poi ricompare, non sai dove trovarlo, ti è chiaro pure senza bisogno di discorsetti che non ne hai l'usufrutto esclusivo e che dividi sesso, spazi in agenda e anche confidenze perlomeno con una ex non scomparsa, se non con un team, il che possiamo dirlo toglie anche parecchio lavoro; è insomma certo una corona di spine che se ti casca in testa difficilmente ti levi, ma anche il portatore dell'enorme vantaggio secondario di non farti annoiare mai, di non farti negoziare mai sui tuoi piani, di non stirare mai mutandone maschili, del resto "non lo sai mica dove sei oggi e dove sei domani", per dirla con la mamma di Barbara che invece sa sempre dov'è, oggi e domani e anche dopodomani, ed è a fare l'azionista di minoranza, l'indispensabile braccio destro sempre onusto di borse e panni nell'inossidabile coppia Spa col perfetto marito. Che lavora e lei no, che capisce i soldi e lei no, che è il Dottore e lei no, che le figlie le vede occasionalmente e le ha cresciute facendo la parte del poliziotto buono mentre lei alla prima nausea ha dato le dimissioni, senza chiedere nemmeno la Naspi.

Costretta a lavorare è la coetanea poetica di Barbara, la Ragazza Carla, "stenodattilo per poche lire". Esce dal corso di stenodattilografa davanti alla Bocconi con il compagno di corso Piero, che sembra un po' corteggiarla: "Poi uscirono, che zone luminose, allora/ qui a Milano". La Ragazza Carla, Marcovalda autoctona, è nata e abita in una stanza in periferia, in quattro in una stanza; la città vista da parco Ravizza le sembra per la prima volta bella e carica di promesse. Ma è solo un momento. Piero nel momento in cui potrebbe baciarla attacca a parlarle del campionato, scena anche questa invecchiata bene. E la città torna grigia di delusione. Il rifiuto di Piero ricaccia Carla nella sua stanza "di là dal ponte della ferrovia/ una trasversa di viale Ripamonti" (oggi, volendo essere venali e non poeti, zona da 6-7 mila euro al metro quadro). Le zone luminose di Milano, per lei da sola, sono inaccessibili.

E lo sono, diversamente, anche per Barbara, la più elegante tra le mie amiche, indipendente come era stata sognata e proiettata nel mondo come l'epoca le consente. Lei le frequenta: le feste a cui partecipa, l'ottimo champagne che non manca mai, il colto estro degli abiti. Poi però torna a casa, e per le sue mille spese e il senso di essere sola nell'affrontarle non sa dormire.

Mentre i versi della *Ragazza Carla* spezzano il cuore, è difficile provare compassione per le sventure economiche di una stylist e giornalista di moda: siamo cresciuti prendendo sul serio *Sex and the City*, la cui protagonista Carrie, in forza delle quattro facezie che buttava giù sul suo Mac ogni sera, si poteva permettere cabina armadio sconfinata, novero di amanti e appartamento di proprietà del valore di un milione di dollari che nell'arco di sei stagioni (più le due ultime di *And Just Like That*) era riuscita persino a vendersi tre volte e ricomprarsi due. Confesso che nella vasta schiera di conoscenti e amici che hanno problemi a pagarsi il mutuo almeno da giugno 2023, quando la Bce ha alzato ancora i tassi d'interesse, ho scelto Barbara anche per questo: l'insufficienza dei salari, che è l'oggetto di questo articolo 16, ha molte facce. Quella del suo lavoro glamour è solo quella truccata meglio.

Barbara guadagna 2.200 euro al mese. Arrotonda vendendo ogni tanto su Vestiaire Collective gli omaggi che le mandano le case di moda (sempre meno: ora corteggiano le influencer). Tra mutuo e finanziamento spende a oggi 1.248 euro al mese: ben più della metà del suo reddito, e non molto più di quanto le costava, ormai, l'affitto della mansardina. Il mutuo era stato acceso con ottimismo, senza attendersi che i tassi si sarebbero impennati; il lavoro era stato scelto con ottimismo, in un decennio in cui la concorrenza delle influencer non esisteva; Milano era stata scelta con ottimismo, ma poi sembra avere cambiato pelle.

Lo stesso ottimismo, e la corrispondente delusione inferta dall'epoca, sono i sentimenti centrali che si sviluppano nella (esangue) trama di *Barbie*, film più visto al cinema del 2023, protagonista di fama universale. Barbara, detta Barbie: pensata per la prima volta nel 1959, negli Stati Uniti, dal sogno di una madre che vedeva sua figlia stufarsi in fretta delle bambole-neonato tradizionali. E che forse esprimeva nella sua creatura, una bambola in plastica dalle possibilità illimitate e dal fisico da mannequin, anche una noia e una frustrazione più personali.

Ruth Handler, moglie felice di Elliot Handler, designer e produttore di materiali plastici, lo aveva convinto a fondare nel 1945 un'azienda di cui era anche socia, e che andò subito bene nonostante la guerra. Anche grazie a un terzo socio, Harold "Matt" Matson, indispensabile finanziatore che Ruth aveva insistito assai per coinvolgere. Nella grande aneddotica che i decenni hanno diffuso circa la storia dell'azienda, Ruth figura come la classica "grande donna dietro un grande uomo": anima e poi re Mida della società di famiglia, la Mattel, restò però fuori dal nome, che è il *portmanteau* di Matt e Elliot, i nomi dei due soci maschi. "Il nome di Ruth non ci stava", si giustificò poi per anni il marito.

L'idea di una bambola adulta, che servisse a immaginarsi una vita e non a simulare il prescritto futuro di accudirne altre, frullò in testa a Ruth Handler per anni. Ma il marito e il socio la trovarono quasi sempre un'idea un po' del cavolo. Risolutiva fu una vacanza in Europa di Ruth coi due figli, Elliot rimasto a casa a curare gli affari. In Germania Ovest era in vendita una bambola per adulti di nome Bild Lilli, riproduzione in elastolina di un fumetto un po' malizioso che spopolava sul tabloid *Bild*. Ruth incontrò Bild Lilli nella vetrina di un negozio di giocattoli di Lucerna, e possiamo immaginare sia stata attraversata da quel particolare tipo di scossa elettrica di quando tu hai avuto una buona idea, stai tardando a realizzarla e ci sono indizi che qualcun altro l'abbia pensata anche lui, e già messa in campo, prima di te. Ne comprò una per la figlia e due per sé, per usarle come prototipi. Al ritorno negli Stati Uniti, l'ottuso Elliot si lasciò finalmente convincere a commercializzare una Barbie.

Il resto è storia notissima. Nei decenni la creatura di Ruth Handler, sebbene firmata dal marito e dal socio,[40] vendicò la sua demiurga ed ebbe stanze anzi case anzi *dream houses* tutte per sé, lavorò come giornalista veterinaria hostess astronauta pilota d'aereo, e con un tailleur rosso repubblicano corse alle elezioni 2004 per la Casa Bianca. Ebbe, sopra ogni cosa, migliaia di vestiti meravigliosi. Nel 2021 ho partecipato da cronista a un "G20 delle donne", che radunava capitane d'industria, accademiche e politiche da mezzo mondo: donne ricche e potenti, molto di rado giovani, che esprimevano ricchezza e potere in un linguaggio opposto alle grisaglie dei loro omologhi maschi. Fantasie, giacche ricamate con gemme preziose, sete e lane di tutti i colori, bigiotteria vistosa o *costume jewellery* o file di smeraldi, chiome stravaganti, occhialetti in madreperla o in oro o *pince-nez*. Il germano dai colori brillanti, per una volta in natura, erano le femmine. Il guardaroba di Barbie si era per una volta avverato.

E com'è andata, invece, si è avverata la nostra utopia di ragazze sognate Barbie e titolari di costose *dream houses* che non paghiamo se non con l'insonnia? Il film di Greta Gerwig racconta una delusione di questo stesso segno. La protagonista, cioè la bambola Barbie, è costretta a lasciare il suo mondo fatato e a visitare il nostro: qui scopre che noi epigone non siamo affatto libere, emancipate e ricche come nel sogno in cui lei ha sempre

[40] La fama di Ruth Handler, cancellata nel nome Mattel ma immortale nella sua creatura, somiglia all'eternità che Jorge Luis Borges pronosticò per Kafka. "Niente delle sue circostanze", scriveva Borges del grande boemo, "affiora nella sua opera; [...] la sua opera potrebbe essere anonima, e forse col tempo meriterà di esserlo. È il massimo cui un'opera può aspirare." Borges pensa alla Bibbia, o all'*Odissea*. Noi *lavoratrici* pensiamo anche a Barbie, colossale opera anonima la cui firma, peraltro apocrifa, è irrilevante.

vissuto, e ne resta delusa (figuriamoci noi). Molti hanno letto il film *Barbie* come un manifesto neofemminista; altri come il colossale *product placement* di una multinazionale cattiva; comunque sia, l'utopia delle eterne ragazze autonome e favolosamente abbigliate, con "case da sogno" e un catalogo eterno di identità possibili, è rimasta in corso a lungo, e non senza l'aiuto di Barbie.

Esiste uno specifico femminile dell'indipendenza? Eccome. Il potersi pensare non solo come *esseri relativi* lo avrà pure teorizzato Simone de Beauvoir, la *stanza tutta per sé* sarà pure un totem brevettato da Virginia Woolf. Ma presso migliaia di ragazzine e lungo svariati decenni, l'incarnazione concreta di questa utopia era questa musa minore, questa Marie Curie in sedicesimo lunga 29 centimetri, col suo collo snodabile e uno sterminato novero di accessori e i genitali per sicurezza impensati. *Io abito la Possibilità*, scrive Emily Dickinson: sogno da poeta sul finire dell'Ottocento, desiderio dei più collettivi centocinquanta anni dopo. In mezzo c'è voluta (anche) Barbie.

Sognate Barbie, avverate Ragazze Carla. La mia amica spende per la sua *dream house* ben più del 40 per cento del reddito di cui dispone: secondo l'Eurostat, che è l'ufficio statistico dell'Unione europea, quando le spese per l'abitazione superano questa soglia si è "in sofferenza". Cioè a rischio povertà.

Che frivola Barbara, che si è scelta un lavoro così inconsistente. Che frivola, Barbara: basterebbe che accettasse di vivere fuori Milano, a Vimodrone o a Lacchiarella, che si cercasse dei coinquilini, che scegliesse un altro lavoro, ha voluto lavorare nel mondo della moda e credersi Barbie? Be', ben le sta. Ha voluto la bicicletta? Pedali. Non poteva restare con il suo fidanzato dell'adolescenza? Non poteva restare nella sua cittadina natale e godere della prosperità dei suoi? I vestiti non glieli regalano?

Le borsette non se le rivende? Ha fatto il passo più lungo della gamba, la cara Barbara. Che sciocchina. È un problema suo. No, la Costituzione non sancisce il diritto positivo a una proprietà a Milano, e se è per questo nemmeno a una casa o all'indipendenza, o a fare progetti, o a mantenere il controllo sulla propria vita senza dipendere da nessuno. Per quello ti devi arrangiare. È un problema tuo; è un tuo capriccio.

Una ridda di commenti dal tono simile, oltre alle consuete lagne sul decadimento del fact-checking nel giornalismo, aveva inondato i social a gennaio 2023. Il quotidiano *La Nazione* aveva raccontato un caso di lavoro povero e difficoltà abitative specularmente opposto a quello della mia amica: quello della bidella di Napoli Giuseppina Giugliano, titolare di un incarico a Milano e pendolare, in perenne viaggio tra i due capoluoghi, per l'impossibilità di trovarsi "su al Nord" una casa che si potesse permettere. Diceva di guadagnare millecentocinquantasei euro al mese. E mettendo insieme tutte le offerte ferroviarie, prenotando con grande anticipo, incrociando le offerte, diceva di riuscire a spendere circa quattrocento euro al mese in trasporti. Una cronaca dall'amara morale, e cioè che i salari, specie nel settore della scuola, sono inadeguati, fanalini di coda in Europa e nel G20 e spesso inadatti a garantire nemmeno l'indipendenza: la sussistenza. È una nozione da cui la maggior parte di noi osa dissociarsi?

Eppure ventiquattro ore dopo la pubblicazione dell'articolo avevano iniziato a moltiplicarsi le obiezioni: la bidella non ha mai lavorato, diceva qualcuno, anonimo, e tutti gli andavano dietro; i biglietti del treno non costano così poco; gli insegnanti della scuola, mai citati per nome (quando erano intervistati davvero, e citati per nome, difendevano la bidella) avrebbero detto in tv che era una scioperata; è il solito "chiagni e fotti" dei meridionali; è il solito "chiagni e fotti" dei lavoratori del pubblico; perché non si è trovata un lavoro a Napoli? Come fa a pagarsi l'Alta Velocità? Lavorerà in nero? Perché non accetta di vivere fuori Milano, a Vimodrone o a Lacchiarella, come tutti?

Giuseppina Giugliano, ventinove anni, figlia di due ambulanti al mercato e travolta dalla notorietà, si barricò in casa. Sparì dal dibattito anche la sola domanda sensata, sul solo dato completamente dimostrabile perché pubblico: ma uno stipendio da 1.156 euro al mese per un lavoro full time con trasferta, oggi, che stipendio è?

Quindi torniamo a fare i conti in tasca a Barbara, e cerchiamole, noi che siamo meno frivoli di lei, noi a cui le borsette mica le regalano, un monolocale a Milano. Mentre scrivo[41] in tutta Milano sono in vendita 13.281 case, e 5.695 in affitto. Non tante: più o meno in città approdano quindicimila nuovi abitanti l'anno. Il 40 per cento del reddito di Barbara è 880 euro: diamoci questa come soglia massima per trovare un affitto, o come massima rata di un mutuo. Mentre scrivo, le case in affitto regolare a meno di 880 euro in tutta Milano sono 259. Meno del 5 per cento del totale.

Della più grande, un trilocale a piano interrato in via Jacopino da Tradate, non ci sono neppure foto; in compenso l'annuncio chiarisce bene che si affitta solo "a lavoratori con reddito dimostrabile", e del resto la pratica di richiedere le ultime buste paga, badando a che contengano almeno tre volte il canone mensile richiesto, è sempre più invalsa tra le agenzie. Cioè tu devi guadagnare almeno duemilasettecento euro al mese per ambire al

[41] Mutuo questo esercizio dalla bellissima inchiesta *Abitare stanca*, di Sarah Gainsforth.

trilocale ex cantina in via Jacopino da Tradate di cui nemmeno c'è una foto. Che dire? Barbara non viva a Milano, se non se lo può permettere. Non glielo ha mica ordinato il dottore. Se c'è chi può pagare più di lei, è giusto che il mercato si orienti da solo. E così via. Ma c'è chi può pagare più di lei? E quanti sono?

Il reddito medio dichiarato a Milano, il più alto d'Italia, è di circa 37 mila euro l'anno pro capite. Barbara, con i suoi 2.200 al mese per tredici mensilità, è nella media, cioè fa parte dei 260 mila contribuenti circa che dichiarano tra i 26 mila e i 55 mila euro l'anno.[42] In più vive da sola, una scelta – una scelta? – che costa a chi la fa fino a 500 euro al mese per l'abitazione e i consumi in più rispetto a chi vive in famiglia, o in coppia.[43] Un piccolo lusso, o una prigione. Ma in Italia riguarda un nucleo famigliare su tre e a Milano uno su due.

Per gli Stati Uniti l'*Economist* ha inventato un indicatore economico chiamato, non per caso, *Carrie Bradshaw Index*. Esprime il rapporto tra reddito da lavoro e possibilità di vivere da soli: cioè tra stipendio medio in una città e stipendio con il quale ci si può permettere un monolocale medio senza che il suo costo salga sopra il 30 per cento dei tuoi introiti.

Tradotto a Milano, per esempio: il reddito medio è di 37 mila euro lordi l'anno, quindi facciamo 25 mila netti.[44] Il 30 per cento del reddito disponibile al mese, dunque, è in media 600 euro. Per non diventare povera, secondo il Carrie Bradshaw Index, una persona che vive a Milano da sola deve spendere non più di 600 euro d'affitto ogni mese.

[42] Ministero dell'economia, report sulle dichiarazioni dei redditi 2021, presentato a giugno 2023.

[43] Centro studi Moneyfarm, su base Istat.

[44] Ho usato un calcolatore da stipendio lordo a netto disponibile online, per esempio sul sito pmi.it.

Per questa somma, su casa.it, trovo 24 immobili. Uno, 20 metri quadri senza cucina, è definito un "pied-à-terre" non si sa bene se per scherzo, visto che è all'ottavo piano di uno stabile senza ascensore.

Il coro di questa tragedia, cioè voi (vi immagino tutti col dito alzato in un angolo di questa stanza a cazziare le fandonie della bidella, le velleità di Barbara, la pigrizia dei giornalisti che dan loro retta) sbotterà ora: eh, ma è a Milano! Milano vicino all'Europa. Milano che banche che cambi, lo diceva già Lucio Dalla. Basterebbe non stare a Milano.

A Roma, dove il reddito medio è di 26 mila euro e quindi il "tasso Bradshaw" è di 421 euro, trovo 7 immobili adatti a vivere da sola con un lavoro medio.

Torino, reddito medio 24 mila euro, "tasso Bradshaw" 389 euro: ne trovo 28.

A Napoli, reddito medio 22.600 e "tasso Bradshaw" 350 euro, ne trovo tre.

Basterebbe non vivere in città, come si è sempre fatto, vi sento! Basterebbe restare al paese. Andare a Vimodrone, a Lacchiarella, a Trofarello, a Ponte Galeria, a Guidonia, a Caivano, così da poter lasciare com'è giusto i centri delle grandi città a chi se li merita, cioè ai grandi fondi di speculazione immobiliare internazionali.

Ma anche se ragioniamo così, il rapporto tra lavoro e casa resta un problema di tanti: le sole città metropolitane, dieci in tutta Italia, raccolgono il 30 per cento della popolazione e un po' più del 30 per cento dei posti di lavoro esistenti. Un lavoratore su tre, cioè, lavora in queste città. La casa che tiene sveglia Barbara non è solo un problema di Barbara. A parte il fatto che ogni tanto le regalano qualche borsetta, Barbara è come tutte. E come tutti, ma ci torniamo poi.

Dell'indipendenza (sottinteso: economica) femminile si fa un grande parlare. Quelle poverine! Non guadagnano abbastanza, sono inferiori fisicamente e pure nel portafoglio, mancano di assertività, amano far comandare l'uomo, una su tre in Italia non ha nemmeno un suo conto corrente, ma dove vivono? Saranno tutte al Sud. Ci sono paesini in Sardegna dove le vecchie coprono ancora il capo col fazzoletto nero, quelle sicuramente mica ce l'hanno il conto corrente, il retaggio cattolico, il maschilismo! Che poi tutti abbiamo avuto una nonna che era la vera amministratrice del patrimonio, a cui il nonno consegnava lo stipendio pari pari, senza detrarsi nemmeno una sambuca con la mosca, e lei lo divideva all'inizio del mese in un quaderno con tante semplici finche, basta fare così, no? Insomma le donne di oggi saranno pure poco indipendenti finanziariamente, ma sono anche un po' cretine.

Basta vedere i prodotti di *alfabetizzazione finanziaria* che le banche e Instagram rivolgono loro, infinite serie di schedine dai colori pastello in cui viene spiegato che "Non sempre un uovo oggi è meglio di una gallina domani!". Questo adagio viene da un irresistibile opuscolo divulgato al Museo del Risparmio, rivolto alle donne e intitolato, vi giuro che è vero, *Non solo capelli: cura di sé e cura del denaro*. Deliziose deficienti, a voi che leggete viene spiegato che "il tempo è sempre troppo poco. Quando ci prendiamo cura di noi stessi tendiamo a prenderci tutto il tempo necessario: per esempio dal parrucchiere. Sperando in piccoli miracoli estetici siamo disponibili ad aspettare affinché la trasformazione abbia luogo e non chiediamo di fare presto". Incredibile. "Anche la cura del denaro", suggerisce dolcemente l'opuscolo, "ha bisogno di tempo. Il tempo di pensare e decidere cosa fare sulla base delle proprie entrate periodiche e dei propri progetti futuri." La spericolata metafora della cosmesi (questo arnese è stato scritto nel 2021, sono impazziti? L'addetto alla comunicazione del Museo del Risparmio stava facendo *quiet quitting*?) prosegue quando si tratta di parlare di "costanza" e "pazienza": quando ti metti una crema, cioè, sei disposta ad aspettare che possa fare effetto anche tra un mese, quando fai una dieta mica vuoi dimagrire subito, e allora pensa così anche ai tuoi investimenti: i soldini che hai affidato al tuo bravo consulente finanziario potrebbero non diventare subito piantine di zecchini d'oro, potrebbe volerci un pochino, ma tu abbi costanza e pazienza. Gli investimenti vanno *diversificati*, parola difficile ma illustrata subito con chiarezza da un ventaglio di scarpe di diverse fogge e colori; come ti affidi al parrucchiere quando vuoi sceglierti una nuova tinta, per i tuoi soldini devi affidarti a un buon consulente; e così via. Credo sia giusto specificare, a questo punto, che come la maggioranza dei prodotti di "educazione finanziaria" apparentemente neutri che circolano sui social, in libreria e nei festival, il Museo del Risparmio lo ha messo in piedi una banca.

Spesso le varie aziende del settore finanziario – assicurazioni, banche, circuiti di carte di credito, società di consulenza – commissionano sondaggi sull'indipendenza economica delle donne, forse nell'incapacità di farsi una ragione del perché rappresentino una nicchia di mercato così scarsa. E anziché ipotizzare che la ragione per cui *non investono* sia che assai spesso i loro introiti sono quelli della bidella pendolare, si avventurano in tragiche ipotesi di tipo socioantropologico.

Ancora il Museo del Risparmio: cosa vuol dire essere indipendenti finanziariamente? "In due parole avere un lavoro e un proprio conto in banca. Sembra semplice e scontato ma per molte non è così." Sembra semplice: a chi? Più di metà delle donne italiane tra i 16 e i 64 anni non ce l'ha, un lavoro. "E in alcuni casi non lo cerca neanche", petula il saggio redattore del Museo del Risparmio, che non so perché mi immagino maschio e ottusissimo, "dipendendo quindi dai partner o dalla famiglia". Viziate.

Un'originale ricerca MasterCard di aprile 2023 si sbilancia: due donne su tre in Italia ritengono di avere una minore indipendenza finanziaria rispetto agli uomini. Per due su tre è il denaro il vero abilitatore alla libertà (non mi dire), e il 51 per cento afferma di non guadagnare abbastanza.

"Perché è così difficile chiedere soldi?", si domandano su Instagram le anonime redattrici del progetto di alfabetizzazione finanziaria al femminile Rame, una "piattaforma che attiva conversazioni audaci sui soldi". Amiche delle conversazioni audaci, la risposta la sa chiunque abbia mai tentato di farsi pagare un servizio da clienti che per legge hanno la possibilità e l'agio di saldare a novanta giorni, a centoventi giorni, a mille giorni e in cambio merce o mai: chiedere soldi è difficile perché, in linea generale, il costume è non darteli. Difficilmente li ottieni se ti spettano (recupero crediti), quasi mai se li meriti (aumento di stipendio), figuriamoci se ti servirebbero (servizi sociali) e comunque in nessun caso se non brighi molto. E invece: "Che sia chiedere i soldi che abbiamo anticipato noi per la partecipazione a un regalo o il compenso per un'attività lavorativa, spesso ci troviamo a disagio a chiedere ciò che ci spetta". E via con l'antropologia: "Il significato dato socialmente al denaro è negativo, viene associato alla venalità, all'avidità, alla superficialità". Quindi c'è "una componente sociale molto forte e una psicologica altrettanto frenante: la paura di essere giudicati male". La soluzione è ovviamente la solita, la panacea di tutti i mali che da Eva ai giorni nostri affliggono le femmine, dal papillomavirus al culo grosso: lavorare sull'autostima.

Poverine, le donne: non ne hanno abbastanza. Condizionate, traumatizzate, *femminilizzate* (oggi si dice così), socializzate da geishe, disabituate a fare di conto per paura di spaventare un potenziale marito, inclini ad arrossire per chiedere una mancetta anche minima e pertanto amputate dei loro diritti, sono state convinte nei secoli perfino a indossare il tanga e versarsi addosso la cera bollente e strapparla, poverine, non ragionano più.

Il loro problema non è mica che i loro benemeriti datori di lavoro, sempre siano lodati, le possono, ai sensi di legge, retribuire come la bidella pendolare, vincolare a contratti da *sweatshop* pakistano o sostituire senza complimenti se hanno dei figli. È che hanno scarsa autostima. Se solo avesse autostima, la bidella pendolare avrebbe uno stipendio decoroso, un trilocale in Porta Venezia e forse persino i famosi figli.

Le signore non parlano di soldi è il titolo di uno dei più completi e acuti saggi divulgativi recenti sull'economia e sull'occupazione al femminile: una colta e reputata economista descrive i problemi occupazionali e di reddito di una categoria di cittadine, le femmine, che sono più di metà della popolazione e che però contribuiscono al Pil formalmente per meno di un terzo. Il libro, però, essendo rivolto alle femmine, non può esimersi dall'indicare nel titolo la radice dei loro problemi nel *costume*; nell'oppressivo concetto di "femminilità" che le rende troppo poco assertive, troppo *signore*. Troppo signore? Sul tram ascoltano messaggi vocali col vivavoce, si fanno *french manicure* lunghe cinque centimetri, masticano la gomma a fauci spalancate, fumano l'Iqos al ristorante; eppure quando si tratta di parlare di soldi vengono colte, povere femmine, da una forma di signorilità selettiva che glielo inibisce. Proprio non ce la fanno. L'eterno femminino.

Non saprei. Ho attorno pochissime donne davvero "troppo

signore". Ne conosco parecchie, invece, che vengono retribuite ridicolmente poco.

"Lavoro povero" o "povertà lavorativa" non sono modi di dire, ma precise categorie a cui il ministero competente, per esempio, ha dedicato un gruppo di studio permanente. Che lo definisce: "un individuo si trova in una condizione di povertà lavorativa se il suo reddito da lavoro non gli consente di raggiungere un determinato standard, catturato dalla soglia di povertà". Nell'ultimo anno per cui sono disponibili i dati Inps,[45] il 2017, il livello di povertà lavorativa femminile è pari al 41,4 per cento mentre quello maschile è pari al 24,9. Cioè il 41,4 per cento delle donne con un lavoro nel settore privato non agricolo, contro il 24,9 per cento degli omologhi uomini, non guadagna abbastanza per stare in piedi da sola; percentuali simili si riscontrano tra under 35 e migranti. Il gap del 16,6 per cento tra uomini e donne, per quanto riguarda il *lavoro povero*, non si è mai ridotto negli ultimi 30 anni. E no, non si deve alla scarsa autostima.

Più in generale: il salario insufficiente, troppo basso o più basso di quello altrui – i *trattamenti economici discriminatori* a cui è intitolato sempre per associazione di idee questo articolo – è un problema notorio del lavoro femminile, anche quando le retribuzioni superano la soglia della povertà. Non a caso una recente direttiva europea che impone la trasparenza dei salari, sia negli annunci di lavoro rivolti all'esterno sia nella comunicazione interna di un'azienda verso i dipendenti, è stata concepita nello spirito di "rafforzare il principio della parità di retribuzione tra uomini e donne".

[45] I dati si riferiscono a chi ha un lavoro nel settore privato non agricolo, compresi i lavoratori domestici; si definisce "lavoratore povero" colui il cui salario è inferiore al 60 per cento della mediana dei lavoratori.

Il *gender pay gap*, cioè il divario di genere nelle retribuzioni, è diventato negli anni uno dei più stanchi ritornelli della rivendicazione di parità. Ogni anno leggiamo che noi femmine guadagniamo il 7, il 9, il 15, il 18 per cento dello stipendio in meno; come spesso accade quando si rivendica un torto subìto, l'effetto collaterale è che si finisce per darsi da soli l'etichetta di chi "vale meno". E far passare il messaggio che se il lavoro è un *mercato*, e al tuo lavoro dà meno valore che a quello di un altro, verosimilmente qualche ragione l'avrà.

Ma quali sono le ragioni di questa voragine?

Sul minor valore del lavoro femminile il consenso è stato generale sin dalle prime fabbriche tessili dove a fine Ottocento le donne povere iniziavano a impiegarsi in massa. Nell'anno dell'Unità d'Italia, il 1861, su una popolazione femminile di 14,1 milioni lavoravano in 6,3 milioni: occupazione femminile del 45 per cento, un dato da cui oggi non ci discostiamo che di 4 punti. Le donne, però, che lavoravano solo se costrette dalla povertà, erano perlopiù operaie tessili o contadine, "sfruttate e martirizzate", così la signora del socialismo Anna Kuliscioff in un suo celebre discorso nel 1897, "ben più del sesso che chiamiamo forte". In settori come il tessile erano il 90 per cento della forza lavoro; eppure era assodato che il loro stipendio dovesse valere poco. L'Italia, concludeva Kuliscioff, era uno dei pochi Paesi d'Europa a non avere una legge in difesa del lavoro femminile. Più tardi era stata lei stessa, attraverso il suo partito, a proporne una. Ma non poteva né votare né essere eletta, essendo una donna.

Il suo rapporto sulle operaie tessili italiane di fine Ottocento ricorda le notizie che arrivano oggi dalle fabbriche asiatiche del fast fashion. "La loro giornata di lavoro dura dalle 4 del mattino alle 8 di sera, e le lavoratrici sono pagate in media 43 centesimi al giorno, se non sono maritate; le maritate invece si pagano solo 40 centesimi, perché il padrone vuol garantirsi dal danno delle interruzioni che possono derivare dalla gravidanza, dal puerperio, dalle malattie che talvolta gli tengono dietro."

Nel 1976 lo Statuto dei lavoratori aveva già sei anni, eppure Susanna Agnelli rispondeva così, sull'*Europeo*, a un lettore che la interpellava sul lavoro femminile. Cita la cosmonauta russa Valentina Tereškova: se dopo mesi di addestramento, faticosi per lei e costosi per la società, annunciasse di essere incinta prima del lancio? I programmatori della società spaziale, scrive, si dispererebbero. "Questa benedetta ragazza non ci ha pensato; cercano di rimediare proponendole di abortire ma l'incauto viene subito zittito, sarebbe prevaricazione, che diamine! Un po' se la prendono con se stessi per non averla *costretta* a prendere la pillola o non averla *fatta sorvegliare* più attentamente." Infine deciderebbero di rinviare l'esperimento, ma di lì in poi, di donne, non ne prenderanno più.

Quasi un secolo e mezzo è passato, alcune leggi per la tutela del lavoro femminile sono state approvate eccome, eppure la stessa logica – che il lavoro delle femmine valga *meno*, perché deprezzato dalle leggi del procreare – sembra animare, nelle aziende private italiane, la distribuzione dei cosiddetti *superminimi*.

Per chi non sapesse leggere una busta paga, cioè credo per quasi tutti i lettori di questo libro che do per scontato siano miei coetanei quindi analfabeti finanziari e sindacali volontari, il *superminimo* è quello che un'azienda ti dà in più rispetto al minimo salariale previsto, se ce l'hai, dal contratto nazionale. Rende competitivo, per esempio, lavorare in un'azienda piuttosto che in un'altra.

Quando si parla di *gender pay gap* e se ne snocciolano le statistiche europee, l'Italia non fa sulla carta una brutta figura. La media europea è del 13,7 per cento: cioè le lavoratrici dipendenti europee guadagnano in media il 13,7 per cento l'ora meno dei loro colleghi maschi.[46] Nel divario salariale, ancora sulla carta, l'Italia non si piazza neppure male: da noi la differenza tra stipendi maschili e femminili è del 4,4 per cento. Sulla carta va peggio in Germania, 18,4 per cento; in Francia, 15,8 per cento; in Spagna, 9,4 per cento.

Una ricerca su dati Inps[47] però svela una peculiarità italiana: e cioè che nel settore pubblico, che fa media col resto, gli aumenti non sono elargiti *ad personam* ma con scatti di anzianità. Dunque sono uguali ambosessi. È nella Benemerita Impresa Privata, invece, dove superminimi e aumenti sono sganciati dalla contrattazione collettiva e frutto di trattative individuali, che la differenza tra gli stipendi femminili e maschili a pari inquadramento è del 18 per cento! I contratti nazionali non discriminano tra uomini e donne. I superminimi sì, eccome.[48] Anche negli altri Paesi ci sono più tutele di questo tipo per gli stipendi del settore pubblico; ma in nessun altro Paese la differenza tra uomini e donne, nel privato, resta tanto alta. Ancora una volta grazie, Benemerita Impresa Privata.

Ci sono poi altre ragioni per cui la retribuzione media delle donne, oraria e non, è quasi ovunque più bassa di quella maschile: le riassume in grande sintesi l'ufficio studi della Commissione europea.[49]

Il fatto che nei lavori meno pagati, per esempio commessi e camerieri, la manodopera femminile è la maggioranza (e sarà

[46] Commissione europea, "La situazione del divario retributivo di genere nell'Ue", dati di novembre 2022.

[47] Valore D, campagna #nopaygap 2018 su dati Inps.

[48] Rita Querzé, "Le aziende premiano di meno le donne: superminimi più bassi del 19 per cento", Corriere.it, 17 agosto 2023.

[49] Commissione europea, "La situazione del divario retributivo di genere nell'Ue", dati di novembre 2022.

un caso che sulla flessione di "commessa" e "cameriera" con la "a" finale nessuno abbia da ridire?).

La speculare rarità femminile nelle posizioni più alte gerarchicamente, o meglio pagate.

Il fatto che le donne facciano meno ore degli uomini, per contratti precari o part-time obbligati dalla conciliazione casa-lavoro, appannaggio ancora in gran parte femminile. Basti pensare che, in Italia, l'80 per cento dei contratti part-time è di femmine. Resta un concetto: il lavoro delle femmine, *naturalmente*, rende molto di meno.

Molto spesso, quando si scrive su giornali e social di questo retaggio, le autrici degli studi – chissà perché, tutte donne – fanno risalire la disparità salariale al primo di tutti i salari: la paghetta. Alcuni studi dimostrerebbero che, in Italia, solo quattro bambine e ragazze su dieci (mentre sei maschietti) ricevono la paghetta; la paghetta dei bambini inglesi è del 20 per cento più alta di quella delle loro sorelline, e negli Stati Uniti sarebbe il doppio. Una differenza culturale, insomma; del resto la stessa Commissione europea conclude che la differenza tra i salari, pur spiegata anche dai fattori di cui sopra, resta "per la massima parte, arbitraria".[50]

Affonderebbe cioè le sue radici, proprio come a suo tempo il delitto d'onore e le dimissioni in bianco per matrimonio e le nozze riparatrici, nella *cultura*; nella categoria vischiosa, in fondo irriformabile, degli *usi e costumi*. Certo, per carità. Ma mentre nessuno può obbligare i genitori, nemmeno quelli cretini, a dare gli stessi soldini al piccolo Giangianni Fauntleroy e alla sorellina Cosetta Modesty, la legge dello Stato può invece vincolare la Benemerita Impresa Privata alla parità.

[50] Commissione europea, "La situazione del divario retributivo di genere nell'Ue", dati di novembre 2022.

Per esempio recependo – gli Stati membri sono tenuti a farlo entro il 2026 – la direttiva europea sulla trasparenza salariale. O rispettando, come spesso non avviene, regole che ci sono già. In Italia vige dal 2021 la legge Gribaudo, proposta da una deputata classe 1981. La legge obbliga le aziende con più di cinquanta dipendenti[51] a presentare rapporto su vari aspetti della parità tra uomini e donne in azienda, tra cui il salario, al ministero del lavoro, all'ispettorato, ai sindacati e alle consigliere di parità. I rapporti dovevano essere consegnati entro ottobre 2022, ed essendo obbligatori le aziende si sono adeguate. Eppure, scrive sul *Corriere* la giornalista Rita Querzé che si è presa la briga di controllare, a marzo 2023 di tutti questi rapporti non si aveva nessun riscontro. Lasciati in un cassetto, mai letti. Usi, costumi.

Trattata come un universale culturale, inamovibile come un pezzo di paesaggio, stereotipata perfino dal modaiolo sintagma con cui vi si riferisce – *gender, pay, gap*, yeah – l'idea che sia giusto pagare meno il lavoro femminile è così relegata al regno del *culturale*, quindi dell'irriformabile. Se persino i genitori danno alla femmina una paghetta inferiore, se le leggi per la parità salariale esistono ma non incidono sulla realtà, forse pagare meno che si può il lavoro delle femminucce è accettabile. Si è sempre fatto così.

Il lavoro, di più, il successo come chiave per liberarsi dall'oppressione del sesso debole, è una mitologia alla base persino del neofemminismo. *Morgana*, agiografia collettiva sulle "Ragazze che tua madre non approverebbe" compilata nel 2019 da Michela

[51] Cioè, in Italia, una minoranza: la quasi totalità delle imprese (94,8 per cento) ha meno di 10 addetti, pur producendo solo il 26,8 per cento del valore aggiunto totale. All'opposto, le imprese con 250 addetti e oltre sono solo lo 0,1 per cento, e generano il 35,3 per cento del valore aggiunto.

Murgia e Chiara Tagliaferri, ha un secondo volume il cui sottotitolo è invece "L'uomo ricco sono io". La frase è quella celeberrima di Cher, cui la madre consigliava di smettere di cantare e trovarsi un marito ricco. Lei l'aveva zittita così: "Mamma, l'uomo ricco sono io". "Volere beni propri e volere il proprio bene", scrivevano le autrici sulla quarta di copertina, "spesso sono la stessa cosa".

Ed ecco le miliardarie, le straordinarie. La presentatrice americana Oprah Winfrey, dall'infanzia disastrata a un patrimonio personale di 2,8 miliardi di dollari. La vedova Clicquot, il cui appellativo francese, *Veuve*, è quello del marchio di champagne più famoso al mondo: lo contrabbandava alla corte degli zar, sfidando Napoleone. La polacca Chaja Rubinstein, diventata Helena, che assimilando la bellezza a un lavoro e vendendone gli strumenti arricchì favolosamente: suo è il motto "Non esistono donne brutte, ma solo donne pigre". Angela Merkel. J. K. Rowling, dalla bancarotta a Hogwarts. Beyoncé.

Per le donne meno eccezionali l'epoca si contenta di un altro leitmotiv: l'incolumità personale. Non solo non perdere se stesse o non rinunciare ai sogni, ma più prosaicamente scappare da un marito che ti picchia diventa possibile, e comunque nemmeno è detto, se possiedi il requisito a cui Virginia Woolf quasi un secolo fa vincolava la meno perigliosa missione di scrivere libri: del denaro, e una *stanza tutta per sé.*

Da molti decenni, e soprattutto dalla seconda metà del Novecento che ha visto un ingresso di massa delle donne, anche borghesi, nella popolazione attiva, l'indipendenza economica individuale e persino il diritto all'abitazione sono concepiti come correlati, principalmente, al reddito da lavoro. Il reddito di Barbara basta a renderla indipendente? La bidella pendolare lo è?

La domanda non è oziosa, e come spesso quando si parla di

soldi ha una risposta puntuale: c'è una soglia per l'indipendenza economica, e le donne italiane – interpellate nel 2020 da Doxa per conto, tanto per cambiare, di una società di investimenti, ma quando la finiremo di farci spiegare l'indipendenza economica dalle banche d'affari? – la fissano in un introito di circa 1.778 euro al mese. Se hai figli, 2.060. Se vivi al Sud, 1.520. Quante ci arrivano? Il 40 per cento delle intervistate.

L'estate 2023 è stata sconvolta da un caso efferato di stupro di gruppo. Se ne sono macchiati sette giovani, uno dei quali, minorenne, se n'è poi vantato su TikTok. Per giorni sono andati in onda sui social e in televisione continui richiami a costituirsi, collettivamente, colpevoli della violenza di genere, la stessa che fa segnare nelle statistiche criminali una donna uccisa da un uomo ogni meno di tre giorni. I maschi, i pochi che parlano, fanno mea culpa, siamo dei bruti, la mascolinità tossica ci avvelena; alcune femmine se la prendono con le madri che diseducano i figli maschi, con chi dice alle ragazze "fate attenzione, non bevete quando uscite la sera" anziché dire ai ragazzi "non stuprate", altre se la prendono con con chi dice che è un sacrilegio dire così; i genitori dicono "è colpa della scuola", una preside gira un video rivolto ai genitori in cui dice "è colpa vostra, siete dei falliti".

Nessuno, è il messaggio entrato nel senso comune, può chiamarsi fuori dalla cultura dello stupro, dalla violenza di genere, perché un giorno avrete pur riso a una battutina sessista, no? Avrete pur guardato la vostra vicina di ombrellone e pensato che con quel culo aveva un bel coraggio a indossare il bikini; avrete pur detto che le donne non sanno guidare o non sanno fare squadra o luoghi comuni di questo tipo, su cui si edifica l'intera cultura che avalla la violenza; dove sono le madri degli stupratori? Cosa hanno insegnato loro? E perché chiamiamo in causa sempre le madri e mai i padri? Una volta i padri portavano a puttane i figli: facevano meglio di oggi? Facevano peggio di oggi? È perché tuo bisnonno portava tuo nonno a puttane che oggi tuo padre ha la crisi della mascolinità? Se non pubblico almeno un hashtag sembra che stia dalla parte degli stupratori?

Unici scampati a questa globale chiamata in correo, inspiegabilmente, sono sempre loro: i filantropi, munifici, benemeriti datori di lavoro. Eppure se a una donna per rimanere incolume serve una casa, e dunque un reddito, e in sintesi l'indipendenza economica, non sarà che pagarla millecento euro al mese per un full time con trasferta concorre a metterla a rischio di violenza almeno almeno quanto le battutine sulla culona in bikini? Non sarà che il denaro, le leggi, i diritti, contano ancora una volta assai più del costume, anche di quello minuscolo della vicina di ombrellone? Chi contribuisce di più a rendere vulnerabile la moglie di un uomo violento, o sua figlia: le battutine delle maligne, o la sua busta paga ridicola?

Nella lingua del neofemminismo ci si salva dalla morte per genere, ancora una volta, con un'iniziativa personale. Si chiama *fuck-off fund*: un "fondo fanculo" che ogni donna – pardon, ogni ragazza, ci chiamiamo così – deve avere da parte per poter dire "fanculo". Al fidanzato-convivente violento o anche solo sarcastico, o anche solo insopportabile. A un lavoro opprimente. A qualsiasi situazione da cui si possa uscire pagando, che sia una notte in hotel o qualche mese da disoccupata. La definizione l'ha coniata una giornalista americana nel 2016, e oggi è entrata in questa nuova vulgata di educazione finanziaria che ci viene prescritta come una nuova necessità, insieme agli esercizi del pavimento pelvico e alla body positivity, e in cui la possibilità di diventare ricca, o almeno benestante, o almeno indipendente o non menata, è solo ed esclusivamente funzione del nostro ripiglio, della nostra capacità di non sprecare soldi in manicure cinesi.

Come la Ragazza Carla, nel suo articolo "A Story of a Fuck Off Fund", la protagonista si deve defilare con buon garbo dalle *avances* di un capo maiale perché sul conto ha soltanto debiti, e quindi di quel lavoro ha bisogno; tornata a casa, ci trova un fidanzato che non la ama, e che non può lasciare perché senza di lui non avrebbe una casa. È una donna femminista, ride alle battute di Tina Fey e ha come idola Beyoncé; ma è sommersa dai debiti, e non è nei fatti libera di fare niente. Si costruirà, poi, il suddetto "fondo fanculo": vivendo per mesi come quando era studente universitaria, risparmiando i centesimi, lavorando dal lunedì al venerdì e arrotondando il sabato come cameriera, non cenando mai fuori. Quando ha abbastanza per vivere sei mesi senza lavorare sa rintuzzare il capo maiale e mandare a stendere il fidanzato arido. La morale: non starà mai più senza il suo *fuck-off fund*. Si è salvata da sola.

Tra le ricette offerte dall'epoca a questa cronica vulnerabilità, comunque, ne dilagano di più fantasiose. Allo sbattimento di quella che controlla le finanze, gestisce i risparmi e si crea un tesoretto facendo il doppio lavoro, una corrente di pensiero magico che dilaga su TikTok e Instagram contrappone la passività della dipendenza. Si chiama *manifestare*. No, state buone, riponete il brivido da corteo e picchetto e tenetelo per la fine di questo libro, che spera comunque di suscitarvelo; *manifesting*, sui social, significa tutto meno che scendere in piazza.

Quanti soldi hai nel tuo portafoglio? Lo sai o credi di saperlo? Scrivilo su un foglietto e poi va' a controllare: se pensavi di avere di più di quello che c'è dentro, sei una che tende a strafare anche quando è stanca; se pensavi di avere di meno sei una che non crede in se stessa; i denari sono come le nostre energie, ed è impossibile imparare a moltiplicarli se non si impara prima a chiudere le "falle energetiche" che ci impediscono di progredire. Questo breve esercizio lo propone una life coach alla cui newsletter mi sono abbonata, perché promette di fare quello che Barbara e io affideremmo alle foto dei piedi, al doppio lavoro, ai fioretti: farci diventare ricche. Lei sa come: è un'esperta di *abbondanza* femminile. *Abbondanza*, più che *ricchezza*, è un termine chiave del gergo "tecnico" del *manifesting*: il cui scopo è *attrarre* nella propria vita ciò che desideriamo attraverso il potere dei nostri pensieri. Manifestando ricchezza, attrarremo ricchezza. Manifestando amore, attrarremo amore. Come nel Vangelo di Luca, a chi ha sarà dato. A chi non ha, sarà tolto anche quello che crede di avere.

Sai *attrarre* nella tua vita il denaro e l'amore di cui hai bisogno, chiede il programma della coach? Hai quelli che definisce "blocchi della ricettività"? Ricettività: *ricevere*, a partire dalla conformazione dei genitali, è proprietà ascritta al femminile già nell'I Ching; *ricevere* e non *procurarsi*, ricevere e non strafare, stare ferma come un ovulo in attesa della fecondazione, non sbattersi, non insistere. Il sole irradia, la luna riceve e riflette. *Fai meno, ottieni di più*, si intitola il programma di "rieducazione al ricevere" ideato dalla life coach; sbloccando il naturale magnetismo femminile *attrarremo*, automaticamente, più denaro. Visualizzo un raggio dorato che parte dalla mia vulva e attira magicamente un cordone di monete d'oro verso la mia persona. Che sogno. Vabbè ma quindi come si fa?Risposta del programma: rivolgendosi agli uomini.

A chi ha il cromosoma Y geneticamente piace darci soldi, provvedere a noi, saperci tranquille: chiediamo pure denaro senza *blocchi emotivi* a nostro padre, fratello, al nostro compagno, e se non abbiamo un compagno smettiamola di metterci con ragazzoni insolventi o avari, per cercarne uno che – finalmente – provveda a noi. Dovete capire, spiega la coach, che amore e denaro sono fatti della stessa sostanza: sono la stessa cosa. Se non vi amate non attrarrete amore né denaro; se vi comportate da povera, difensiva, guardinga, resterete insolvente e naturalmente zitella.

Pensando alla mia amica Barbara e agli NP a cui spesso, persino, negli anni è scappato a tutte noi di offrire la cena, l'istinto è regalarle questo libretto. Barbara *merita* – ho assorbito lo psicologhese di cui il programma è imbevuto – un compagno solvibile, generoso, accudente. Ma poi penso alle dieci ore al giorno, sei giorni la settimana, che Barbara come molti di noi ha votato al lavoro. E mi tornano rabbia e tristezza: come è possibile che non bastino a renderla libera?

Secondo l'Osservatorio dell'Inps sui lavoratori dipendenti e indipendenti (dati pubblicati nel 2022 sul 2021, i più recenti disponibili), lo stipendio medio annuo di un lavoratore italiano è di 25.958 euro, e di una lavoratrice 19.218. Il reddito medio annuo è di 23 mila euro circa. Si tratta, in tutti i casi, di cifre lorde: al lordo della previdenza sociale, al lordo delle tasse. Cifre di cui resta disponibile, quindi, poco più di metà.

Questo dato accorpa autonomi e dipendenti, possibilità di lavoro nero e 730, pubblico e privato; in linea generale, i redditi da lavoro dipendente sono un po' più alti nel pubblico che nel privato (ma è anche perché nelle stime del pubblico non rientrano tutti i rapporti di lavoro di tipo parasubordinato, come per esempio gli assunti da cooperative, i co.co.co., i contratti a progetto), i redditi delle donne sono in media il 75 per cento di quelli degli uomini, si guadagna abbastanza più al Nord che al Sud, e altre note ovvietà. La più nota delle ovvietà è che i manager guadagnano più degli stipendiati.

Sì, ma quanto? Fate un bel respiro e pensate alla vostra rendita annua lorda. Dipendenti pubblici. Amministrazioni locali: in media guadagnate 28 mila euro lordi. Amministrazioni centrali e magistratura: in media 40 mila. Se lavorate nella scuola guadagnate in media 22.700 euro l'anno. Se lavorate nella sanità circa 40 mila: ed è una media che va dal barelliere al primario. E così via. Dipendenti privati. Se siete un operaio in media prendete 16 mila euro. Se siete un impiegato, 25 mila. Se siete un quadro, cioè un impiegato di più alto livello, 65 mila (ma difficilmente siete un quadro: in Italia sono circa 495 mila, contro i sei milioni di impiegati e i nove milioni di operai). Ma se siete un manager guadagnate, in media, 145 mila euro l'anno:[52] la sola cosa che avete in comune con gli altri lavoratori è quella che state per obiettare, cioè che all'estero vi pagherebbero di più. Sì. Vale anche per la bidella.

Se siete un manager, comunque, immagino che non stiate leggendo questo libro perché le cose, così come stanno, vi stanno bene. Il celebre dirigente della vecchia Fiat Vittorio Valletta ripeteva che "nessun dirigente, nemmeno il più alto in grado, deve guadagnare più di dieci volte l'ammontare del salario minimo". Nel 2017 lo stipendio del suo successore Sergio Marchionne in Fca era 437 volte quello di un metalmeccanico. Quello di Carlos Tavares, guida del gruppo Stellantis che oggi contiene Fiat, è 758 volte quello di un suo operaio. Tra il 5 e il 6 gennaio, cioè in soli 5,77 giorni, un amministratore delegato di un'azienda italiana quotata in borsa ha già guadagnato il compenso che il suo dipendente medio si porta a casa in un anno. Sono 5.300 euro al giorno.[53]

[52] Osservatorio statistico Inps, "Totale lavoratori, redditi da lavoro e settimane lavorate nell'anno".

[53] Osservatorio JobPricing sulle prime 200 società italiane quotate.

Esiste uno specifico femminile dell'indipendenza? Abbiamo detto di sì, che si tratti di non percepirsi come "esseri secondari" (*Il secondo sesso*, Simone De Beauvoir) o poter fuggire dal marito che ti vuole ammazzare (uno ogni due giorni, ministero dell'Interno). Eppure, se proviamo ad ancorare l'indipendenza all'immaginaria soglia che le donne dell'indagine di poche pagine fa hanno stimato per sé, 1.700 euro mensili, l'idea che il lavoro possa rendere indipendenti – figuriamoci agiati – è un pianeta lontano anche per gli uomini.

Una pagina Instagram intitolata "Stipendio Pubblico" divulga, più o meno una volta al giorno, la retribuzione netta di un anonimo lavoratore, specificandone le qualifiche. Tappezziere con sei anni di esperienza: 1.400 euro al mese. Ingegnere meccanico con 4 anni di esperienza, 1.800 euro al mese. Addetta alle risorse umane in un'azienda metalmeccanica: 1.700. Social media manager per agenzia di comunicazione: 1.300. Commerciale in una multinazionale: 1.900. Ricercatore (dottorando) in un laboratorio di oncologia molecolare: 1.200. Infermiere nel servizio sanitario nazionale con 5 anni di esperienza: 1.550. Tecnico di produzione: 1.300 euro. Ostetrica: 1.800 euro. Ingegnere edile al primo lavoro: 1.200. Cameriera stagionale a Ravenna: 1.400 però per solo tre mesi. A febbraio scorso, un video di TikTok si è conquistato qualche prima pagina e qualche servizio al tg: un'ingegnera di Genova, Ornela Casassa, inveiva contro un datore di lavoro che la stava per assumere offrendole, come stipendio, 750 euro netti mensili. In quale universo è adeguato retribuire un ingegnere con questa cifra? E se fosse una cameriera, quei 750 euro al mese basterebbero invece per vivere? Questi sono stipendi alti? Bassi? Giusti? Meritati? Immeritati?

Certo c'è l'avvocata d'affari di Milano, 3 anni di esperienza, 4.800 euro con partita Iva; il manager automotive da 4.400 euro per 14 mensilità; il direttore commerciale di un'azienda tessile, cinquant'anni, un dottorato e uno stipendio netto di 10 mila euro al mese. Eppure già la cardiologa, che lavorando all'ospedale dichiara 2.800 euro netti al mese più "almeno tre ore al giorno" di straordinario non pagato, si colloca sulla scala dei nababbi per la media nazionale ma su quella dei fessi nella coorte dei compagni di corso, tra cui oggi figurano il radiologo di un gruppo di cliniche private, centomila euro in busta e altrettanti in nero ogni anno, e una ginecologa specializzata in fertilità col suo ambulatorio in centro, che anche grazie alle eterne liste d'attesa del pubblico sta accendendo il secondo mutuo per una casetta in Versilia. Se non ci si sceglie la propria strada guardando soltanto al reddito, ma anche a criteri come lo spirito di servizio, è vero però che il "mercato del lavoro", questa piazza di scambio in realtà inesistente di una merce che è definita tale soltanto per convenzione, non è obbligato dalla legge a premiarli.

In sintesi, l'insufficienza del salario è un problema ambosessi, seppure in proporzioni diverse, ed è impossibile non vederlo.

Per tutti i lavoratori, in realtà, esiste già il diritto a un salario decente: lo sancisce l'articolo 36 della Costituzione. "Il lavoratore ha diritto ad una retribuzione proporzionata alla quantità e qualità del suo lavoro e in ogni caso sufficiente ad assicurare a sé e alla famiglia un'esistenza libera e dignitosa." Ma poi ci sono le *lavoratrici*, cioè tutte quelle persone, maschi e femmine, per cui la legge, formalmente, vige; ma nei fatti non è sufficiente. Il femminile è ancora una volta sovraesteso perché questo fatto, di essere formalmente protette ma nei fatti a rischio, accade in svariati ambiti della vita di tutti, non solo delle donne. Il lavoratore povero, che non riesce a condurre "un'esistenza libera e dignitosa" solo in forza di quel che guadagna, è *una di noi*.

Il livello medio dei salari e il loro potere d'acquisto sono molto spesso sui giornali, ultimamente, per due ragioni.

La prima è l'inflazione che li rode, in Italia e non solo, e che ha determinato anche le politiche monetarie di molte banche centrali, come la Fed e la Bce; inflazione, cioè aumento dei prezzi nel tempo e quindi riduzione del potere d'acquisto reale del denaro, dovuta in gran parte alla congiuntura geopolitica, all'aumento dei costi dell'energia, alla difficile ripresa globale dopo due anni di pandemia. In Italia è tra le più feroci d'Europa: secondo i dati Ocse, il "valore reale" degli stipendi cioè il loro potere d'acquisto è calato del 7,5 per cento nel 2023 rispetto a prima della pandemia.

Non è comunque una notizia di oggi: il potere d'acquisto dei salari, parametrato ai prezzi al consumo, in Italia scende dal 1990. Non una data casuale. A fine anni Ottanta venne depotenziato e nel 1992 abolito il meccanismo della "scala mobile", che adeguava automaticamente gli stipendi all'inflazione. La ragione per cui, come in molti Paesi, venne abolito, era che avrebbe generato ulteriore inflazione. Ma in assenza di questo automatismo le parti sociali non sono più riuscite a trovare accordi che lo compensassero; così i salari hanno perso costantemente il loro valore.[54] Adeguate all'inflazione, poi, restano le tariffe di molti servizi, dai nidi ai trasporti pubblici alle mense scolastiche. Quelle, cioè, aumentano; i salari no.

I nostri salari, in particolare, sono comunque i più bassi d'Europa anche se non ne consideriamo il valore d'acquisto reale.

[54] In Europa restano in vigore sistemi simili solo in Belgio e in Lussemburgo. Ma in molti altri Paesi europei ci sono esempi recenti di contrattazione collettiva nel senso dell'adeguamento degli stipendi all'aumento globale dei prezzi. In Francia, Germania e Spagna, per esempio, sono stati raggiunti accordi significativi sugli stipendi dei dipendenti pubblici.

Rispetto alla media europea,[55] il lavoratore medio italiano guadagna 3.700 euro l'anno in meno, 8 mila rispetto a un tedesco, e la differenza con svizzeri, scandinavi e francesi non la volete nemmeno sapere.

La seconda ragione per cui si parla molto dei redditi da lavoro italiani e della loro inadeguatezza è poi la lunga discussione politica sul salario minimo, che una direttiva europea del 2022 chiede di istituire e che le opposizioni richiedono di fissare ad almeno 9 euro l'ora. L'Italia è il solo Paese del G7, e tra i pochi (altri sette) in Europa, a non avere questo tipo di soglia minima; la norma andrebbe a beneficio di circa 5 milioni di lavoratori non "coperti" da contratti nazionali, che fissano invece retribuzioni sotto le quali non si può andare. In Italia, a grandi linee, quattro lavoratori su cinque lavorano con contratto nazionale, cioè con retribuzioni fissate da una forma di contrattazione collettiva; tra i contrari all'istituzione di un salario minimo, in sintesi, va forte l'argomento che è meglio estendere la contrattazione collettiva anche ai settori in cui oggi non è prevista.[56]

[55] Istat, Rapporto annuale 2023.

[56] Quali sono? Per esempio i lavoratori autonomi. Degli occupati in Italia (23 milioni e 291 mila nel 2019, cioè il 38,5 per cento della popolazione), 5,3 milioni sono autonomi, cioè "dipendenti di se stessi". È il 23 per cento del totale degli occupati, di qui la stima che un lavoratore su cinque almeno non sia coperto da contratti collettivi. Anche tra i lavoratori dipendenti c'è chi non è tutelato da un contratto collettivo nazionale, perché non tutte le aziende vi aderiscono. Non sono obbligate. Secondo l'Istituto nazionale per l'analisi delle politiche pubbliche i contratti nazionali stipulati da sindacati e imprese coprono l'89 per cento dei rapporti di lavoro dipendente. I contratti collettivi di ogni categoria, comunque, valgono come riferimenti nella giurisprudenza anche per le aziende che non vi aderiscono. Cioè i trattamenti economici minimi che prevedono i contratti collettivi sono comunque un parametro per la proporzionalità e la sufficienza dei trattamenti economici di tutti i lavoratori della stessa categoria. Certo: per farli valere, è necessario fare causa. Se cioè sei un dipendente sottopagato e non tutelato da un contratto collettivo dovresti fare causa al tuo datore di lavoro, sapendo di poter contare sui parametri dei

In sintesi, e tornando a Barbara e alla nostra insonnia: chi può permettersi, anche senza averlo scelto, il lusso per pochi di abitare da solo? Cosa fa un padre che si separa? Un cinquantasettenne che perde il lavoro e non sa una sillaba né di inglese né di come si usa Instagram né pronunciare TikTok? Un ventottenne, fascia il cui reddito medio in Italia si attesta sui 10mila euro l'anno, e poi ci si chiede perché non si presentino ai colloqui di lavoro, perché preferiscano stare a casa? Un ventottenne che detesti i genitori e voglia esserne indipendente? Esiste il

contratti collettivi più vicini alla tua categoria. Ma fare causa al proprio datore di lavoro implica il rischio di perdere il posto, che quasi nessuno può permettersi. Infine c'è una zona grigia tra chi è tutelato e chi no, e riguarda i tanti che lavorano, sì, con un contratto nazionale; ma firmato da associazioni di categoria o sigle sindacali non grandi o non rappresentative di molti lavoratori, e quindi deboli contrattualmente. In questi contratti, per esempio, i minimi salariali sono in genere più bassi, e le tutele generali diminuite. Depositati al Cnel, a fine 2022, ci sono 946 contratti collettivi nazionali. Di questi, 208 sono firmati dai sindacati maggiori, cioè Cgil, Cisl e Uil. Altri 400 sono sottoscritti da sigle meno grandi, ma non "minori", come Cisal e Ugl o il Ciu, che rappresenta le professioni intellettuali. Gli altri 347 sono firmati da sigle non rappresentate al Cnel. Ma non è detto che siano, per forza, organizzazioni "pirata". Così come non è detto che l'esistenza di un contratto nazionale anche autorevole sia automaticamente una tutela: molti contratti nazionali, tra cui il mio, sono scaduti da anni e quindi non sono nemmeno adeguati all'inflazione. E anche tra chi è coperto da contratti nazionali, comunque, sono in molti a non arrivare ai 9 euro l'ora ipotizzati da chi chiede un salario minimo. In generale, secondo i dati dell'Inps (2019), dividendo il salario base più la tredicesima per le ore lavorate da contratto, non arrivano a questa soglia il 18,4 per cento dei lavoratori. Il dato è alto, ma generato più dal precariato che dai minimi contrattuali. Tra chi stenta più a raggiungere la soglia "simbolica" dei 9 euro, per esempio, secondo l'Istat c'è il 23 per cento dei rapporti di lavoro con la qualifica "operaio". Sotto i 9 euro lordi l'ora ci sono (nel 2019, ultimo dato disponibile), circa 3 milioni di lavoratori dipendenti. I più poveri sono quelli del settore artistico e quelli del settore ristorazione-alberghiero: circa un milione e trecentomila lavoratori. E anche tra i contratti collettivi firmati da Cgil, Cisl e Uil ce ne sono 22 che restano sotto i 9 euro lordi l'ora. Resta fuori infine, perché spesso irregolare, il bistrattato lavoro domestico, quasi completamente femminile: la retribuzione oraria lorda media, in questo settore, è di 7,3 euro. La più bassa di tutte.

lusso di non telefonare mai più a famigliari invisi, di cavarsela da soli, di farsi vedere al massimo per ventiquattr'ore a Natale? E uno studente universitario? La popolazione studentesca, a Milano, è il 13 per cento dei residenti in città. Le loro stanze quanto costano?

Tutti questi casi sono, ancora una volta, *lavoratrici.* Persone cioè a cui il reddito non garantisce alcun agio, e neppure l'indipendenza, per non parlare della famosa *stanza tutta per sé*. Di cosa hanno bisogno, queste persone? Di più autostima? Di più assertività? Di una maggiore etica del lavoro, di rendersi più disponibili, di accettare trasferte ancora più lunghe?

Oppure di salari adeguati all'inflazione, di maggiore consapevolezza dei propri diritti, di una contrattazione collettiva che torni a funzionare?

"Contrattazione" non suona meglio di *self-help*? E "collettiva" non suona meglio di *auto*stima, assertività, defemminilizzazione, insomma tutti quei concetti da *Cosmopolitan* che servono a dirti che del tuo scarso stipendio, dei tuoi crediti professionali, dei tuoi diritti ti devi occupare tu, con un bel lavoro su te stessa, come della cellulite?

Non ti viene voglia di tenerti la tua scarsa autostima e iscriverti al sindacato, rifondarne uno, protestare, scioperare?

TITOLO III
DELL'ATTIVITÀ SINDACALE

ART. 20 – ASSEMBLEA

I lavoratori hanno diritto di riunirsi, nell'unità produttiva in cui prestano la loro opera, fuori dell'orario di lavoro, nonché durante l'orario di lavoro, nei limiti di dieci ore annue, per le quali verrà corrisposta la normale retribuzione. Migliori condizioni possono essere stabilite dalla contrattazione collettiva. Le riunioni – che possono riguardare la generalità dei lavoratori o gruppi di essi – sono indette, singolarmente o congiuntamente, dalle rappresentanze sindacali aziendali nell'unità produttiva, con ordine del giorno su materie di interesse sindacale e del lavoro e secondo l'ordine di precedenza delle convocazioni, comunicate al datore di lavoro.

Eppure eccomi qui. Il teatro è pieno. Fino all'ultima fila. Do uno sguardo alla piantina dei posti e faccio un rapido conto: siamo milleduecento. Altro rapido conto: il mio biglietto omaggio varrebbe 117 euro. I prezzi vanno dai 57 ai 147. Facciamo che comunque almeno metà di noi è invitata: almeno seicento donne, e un manipolo sparuto di maschi, hanno speso in media cento euro ciascuna per essere qui. Cosa ci sono venute a fare? A sentirsi dire, con l'autorità di un Ted Talk, la frase più desiderata dell'epoca. No, non è "ti amo". No, non è nemmeno "sei bella". È la primavera 2022, e le paroline magiche che vogliono sentirsi dire quasi tutti, a qualunque costo, sono quattro: "Puoi mollare il lavoro".

Questo evento è la cosa più simile a un'assemblea sindacale che io abbia visto negli ultimi anni. L'organizzatrice è una carismatica influencer, che del desiderio di "ricominciarsi" – lasciare la bollatrice, il foglio presenze, la gerarchia militaresca, lo stipendio impalpabile – ha fatto, lei sì, una miniera.

L'avevo intervistata già prima, in piena pandemia. Mi aveva invitata a casa sua: una villetta indipendente in pieno centro, su tre piani, con piscina riscaldata nel cortile interno. Persino l'indirizzo sembrava intonato al suo business plan: era nei dintorni di via Passione, la stessa che grazie alle sue ricette magiche potevamo trasformare tutte quante in un impiego che ci desse da vivere. La casa accanto, gemella, era in vendita per 3,9 milioni di euro. "I soldi per vivere qui", mi aveva confidato, ben attenta a che io prendessi appunti, "li ho ricavati con due corsi video che ho venduto su Instagram. Ci sono volute due settimane". Io prendevo appunti.

I corsi che lei propone insegnano a cambiare lavoro, mettersi in proprio e pubblicizzarsi su Instagram, dare alla luce la creatura più ambita di quest'epoca, più di un figlio e di un romanzo: un personal brand. "La richiesta è così alta, in questo periodo, che con il lancio di due corsi soltanto mi sono comprata questa casa", mi aveva detto. "Fino a cinque anni fa vivevo in un furgone." La villetta era stupenda. Perché me ne rivelasse l'indirizzo avevo dovuto garantire riservatezza: "per gli stalker". Non esagerava. In quei mesi di lockdown alternati e terrore di ritornare in ufficio il suo carisma era diventato messianico. Era come se lei, quarantasettenne che aveva per prima cambiato casa, lavoro e vita un gran numero di volte, avesse una pietra filosofale in grado di trasformare la merda – il tuo lavoro dipendente, qualunque esso fosse – nell'oro di una vita da star, piena di seguaci, libera e autogestita, e soprattutto in cui il tuo rapporto con la rapace impresa privata si sarebbe capovolto. Da sottopagata, sottostimata, sottovalutata, a testimonial.

L'intervista era proseguita a tavola: champagne gelato e tre larghe guantiere di sushi. Ce li serviva un domestico residente. Indossava (volentieri?) una felpa fuxia col logo della sua padrona, e lo champagne appena stappato gli era stato mandato indietro, chiedendone un altro, perché "troppo fruttato". Ne era arrivato un altro.

Ora la ritrovo qui, sul palco. Come le dive del cinema, dal vivo sembra più piccola. Tre minuti di applausi. Musica techno. Due torce spuntano dal palco e sputano fiamme verso l'alto. A questo punto della cerimonia sarebbe previsto che ci togliessimo tutte il reggiseno – ci hanno dato all'ingresso due copricapezzoli apposta – ma alla fine non osa quasi nessuna, e sul palco resta solo lei, a seno nudo, coperto solo da due stelline viola.

La sua tutina di lycra evidenzia ogni curva del suo corpo "non conforme": così definiamo oggi, nel linguaggio di Instagram, i corpi con qualche rotondità. Lei, la superinfluencer, ne aveva qualcuna, e di recente, documentandolo su Instagram, si è fatta "traslocare", così dice, un po' di ciccia dal sedere alle tette: avverando così un altro sogno contemporaneo, anche se meno presentabile dell'empowering, che è quello di mangiare con gioia senza ingrassare se non, appunto, sulle tette. La tutina in lycra serve a evidenziare le rotondità acquisite, ma anche a recapitare a tutte noi che stiamo in platea un messaggio liberatorio, e anch'esso molto in voga nell'epoca: del vostro corpo non vi dovete vergognare.

Vergognare? Io e la mia collega Serena, millennial attempate, siamo circondate da un esercito di ragazze più giovani molto magre o in forte sovrappeso, dai capelli viola o blu o decolorati, dai vestiti leopardati o in tulle o in latex, dalle unghie a punta, dal rossetto ultrarosso, dai tatuaggi sfacciati: la vergogna, per fortuna, è l'ultimo dei sentimenti che i loro look trasmettono.

Semmai è quello che proviamo Serena e io, conciate in confronto come Nilde Iotti e Nicoletta Orsomando. Quella davanti a noi ha un abito giallo, decorato con tante Betty Boop rosa e nere, un cappotto animalier rosso e nero, tacchi in vernice. Anche il suo posto è un omaggio dell'organizzazione: è una "fat activist", ci racconta, e sarebbe dovuta essere sul palco anche lei, "la mia agente lo aveva proposto", ma poi "hanno preso un'altra".

Sul palco si avvicendano nove "muse". Nove ragazze che devono servire, a noi che stiamo nel pubblico, a ispirarci per reinventarci dei modi di stare al mondo, modi che contemplino lavorare meno e nemmeno per forza tutte, evitare la subordinazione al maschio etero cis in ogni sua forma, mangiare quel che vogliamo fottendocene di ingrassare. Posso dubitare del sogno anche se ho il "privilegio di un corpo conforme"?

In *Capitale e ideologia*, Thomas Piketty scrive che ogni società ha un problema primario, ed è quello di giustificare le disuguaglianze. A questo servono le *ideologie*: l'etica calvinista del lavoro che giunge a vedere la ricchezza come un premio divino al ben fare, le caste indiane, la benedizione di Dio a sovrani e nobiltà. Perché uno è ricco e tu no? Perché quello governa e tu obbedisci? Perché quella campa decostruendo il privilegio e tu fai i turni?

L'ideologia che respiro qui e su Instagram, riguardo al peso, è quella del diritto naturale: il senso di fame è innato, il metabolismo pure, la nonna di Reggio Calabria che ci ha svezzate a salsicce non ce la siamo scelta noi, insomma rotondine si nasce e nascere magre è un bel privilegio; insomma non mi fermate dall'abbuffarmi. Ma davvero sarei potuta diventare adulta così? Davvero avrei potuto passare gli anni della mia adolescenza, i miei vent'anni, i miei trenta, a non pensare quasi costantemente a cosa mettermi per mimetizzare i fianchi, a non attribuire all'adipe la colpa di ogni mio disastro sentimentale? Davvero era possibile fottersene di ingrassare? Allo stesso modo, domande tra l'Ecce Bombo e Madame Bovary mi tormentano quando sento le storie delle tante presenti che hanno "cambiato vita". Davvero bastava dire "non ci sto"? Come hanno fatto, di che campano? Davvero vivere senza lavorare è come abbuffarsi con allegria, un sogno possibile che solo le sovrastrutture che ci hanno oppresse finora ci hanno dipinto come un'utopia? Ma davvero io potevo vivere come la contessa Rory Marzotto in *After Work*, di Erik Gandini, e passare le mie giornate a strigliare cavalli e fare *foraging*, e invece per sola miopia e pavidità sono ancora qui, tutti i mesi, a compilare il foglio presenze? Tra le "muse" che si avvicendano sul palco e sui maxischermi nessuna è un'infermiera contenta, una cardiologa soddisfatta, un'avvocata, una professoressa, una bancaria, una casalinga, una giornalista. Nessuna fa un lavoro nel senso novecentesco del termine, e tutte sono qui per ispirarci, affinché possiamo abbandonare i nostri anche noi.

Le loro storie, come negli ultimi mesi decine di manuali nelle librerie e le *great resignation* di amici e amici di amici, compongono tutte insieme un reticolare manuale di istruzioni sul disfare la vita che abbiamo progettato e ricostruirne una nuova; sul disimparare e sul monetizzare; sugli Scià a cui ora è urgente disobbedire (l'ufficio del personale, il coniugio, la previdenza sociale, l'opinione altrui) e sui nuovi Guardiani della Rivoluzione il cui capofila, com'è ovvio, è il principio di piacere.

Dogma numero uno: debellare la sindrome dell'impostore. Una voleva fare la filosofa, non fa però parte dell'accademia in senso universitario, ma ha scelto strade meno battute e non ha mai smesso di crederci, dunque eccola, adesso è una riconosciuta filosofa. Numero due, ribellarsi al lavoro dipendente: sale sul palco Startupper, che disgustata dalle gerarchie ha mollato l'ufficio per fondare una sua impresa innovativa, quanti anni aveva? Ventiquattro. Seduta in platea scaccio un dato che devo aver letto su un quotidiano: il 95 per cento delle startup entro cinque anni fallisce, nonostante le robuste iniezioni di fondi statali che ogni governo si affanna a distribuire loro per mostrare di credere nell'innovazione. Le ragioni sono tante; la stessa guru sul palco ammonisce a "fare due anni di sovrapposizione tra la tua startup e il lavoro vero, perché non sai se venderai e non sai quanto fatturerai"; spesso, semplicemente, una startup pure innovativa non era una buona idea. A ventiquattro anni puoi avere una buona idea? Può averti già disgustata il mondo del lavoro con le sue gerarchie? Perché io, sentendo queste vicende, mi trovo a ragionare come Ebenezer Scrooge?

Tre, non curarsi dei fallimenti: arriva Scrittrice, già studentessa di lettere con media del trenta rifiutata da ogni editore; non ha però lasciato morire la romanziera che è in lei ed è "andata a incontrarla ogni pomeriggio, al posto di preparare gli esami, come si va da un amante bellissimo, che ti sfascia la famiglia e la vita, e tu ci vai lo stesso". Ha funzionato e Scrittrice è in effetti bravissima.

Quattro, partire da quello che ti piace fare, e il mercato ti accoglierà (?): sul palco si presenta Stand-up Comedian, che combatte (non efficacemente) "contro il pregiudizio che se sei una donna non puoi fare ridere". Cinque, ribaltare i canoni: ecco Muriel, la fat activist prescelta. Sei, sognare in grande, e qui arriva Atleta. I suoi obiettivi di gloria, correre con le Azzurre, sono i soli tra quelli raccontati sul palco che non si infrangano contro la "sindrome dell'impostore" ma contro il principio di realtà: non ha cioè la cittadinanza italiana.

Seguono Attivista, Make-Up Artist, Personaggio televisivo, Momfluencer. Quali di queste "nuove vite" sono fondate su un lavoro in senso stretto? Quasi nessuna, penso mentre – sentendomi un po' liberata anch'io, perlomeno dalla dieta – faccio merenda con un doppio supplì alla friggitoria davanti al teatro. E la collettiva voglia di diventare Filosofa, Scrittrice, Atleta, Comica, persino Influencer, tutto pur di non compilare più il foglio presenze, è tale che in soli due anni ha permesso a una donna che racconta di aver vissuto in un furgone di trasferirsi in una villa liberty in via Passione.

"È facile dimenticarsi della morte quando si ha da fare", scrive il divulgatore Alain de Botton nel suo libro sul lavoro, *Lavorare piace*, in cui osserva da vicino decine di mestieri poco conosciuti: tra questi ci sono i diversi compiti che si svolgono a bordo degli aerei, ed è a proposito del loro rischio quotidiano che de Botton nota quanta parte, delle routine che costruiscono quasi tutte le giornate di lavoro, serva a "tenerci occupati" cioè lontani dal senso di morte. "Quando si è occupati, la morte non è tanto un tabù ma una cosa improbabile. Per sua natura il lavoro non ci lascia scelta e viene sempre preso troppo sul serio. Distrugge il senso delle proporzioni, e dovremmo essergliene grati, perché ci consente di mescolarci promiscuamente con gli eventi, perché ci lascia affrontare con una meravigliosa leggerezza il senso della nostra morte e della distruzione delle nostre imprese."

Quando per qualche ragione è invece la nozione della mortalità a farsi largo dentro di noi, le minuzie del lavoro e le sue routine, i suoi protocolli, ne fanno le spese: diventando, per molti, insopportabili. Molti osservatori ascrivono al biennio del Covid l'effetto eversivo che solo la vicinanza alla morte, collettiva o individuale, garantisce sulle vite di chi la sperimenta: quello di far rivedere le gerarchie, ribaltando quelle inutili e inaugurando nelle proprie vite il potere dei nuovi, intransigenti, *pasdaran* del piacere. Fermi per due anni a casa, stretti ai propri cari chi li aveva, solo con se stesso chi viveva solo, sconvolti da lutti concreti o simbolici, oltraggiati dal cinismo con cui molte aziende hanno gestito la transizione verso il lavoro da remoto, prima, e il rientro forzato in ufficio, poi, e dalla scarsa sicurezza sanitaria di uffici, fabbriche, scuole, tanti lavoratori hanno finito il biennio 2020-2022 guardando ai propri lavori di prima con un senso di disgusto e di ribellione. I social sapevano cosa offrire loro.

La *creator economy*, cioè il grande volume d'affari che ruota attorno alla comunicazione sui social, raddoppiò a livello globale in quello stesso biennio: dai 165 milioni di creator che esistevano nel 2019,[57] nel 2022 se ne registravano 300 milioni, che in tutto il mondo macinavano 105 miliardi di dollari. Per il 2023 una stima degli analisti di Goldman Sachs è che abbiano generato 250 miliardi di dollari. In Italia la loro associazione di categoria, Assoinfluencer, stima a oggi un fatturato complessivo di 1,5 miliardi di euro, e 350 mila "creator" nel Paese. Per fare un confronto, noi giornalisti siamo circa 35 mila. Certo, la categoria comprende la milionaria Chiara Ferragni e tuo cugino che gira video amatoriali sulla dieta proteica; ma dividere il fatturato totale per il numero di creator fa immaginare che ciascuno muova in media 42 mila euro l'anno. Lo stipendio lordo medio italiano, lo abbiamo visto, è poco più di metà. In questo calcolo impossibile (negli Stati Uniti si stima che solo il 12 per cento dei creator guadagni più di 50 mila dollari l'anno) risiede tutto il fascino di una "professione". Che in più promette di avverare l'adagio tradito dall'epoca: fai un lavoro che ami, e non lavorerai mai.

[57] Adobe Future of Creativity, "Creators in the Creator Economy", presentato ad agosto 2022.

Solo nella mia cerchia, cioè nel mio feed Instagram, sembravano crederci in tanti: scrittori altrimenti burberi che si aprivano un account per annunciare i firmacopie (sperando che ciò bastasse a trasformarli nella bestsellerista Erin Doom), una che faceva i tortellini e li avrebbe consegnati a domicilio, un'ingegnera con l'hobby della stand-up comedy che pubblicava i suoi monologhi; l'antropologa si improvvisava divulgatrice spiegando gli "universali culturali" nelle sue storie in evidenza, la psicologa aveva aperto un "box domande", l'impiegata e illustratrice nel tempo libero pubblicizzava i suoi corsi, l'agente immobiliare postava foto delle sue case, la prof di scuola si era aperta un account con pseudonimo nel quale faceva i tarocchi. Una mia amica, igienista dentale insoddisfatta, aveva frequentato online un corso per diventare armocromista e ora ci proponeva le sue consulenze, a duecento euro all'ora. Alcune persone dal lavoro imprecisato iniziavano a definirsi attiviste. Le mamme a tempo pieno pubblicavano foto del loro dimagrimento, collegandolo a fantasmagorici "integratori" che potevano procurarci, nel classico schema a piramide. Il più scemo della classe si presentava come consulente finanziario, specializzato in criptovalute. Postava da Dubai. Quasi tutti i miei conoscenti all'improvviso volevano vendermi qualcosa.

In platea a teatro c'è una persona che mi evita. Anche io evito lei. O meglio, quando ne ho riconosciuto da metri di distanza la massa di ricci rossi sarei voluta andarle incontro, un po' falsamente; le ho fatto un cenno, lei mi ha vista benissimo e ha fatto finta di non vedermi. Ha cambiato look, ovvio, e indossa un turbantello colorato, un rossetto sfacciato, tacchi alti. Giulia. L'ultima volta che ci siamo incontrate era prima della pandemia, nella nostra stretta compagnia di amici. Poi lei ci aveva mollati:

aveva litigato con tutti noi, e tutti spettegolavamo sul suo conto. Che idea del cazzo ha avuto, chi si crede di essere? Che cosa pensa di fare?

La *hybris* che rimproveravamo a Giulia era stata questa: aveva lasciato in modo spettacolare, con una pepata email all'indirizzo dello staff completo, un lavoro da quadro in un'azienda che da anni brontolava di detestare, senza però mai avere preso alcuna iniziativa concreta per impararne un altro. Nella noia del Covid si era portata avanti, e aveva fondato un canale Instagram di cucina: l'ennesimo, malignavamo noi. E da quando, poi, era una grande cuoca? Nei suoi reel alternava pillole di umorismo pungente e ricette a prova di dilettante, più, ogni tanto, qualche criptico strale all'indirizzo di "chi non ha mai creduto in me". Forse parlava di noi. A buon diritto: il suo account Instagram era stato accolto da noi amici, accidiosetti e quindi invidiosi, con parecchie battutine alle sue spalle. Lei, che non era stupida, se n'era resa conto e ci aveva bloccati tutti. A novembre 2020 aveva 981 seguaci; in un pomeriggio, come per magia, erano diventati cinquemila, probabilmente comprati. Il colpaccio fu a maggio 2022, quando in un solo pomeriggio se ne aggiunsero 70 mila: Chiara Ferragni aveva ripostato un suo video. Poche settimane dopo Giulia avrebbe lasciato il lavoro.

"Ho una base che posso monetizzare", rispondeva poco tempo fa a un intervistatore in tv, "non sono famosa come Chiara", cognome sottinteso, "ma *converto* tanto". *Conversione*, nel gergo professionale dei creator, è l'eufemismo che indica il concetto più misterioso di tutti: quanti dei cuoricini che il tuo account raccoglie diventano acquisti. È funzione dell'*engagement* che hai saputo creare nella tua *community* e corrisponde a un guadagno: in parole povere, se i tuoi seguaci dopo averti vista indossare una maglietta in una story di Instagram poi cliccano sul link che tu fornisci loro per comperarla, hai una buona *conversione*. E per pubblicare una story, o un TikTok, su quella maglietta, la prossima volta potrai chiedere diverse migliaia di euro.

Sì, ma quanto, insisteva l'intervistatore, ormai supplice come Nanni Moretti in *Ecce bombo* – "ma queste sigarette chi te le ha comprate?" – e lei, sorniona: "eh, tanto". Dipende, e da molti fattori. Ma un profilo come quello di Giulia, che è una *mid-tier* cioè tra i 50 mila e i 300 mila follower molto attivi,[58] può chiedere 3.500-4.000 euro per una story su Instagram, 5-6.000 per un post. Sono cifre molto indicative, che variano secondo molti fattori. Ma sommate, nell'arco di un mese, compongono una retribuzione che è ben diversa da quella di un quadro o di un impiegato normale, com'era Giulia prima del suo colpo di testa. E il bello è che il suo di oggi non è nemmeno un lavoro.

O meglio, non lo sembra. Nulla delle riunioni con i committenti, delle mail per proporsi, dei cazziatoni dell'agente che piazza i suoi contenuti, finisce sul profilo Instagram o TikTok di Giulia, né della sua musa Chiara, né di chi "ce la fa". A rendere interessante e invidiata la sua vita online è proprio la sua differenza dalle nostre, l'assenza di occhiaie e di un ufficio nello sfondo, le luci perfette che avvolgono la sua scrivania quando viene inquadrata. Il suo tono di voce insieme rilassato e pugnace. Giulia, di lavoro, fa ora quella che ci insegna a smettere di lavorare.

E chi investe su di lei, e sulle sue story? Proprio le aziende da cui lei e i suoi seguaci se ne vogliono andare: avare con i loro dipendenti, munifiche con i *content creator* che pubblicizzeranno le loro magliette, i loro dentifrici, le loro scatolette di tonno. Per mezzo della retorica dell'antilavoro, naturalmente.

[58] Decisivo, più del numero di follower, è il loro *engagement*, cioè il loro coinvolgimento nelle attività del profilo, la stima che hanno per il *creator*, la fiducia con cui seguono i suoi consigli.

Un podcast italiano di buon successo si rivolge a chi, "con la creatività, ci paga le bollette". I due autori e conduttori promettono di aiutare chi ascolta a "trovare nuovi strumenti, modelli, processi per essere originali". Sottinteso, guadagnandoci. E senza lavorare, o almeno non in senso novecentesco. Ospitano sceneggiatori e pubblicitari; giornalisti freelance e ideatori di giochi da tavolo; tarologi e programmatori, calligrafi e life coach, professori e direttori delle risorse umane.

Un giorno spunta un ingegnere: spiega ai creativi del podcast come ha smesso di lavorare prima di compiere quarant'anni anni. Ne ha fatto anche un sito, intitolato "Smettere di lavorare". Insegna a trovare un rudere e ristrutturarlo a mano, elenca quanto serve avere di orto e bosco per l'autosufficienza alimentare ed energetica (100 metri quadri di orto e 200 di bosco a persona), teorizza il minimalismo: "possedere equivale a dover mantenere e difendere, azioni che portano nella direzione del conflitto con gli altri". Si chiama *downshifting*: ridurre i consumi per ridurre la fatica che serve a mantenerli, come scalare una marcia.

L'ingegnere mi convince quasi quando leggo delle sue cosiddette "estati povere" alla fine dell'estate più esosa da che sono in vita, quella del 2023, in cui improvvisamente qualsiasi Pensione Mariuccia di qualsiasi litorale italiano ha iniziato a costare come il Danieli. Lui invece ha trascorso l'intera estate a vagabondare per l'Italia in furgone con la moglie e i bambini, mentre il suo sito si aggiornava da solo pagandogli le ferie per mezzo dei banner, tra le Dolomiti e il mare. Uno dei nodi che hanno finora reso impraticabile il *downshifting* per la gente smidollata come me che non sa coibentarsi il tetto è da sempre la voce "carinerie e tempo libero": le cose belle, per esempio le vacanze, costano e non ci voglio rinunciare. Ma come ogni TikToker americano arrivato in Italia con il suo trolley ha potuto constatare nei suoi video, definire "belle" le vacanze italiane del 2023 è un discreto azzardo. Almeno, quelle che io e i miei cari potevamo permetterci. Anche io, come l'ingegnere che ha smesso di lavorare, le ho disertate: e trovo il suo giro in furgone coi figli più desiderabile del trullo in Salento, circondato da orde di americani, che non avrei comunque potuto affittare.

Il "Manifesto per la semplicità volontaria" dell'ingegnere ribelle è pieno di nozioni impossibili da non condividere: meglio la gentilezza che lo scontro, meglio essere liberi che passare il lunedì mattina nel traffico per andare in un edificio di cemento a obbedire, meglio preservare la natura che abusarne. Ma definisce la sua "una rivoluzione individuale e silenziosa", e io penso che sia per questo che in fondo non possa funzionare che per lui soltanto.

Che aderire non sia solo difficile: mi pare anche vano, come se tutti insieme, i mille cani sciolti che da quarant'anni e con ogni congiuntura economica dicono di averne abbastanza del capitalismo e preferirvi l'eremitaggio, non contribuissero poi nemmeno in dosi pediatriche a riformarlo. Anzi, forse, proponendo come alternativa quella di coibentarsi il tetto o di aprire scatolette di tonno a favor di camera, su di me e forse su tanti come me ottengono l'effetto opposto: non sono così sicura di cavarmela meglio nell'orto che in un ufficio, vivo meglio in mezzo ai miei cari colleghi che sola nella mia mansarda a fotografare tonno, e la mia incapacità di "illuminare le parti buie della mia casa con tubi che portano la luce dal soffitto attraverso un sistema di specchi" come ha fatto l'ingegnere (che è, appunto, ingegnere) mi rende persino grata all'esoso mercato libero dell'elettricità.

Tutti noi crediamo di aderire a rivoluzioni "individuali e silenziose" e quasi sempre si svolgono nel nostro tinello e proprio a nostra misura: mangiare un po' meno carne ma non abolirla del tutto, boicottare quel certo servizio, lavorare un po' meno – *quiet quitting* – ma senza conflitto e senza farsi licenziare, svegliarci due ore prima, lasciare la metropoli e tornare al paese, aprirci un profilo Instagram e iniziare a monetizzare i nostri amici. Eppure la storia sembra dimostrare che è quando diventano collettive e non silenziose che le rivolte cambiano qualcosa.

E neppure sempre: dalla Russia alla Cina, dalla Thailandia all'Iran, quasi ogni governo autoritario del pianeta si è trovato, tra il 2019 e oggi, a far fronte a un dissenso organizzato la cui visibilità era quasi sempre internazionale, eppure nessun tiranno è caduto. Forse non è un caso che i Nobel per la Pace degli ultimi anni siano stati assegnati quasi tutti a persone e organizzazioni dissidenti di regimi che in patria, viceversa, sembrano schiacciarli. Come se l'epoca ribadisse che chi subisce un'oppressione è giusto che la contesti, e a voce alta. Anche, forse, vanamente: i regimi continuano a dominare i loro cittadini, e il cambiamento, se non impossibile, è molto più lento e costoso di quanto gli stessi dissidenti, in molti casi, non si aspettassero. Uno di loro, bielorusso, mi aveva detto: "Se non puoi parlare al mondo, parla al Paese. Se non puoi parlare al Paese, parla alla città. Se non ti lasciano, ai quartieri. Se non ti sentono, ai vicini. Se i vicini sono delatori, tieni un diario, e un giorno a cambiare le cose sarà proprio quel diario. Se non cambia niente, scrivilo lo stesso". Poche ore dopo, sul mio Google Drive diventava un file l'idea di questo libro.

Noi, comunque, non viviamo in Bielorussia. E il diritto del lavoro, che sarà pure uno "strumento del padrone" per dirla con Audre Lorde ma intanto esiste e ancora, seppur sempre più svuotato, un po' ci tutela, prevede mezzi perché noi possiamo contribuire a ridefinire, collettivamente, alcune delle condizioni a cui lavoriamo. Certo non sono mezzi né "individuali" né "silenziosi". Ma collettivi, organizzati, concertati. Uno sciopero non è per definizione un atto individuale. E di rado una protesta, se coinvolge tanti, non fa rumore.

Da più di tre anni, almeno dal 1965, scioperi e lotte di fabbrica preparavano quello che sarebbe stato ribattezzato "autunno caldo": l'autunno del 1969. Negli ultimi mesi degli anni Sessanta scioperi, agitazioni e vertenze coinvolsero così tante categorie di lavoratori, frustrati dal non aver beneficiato quasi per nulla della crescita economica che oggi chiamiamo boom, che il 1969 si concluse con il rinnovo (a loro vantaggio) di 59 contratti nazionali; soprattutto, pochi mesi dopo fu approvato il rivoluzionario (davvero) Statuto dei lavoratori. Non fu una *charte octroyée*, cioè "graziosamente concessa" dalla politica e dai datori di lavoro; le lotte che vi condussero non furono del resto né silenziose né, tantomeno, individuali. Eccone qualche resoconto sparso dall'archivio del *Corriere*.

Estate 1969: si inizia a parlare dell'attesa di un "autunno caldo": un autunno "di contrasti tra datori e lavoratori, nella rinnovazione (sic!) di contratti collettivi che interessano parecchi milioni di dipendenti". Così un editoriale di agosto 1969 nella sezione "Economia e Finanza". 29 agosto, Indro Montanelli in prima inveisce contro il "pugno di arruffapopoli" che minaccia di scavalcare i sindacati a sinistra, e promette "un ottobre di scioperi e subbugli". Il "pugno di arruffapopoli" che effettivamente, soprattutto nelle fabbriche, forzerà la mano ai tre maggiori sindacati, sarà lo stesso nucleo da cui anni dopo germoglieranno l'estremismo e la lotta armata; ma lì per lì costrinse i maggiori sindacati a un'azione più decisa, e soprattutto unitaria (sarà del 1972 la definizione di "sindacati confederati").

5-6 settembre 1969, apertura a nove colonne: la Fiat è bloccata dal sesto giorno di sciopero negli stabilimenti più importanti, iniziato da 800 operai; l'azienda risponde mettendo in cassa integrazione trentamila dipendenti, "imbarazzo nei sindacati ufficiali, scavalcati dai maoisti". Il 9 settembre scioperano 900 mila edili, tutti i chimici, un milione di metalmeccanici, ferrovieri, tutta l'amministrazione scolastica: alcuni accordi sindacali presi in primavera non sono stati rispettati. Due giorni dopo edilizia e fabbriche annunciano altri quattro giorni di sciopero. Chiudono anche le fabbriche di mattoni. 15 settembre, "Scioperi a catena": tornano a incrociare le braccia i metalmeccanici delle imprese pubbliche, i chimici, i cementieri, di nuovo tutta l'edilizia. 16 settembre, annunciano agitazioni anche "90 mila dipendenti Enel, 45 mila telefonici, 80 mila autoferrotranvieri, 43 mila cartai, 40 mila dipendenti delle autolinee, per un totale di altri 4 milioni e 655 mila lavoratori i cui contratti collettivi sono già scaduti o in scadenza". 19 settembre, traffico di Milano paralizzato per tutto il giorno da cortei in centro e alla Pirelli e blocchi stradali sull'autostrada nord. Anche i sanitari si mobilitano. 22 settembre, "parte la terza ondata": provincia per provincia scioperano a turno i metalmeccanici, a livello nazionale di nuovo edilizia, elettrici e chimici, si aggiungono i piloti Alitalia, i dipendenti delle municipalizzate del gas, gli impiegati pubblici, i benzinai. Occupata a Milano la Pirelli-Bicocca. 26 settembre: le Poste si fermano per due giorni.

29 settembre, quarta settimana senza trattative tra le parti sociali: l'*Unità* indica due obiettivi per tutte le categorie di lavoratori, cioè "la conquista del diritto di contrattare in permanenza, in ogni luogo di lavoro, tutte le condizioni della prestazione", e "la battaglia contro l'erosione del potere reale dei salari da parte dei prezzi". Sono due battaglie astratte? Obsolete? Polverose? Infattibili? Non ci interessano più?

30 settembre: scioperano "postelegrafonici" (sic!), dipendenti dei provveditorati, amministrazioni scolastiche, Tesoro, uffici finanziari e dogane, il personale Aci si ferma "a oltranza" contro l'eliminazione di una voce dal mansionario, vista come un primo passo verso l'irrilevanza. Fermi tutti i dipendenti di enti locali "addetti alle competenze accessorie, che secondo un parere del consiglio di Stato andrebbero riassorbite". Gasisti e tranvieri. Per i primi di ottobre confermati quattro giorni di sciopero del personale di bar, ristoranti e pasticcerie, "compresi Autogrill", cioè scioperano tutti i camerieri. Edili in sciopero nazionale da due giorni. Benzinai in agitazione per l'aumento imposto di una lira al litro: pompe chiuse. Come sempre, metalmeccanici: in prima fila nelle proteste, i metalmeccanici hanno ancora oggi un contratto nazionale talmente buono che viene applicato persino a quadri e dirigenti di società piccole e medie, e non è proprio un puro caso.

1 ottobre: cantieri chiusi. Gli assicuratori annunciano quattro giorni di sciopero. 4 ottobre, annunciati scioperi generali a Milano, Venezia, Bologna, Genova, Vercelli, Padova, Napoli, Caserta, Terni e Orvieto per "il problema della casa". 7 ottobre, scioperano i macchinisti, treni a singhiozzo. 11 ottobre, "Svolta nell'autunno caldo?": tensione negli scioperi dei metalmeccanici, negli stabilimenti Fiat entrano anche manifestanti che non sono operai e "cercano di impedire il lavoro del terzo turno e danneggiare gli impianti". Occupato da tre giorni a Milano il grattacielo Pirelli. 15 ottobre: sciopero generale contro il carovita a Milano, Alessandria, Vercelli, Genova, Padova, Vicenza, Lecco e Bergamo. 17 ottobre: fermi ferrovieri e portalettere. 18-19 ottobre, menu della settimana a venire: sciopero generale statali, fermi tram e autobus, ferme le manifatture tabacchi e segnalazione che "le forniture di sigarette nelle prossime setti-

mane potrebbero essere in crisi", cortei nelle grandi città contro il carovita e il caro-casa, sciopero generale di "edili, chimici, cementieri, fornaciai, lavatori". Persino i bancari, 110 mila, in attesa dell'esito di trattative sui loro stipendi, scioperavano per due giorni; serrande dei negozi abbassate per tre giorni causa sciopero dei loro dipendenti; "incidenti", cioè scontri, agli scioperi dei metalmeccanici. Poste ferme da tre giorni, cinque con l'imminente weekend. Il 20 ottobre segna un record: mai così tante ore di lavoro perdute in un mese dall'Unità. 27 ottobre forniture tabacchi ferme da troppo: "Senza sigarette?". A fine ottobre raggiunto un accordo per le Poste, poi per i bancari, poi per gli edili. Trentasei categorie ancora senza contratto nazionale, cortei nelle grandi città, scontri. Il 13 novembre la città di Milano stanzia 300 milioni in "solidarietà" con gli scioperanti, visto che ogni ora di sciopero veniva e viene sottratta al salario (il che spiega anche, quando sbuffate che "scioperano sempre di venerdì", il perché: pagandoselo loro, cari i miei yuppie inarrestabili, tramvieri e insegnanti possono ben scioperare quando pare a loro). 15 novembre sciopero di tutte le mutue. 19 novembre, sciopero generale. 29, fermi i tram, sciopero dei negozi, nessuna fascia essenziale garantita.

Tutti i giorni così, un Paese gestito così, traffico impazzito, negozi non si sa se aperti o chiusi, merci non si sa se consegnate, posta niente, scuole forse, non garantito nemmeno il rituale minimo di caffè e sigaretta, in sciopero medici, giudici, perfino urbanisti. Perché? Perché anche i meno collettivisti tra i lavoratori, anche nelle categorie meno contigue alla lotta politica, erano stufi di vedere i loro stipendi erosi dai prezzi in aumento dopo un ventennio di crescita economica nazionale indefessa, di cui i soli a non beneficiare erano proprio loro, che a testa china la producevano; perché le relazioni con i loro datori di lavoro erano nei casi migliori paternaliste e nei peggiori autoritarie, e anziché cercare di debellare la Sindrome dell'Impostore o fare la guerra alla dieta ognuno a casa sua si decise, collettivamente, e certo sollecitati dalla contestazione già partita in Francia, che la risposta corretta a un lavoro opprimente fosse contestarlo.

A gennaio 1970, quando i 59 contratti nazionali da rinnovare erano già stati rinnovati quasi tutti, l'Istat indicò che il reddito lordo medio era aumentato del 5,5 per cento.

Il 15 maggio 1970, con 217 voti a favore, 10 contrari e "con timori e perplessità soltanto da parte del padronato" (ancora dal *Corriere*), divenne legge lo Statuto dei lavoratori. Che vietava fra l'altro di perquisire i lavoratori all'uscita, di filmarli con telecamere, di farli sorvegliare da guardie armate; di punire i loro rappresentanti sindacali, o di licenziarli; di indagare sul loro stato di salute, gravidanze incluse; e vari altri diritti che oggi noi consideriamo il minimo accettabile, e della cui concessione invece, prima dell'autunno caldo, la politica discuteva placidamente e senza grossi progressi da diciotto anni.

In quell'"autunno caldo" che non è una categoria dell'armocromia ma una stagione di ribellione a cui tutti dobbiamo qualcosa, gli scioperi dei lavoratori di tutte le categorie totalizzarono circa 400 milioni di ore di lavoro perdute. Un record, certo non silenzioso: il provento economico sottratto con questa "prova di forza" alla loro controparte, cioè ai "padroni", valeva più o meno una manovrina.

TITOLO IV
DISPOSIZIONI VARIE E GENERALI

ART. 31 – ASPETTATIVA

I lavoratori che siano [...] *chiamati ad altre funzioni pubbliche elettive possono, a richiesta, essere collocati in aspettativa non retribuita, per tutta la durata del loro mandato. La medesima disposizione si applica ai lavoratori chiamati a ricoprire cariche sindacali provinciali e nazionali.* [...]

La sola persona che mi chiede quando farò figli non è nemmeno mia parente. Il topos della cena di Natale, dove i vegetariani sarebbero costretti a giustificare a orde di zii retrivi il rifiuto del cappone, le zitelle il nubilato e le nullipare la denatalità dell'Occidente, è ormai tra i meno aggiornati: nessuno ha più voglia di sentirsi rispondere coi nostri sermoncini sulla modernità, e quasi sempre tutti addebitano silenziosamente ciascuna delle tre condizioni al nostro cattivo carattere.

La sola persona dunque che mi domanda ancora imperterrita, come fossimo nel 1960, quando farò dei figli, è la signora Rina, cioè Esterina, che alla modernità è impermeabile. "Ma a ti no te xe vegnù voia de fa i fioi? *Stè atenta*, dopo no te i godi." Veneta, titolare da quarant'anni di una lavasecco e sartoria infallibile al limitare del mio quartiere, Esterina si fa un vanto di assumere solo dipendenti italiane perché "le cinesi i fà el racket". Lei le sue due *impiegade* le ha messe in regola. "Le cinesi i cambia *impiegade* ogni mese, quelle del mese prima regolarmente spariscono." Anche dal laboratorio di Esterina, però, l'anno scorso è sparita una dipendente: la cara Miriam, alla cui gentilezza e puntualità mi ero abituata.

Non si può dire che la sua scomparsa sia stata avvolta nel

mistero. Nei mesi seguenti mi è capitato di assistere più volte a comizi furenti di Esterina sull'argomento, mentre facevo la coda per ritirare i cappotti e i golfini preziosi che affido solo a lei. "È restada incinta! De novo!" Noi clienti sgranavamo gli occhi. "Mi ga dito: no so come sia capità. Ma come t'aspeti che sia capità, Miriam? Ma *stè atenta*, no? Le ho fatto fare il congedo, poi le ho detto di non venire più." La nostra epoca ha della maternità lo stesso concetto che ne ha Esterina: con una mano una *benedision*, e con l'altra un pozzo senza fondo di cazzi tuoi.

Non è una novità. Nei bestiari medievali la tigre – simbolo di fierezza e crudeltà, di oscurità e istinto, e inoltre di femminilità – significava anche "amore materno", e nel suo attributo più difficile da accettare, cioè la vulnerabilità che genera per la madre. I bestiari narrano come i cacciatori sappiano approfittarsene: gettando per terra uno specchio sferico. Quando la tigre si vede riflessa, ma rimpicciolita, nella sua concavità, crede di avere davanti un cucciolo e tenta di allattarlo. I cacciatori così la catturano. Anche gli uomini in fuga dalla tigre, secondo i bestiari, possono salvarsi con questo stratagemma.

Una leggenda centrafricana vuole che all'inizio dei tempi fossero nove principesse a comandare l'universo. Nel loro regno gli uomini, utili per la loro forza fisica e il loro coraggio, erano lavoratori indefessi, ottime guardie del corpo e lautamente ricompensati. Un giorno però nove principi, umiliati dallo stato di serventi, si accordarono per togliere alle donne il potere. Avrebbero sedotto le nove principesse nella stessa notte, e le avrebbero ingravidate. Il golpe funzionò. Le principesse, incinte, divennero stanche, distratte e deboli e gli uomini, come i cacciatori dei bestiari, se ne approfittarono per detronizzarle. Da allora, e per questo, il potere nel mondo è retto da loro.

"Se in qualsiasi momento della vita avessi avuto facoltà di scoprire che cosa mi riservava il futuro, avrei voluto sapere se avrei avuto figli oppure no. Più dell'amore, più del lavoro, più di quanto sarei vissuta o quanto sarei stata felice, era quello il mistero che mi premeva chiarire. [...] Mi sembrava che la questione non potesse restare avvolta nell'incertezza senza diventare una distrazione." Così la scrittrice anglo-canadese Rachel Cusk inizia il suo saggio-memoir *Il lavoro di una vita*, dedicato alla maternità: non per caso nel titolo contiene la parola "lavoro",[59] ed è un sentimentale, lucido resoconto "del dramma di cui il parto non è che la scena iniziale".

Oggi demistificare la maternità e le sue oleografie è uno sport più diffuso del padel. Ma quando il racconto di Cusk uscì per la prima volta, nel 2001, e poi nel 2007 con una nuova introduzione, fu accolto con critiche degne dei *Versetti satanici*. In un'intervista del 2009 l'autrice, che anni prima si definiva "una femminista a sangue caldo", diceva di aver scoperto che "le donne, in realtà, mi piacciono meno di quel che pensavo", e di aver cominciato a evitare i cancelli della scuola delle figlie e i bar dei dintorni, dove veniva "regolarmente insultata". *Il lavoro di una vita* è "una lettera, indirizzata alle donne a cui interessa leggerla", sulla maternità e sulla "divisione che comporta delle donne dagli uomini, ma anche delle donne da se stesse". A partire dai sentimenti che discendono dalla sua sola possibilità.

Il primo è la "distrazione" che la domanda "avrò figli?" genera in molte vite: non tutte sono certe di volerne accogliere, non tutte di poterseli permettere, non tutte di trovare un compagno che voglia o sappia essere padre e non tutte di volerli

[59] La cui parentela con la parola "travaglio" in alcune lingue, come l'inglese, arriva alla coincidenza: *labour*. Cfr. p. 135 art. 13.

escludere. Questa indeterminatezza è dispendiosa perché porta con sé decisioni e indecisioni di ogni ordine e grado: per tutelare questa *possibilità*, per non doverne decidere che all'ultimo minuto utile, intraprendiamo con cautela strade professionali che potrebbero rivelarsi troppo ambiziose; teniamo in piedi amori che ci hanno deluso o ci annoiano; non cambiamo città. Una "distrazione", cioè un retropensiero invadente. Negli anni prende sempre più spazio.

E diventa *Torschlusspanik*. Il termine, tedesco, si riferisce a quando le città erano fortificate, e chi non era dentro per l'ora dell'imbrunire era condannato a rimanerne fuori; il dizionario tedesco-italiano Pons lo traduce in "panico dell'ultimo momento", e il monolingua parla di "panico da chiusura delle porte cioè paura di mancare un obiettivo per ragioni di età, come per esempio", e l'ordine non è casuale, "avere figli, trovare un compagno di vita, fare una certa carriera". La metafora è calzante anche sul lavoro: non tutti i percorsi professionali, soprattutto quelli dei sogni, possono essere intrapresi a ogni età, e il motto "non è mai troppo tardi" consola, ma non vale quasi mai. Eppure nessuna categoria è esposta al *Torschlusspanik* come le nullipare.

Nelle conversazioni affiora un confronto di anno in anno meno pudico a chi ha *ancora* più tempo. Francesca non ha un compagno, ma vive vicina ai genitori: si riserva di restare incinta da sola. Così Luisa, che non ha un compagno, né ha un lavoro fisso, né genitori vicini, però è molto ricca. Marta non ha un compagno e ha l'ovaio policistico, Elisa ha già chiamato una clinica a Malaga, Cristiana ha congelato gli ovuli a proprie spese, cinquemila euro una tantum e mille l'anno per l'affitto del freezer, e "tecnicamente è a posto". Giulia ha solo trentaquattro anni e per tutte le altre è come si lamentasse delle rughe avendone diciassette. "Tu almeno hai un compagno", mi sento dire ogni volta. Di che mi preoccupo?

Proprio nessuna, quando parla di "avere figli" menziona mai, nemmeno di passaggio, il sesso. Nessuna – di quelle che *ne parlano*, essendo il campo della genitorialità uno dei vari dove la proporzionalità tra chiacchierare e imprendere è spesso inversa – accenna mai al caso, o alla fortuna, o a destino, sorpresa, magia, e men che meno a una notte d'amore speciale, argomento riguardo al quale il disinteresse è palpabile. Si discute di "avere figli" (e meno di "diventare madri", differenza non minima) come di uno studio di fattibilità, un programma possibile che ha a che vedere con un'età vagamente non vecchia, ma tutte abbiamo una collega che li ha fatti a quarantasette anni ed è stata benissimo; con la presenza di un futuro padre ideale, o perlomeno consenziente, o perlomeno noto; con un bel lavoro, o perlomeno un introito fisso, o perlomeno rendite; l'assenza di condizioni fisiche impedienti, che verifichiamo con pit stop periodici da ginecologi sempre più bravi. Nessuna che io conosca, tra noi che *parliamo* di quanto tempo resta, ha tutte e quattro le cose.

Ce n'è in tutte una quinta, e cioè un non meglio specifico desiderio. Esistenziale, certo, ma insieme più esangue e teorico di quello che anima l'acquisto di una camicetta: se Aspesi mi dicesse che quella di seta che voglio comprare dall'inizio del libro[60] devo aspettare di compiere quarantasette anni a ordinarla, prima brucerei di impazienza e poi me ne scorderei. Il *desiderio* di diventare madri è invece spesso gravato da una clausola scritta in piccolo, impronunciabile in pubblico e spesso illeggibile persino a noi stesse: "il più tardi possibile".

Ci va coraggio, ci dice chiunque e assai spesso: se aspetti di

60 Cfr. nota 2 a p. 33.

fare i figli quando ogni cosa è a posto, non li fai mai più. Noi restiamo sul ciglio a guardare le altre che fanno bungee jumping una dopo l'altra; indossiamo l'imbragatura ma senza chiuderla; le vediamo tornare su con l'elastico scarmigliate ed entusiaste, le pupille ingrandite dall'adrenalina. Ne guardiamo un'altra. Facciamo sì con la testa. Se aspetti, non li fai mai più. Ma il coraggio, diceva un altro famoso celibe, uno non se lo può dare. E quarantasette, nella Smorfia, vale: morto che parla.

L'esperienza del resto, proprio come il bungee jumping, sembra in sé spaventosa. Come molte omertà generazionali è tramontata anche l'abitudine di sorvolare su dolore e disperazione provati col parto: "Fa male, ma poi lo dimentichi" è stata la pietosa bugia che le nostre mamme, e a loro le loro, ci hanno tramandato per non dissuaderci tutte. Mentre "se sapessero com'è davvero, molte persone non ci proverebbero mai", scrive Rachel Cusk nel 2001. Più di vent'anni dopo è in voga una forma opposta e ribelle di onestà collettiva: gruppi contro la violenza ostetrica, parti tragici sulle prime pagine dei giornali, catene di post sui social. Costole spezzate, pareti addominali divelte, membrane stracciate, punti di sutura a vivo: è la scuola Diaz. Come della scuola Diaz, ogni tortura viene oggi alla luce; la denuncia è giusta, ma l'effetto è lo stesso delle cronache dal G8, terrore e paralisi. Una donna, nel 2023, si addormenta mentre allatta e nessuna ostetrica dell'ospedale se ne accorge e suo figlio muore a un giorno di vita. Una donna su dieci dice che non farà un altro figlio per non partorire più; una su cinque di essere stata maltrattata dai sanitari già dal travaglio; l'anestesia epidurale, una prestazione medica che si considerava scontata e accessibile, è stata praticamente sospesa durante l'emergenza Covid, che aveva requisito le prestazioni degli anestesisti perché anche rianimatori, e dopo la pandemia più partorienti di prima se la sono vista negare. Non è infrequente che il personale sanitario vi si dica “contrario”. Una su due[61] tra quelle che oggi hanno bambini sotto i quattordici anni ha subìto un'episiotomia, cioè il taglio del perineo e della parete vaginale posteriore, pratica che l'Oms sconsiglia perché può lasciare deficit permanenti; nel 60 per cento dei casi non vi ha consentito, e ha mosso lì il primo passo nella sua nuova condizione, di qui in poi permanente anch'essa, di cittadino minore. Quando pensiamo a diventare madri, come immaginiamo le sale parto che ci accoglierebbero? Come mattatoi.

Vale anche per chi ci lavora. Tre a coprire i turni di dieci, al lavoro per venti ore anziché per otto, in ospedali sgarrupati dove spesso mancano gli strumenti essenziali, con responsabilità penali, a contatto con un pubblico sempre più diffidente e aggressivo, tre su quattro[62] dicono di essere state insultate durante il parto, spesso dai parenti della partoriente e quasi sempre da lei, una su cinque ha chiamato almeno una volta le forze dell'ordine. Condizioni di lavoro del resto simili a quelle di quasi ogni dipendente di ogni lavoro vero – cioè non *corporate responsibility* o minatore di criptovalute, lavori tipo l'ostetrica o l'infermiere senza i quali la società imploderebbe – in ogni categoria e in ogni Paese del G20, particolarmente nel nostro, negli ultimi anni.

Sogno: il terrore delle partorienti, la fatica delle levatrici, l'avvilimento delle puerpere, le ore di sonno perse e quelle di straordinari non pagati si tramutano in sindacati, in partiti, in movimenti, picchetti per le strade, manifesti. Rendendo impossibile governare anche un condominio senza che chiunque

[61] Doxa, “Le donne e il parto”, presentata a giugno 2017.

[62] Sondaggio Syrio (Società italiana di scienze ostetrico-ginecologiche-neonatali), dicembre 2022.

fa un'ora di lavoro (e badare agli altri, per non dire partorirli, *è* lavoro) venga rispettato come una vacca sacra. Realtà: molte grazie, partorite voi.

Per ora questi sentimenti li prende in carico la neutrale e disinteressata statistica, che ci racconta a noi stesse in una tassonomia di sintagmi inglesi. C'è la *status anxiety*, cioè il blocco che ti viene quando pensi che la tua infanzia ricca di zainetti e macchinine e videogiochi e vacanze studio e nonni e soprattutto di indispensabili micronutrienti come la fiducia nella sanità e nelle banche e nelle pensioni, nell'innocuità degli estranei e nella coincidenza dei voti massimi a scuola con un futuro roseo; questa infanzia circondata da adulti fiduciosi che tu hai avuto, alla tua bambina eventuale non potrai mai trasmetterla. Tu che ti svegli alle quattro e mezza pensando al lavoro di domani; tu che guadagni, è lo stipendio medio della donna italiana, 1.600 euro lordi al mese, tu che al tuo bambino ipotetico non sei stata capace nemmeno di trovare un papà molto ricco (sei brutta?).

Il *fertility gap*, il divario cioè tra i figli che vorresti e quelli che hai. Più di metà degli italiani ne vorrebbe due, quasi un quarto tre o più, solo il 5,6 per cento, a parole, si accontenta del figlio unico.[63] Eppure tra le nate nel 1980 una su quattro è nullipara e la media di figli per donna è di 1,24.

C'è la donna che rimane *childless*, la senza figli, e la donna *childfree*, "libera dai figli", cioè che non li ha voluti; sfumatura lessicale nitida sulla carta, ma difficile da precisare persino per le interessate. Cosa vuol dire *volere*? È più un istinto o un desiderio, un obiettivo o una voglia? Un capriccio? Un'utopia? Un'inclinazione, un progetto, un criterio, un sogno, una priori-

[63] Istat, "Rapporto 2022. Famiglie, soggetti sociali e ciclo di vita".

tà? Nel 2022 per la prima volta sono nati, in tutta Italia, meno di 400 mila bambini. Di questi circa il 3 per cento è nato grazie a qualche intervento di procreazione medicalmente assistita. Una puerpera su mille ha più di 48 anni. Questo *volere* è più disperato o più lucido? E il suo contrario, il combinato di forze che ti fa rimanere *childless*, o *childfree*, quale forma ha?

Nel 1963 era stata da poco messa in commercio la pillola, e l'artista pop Roy Lichtenstein dipinse una donna-fumetto che si dava il palmo sulla faccia: "Oh my God", esclamava: "Ho dimenticato di fare figli!". Sessant'anni esatti più tardi una ricerca dell'Università di Milano Bicocca insieme all'Università di Padova ha indagato questa dimenticanza. Il tema dello studio, eseguito su seicento italiane che nel 2023 avevano tra i 18 e i 54 anni, era il *social freezing*, cioè la conservazione degli ovociti per ragioni non mediche, ma la gran parte dei dati riguardava il non essere madre. Tra chi non ha figli, il 76 per cento li vorrebbe "molto" e il 3,6 "per nulla"; alla domanda che sembra più difficile di tutte, cioè "perché non ne hai?", le risposte sono nitide.

Nessuna, nemmeno nella fascia delle rispondenti 45-49, risponde: "Sono troppo vecchia"; la voce nel questionario c'è, ma totalizza lo zero per cento delle risposte.

Il 35 per cento non ha ancora trovato un compagno giusto, risposta che nella fascia d'età sopra i 40 si attesta attorno al 50 per cento.

Il 28 per cento al momento della ricerca ci sta provando, ma non arrivano.

Il 26 per cento non ci sta nemmeno provando perché "non abbiamo abbastanza soldi". Da notare che questa risposta riguarda il 74 per cento delle intervistate nella mitica fascia d'età di fertilità massima sotto i trent'anni, entro la quale il Ministero della Salute nelle sue linee guida raccomanda di spicciarsi.

Il 25 per cento non ci sta provando perché non ha un lavoro stabile, e dunque rischia di perderlo: il classico aborto professionale spontaneo, che le leggi dello Stato si rassegnano a considerare idiopatico. E qui arriva un altro sentimento dal nome inglese, ma di fattura *made in Italy*: il *maternity wall*. È la sensazione, suffragata dai fatti, che quel percorso di vita per cui hai tanto studiato – o nemmeno: guarda la cara Miriam – inizierà a dissolversi nel minuto in cui rimarrai incinta.

Il 72 per cento delle dimissioni registrate nel 2022, cioè circa 45 mila provvedimenti convalidati, riguarda neomamme: per due su tre la ragione è la conciliazione impossibile tra il vecchio e il nuovo compito.[64] Se non avevano il lavoro prima di partorire, solo sei madri italiane su cento lo trovano dopo, con il figlio in braccio. Una italiana su cinque non lavora più dopo essere diventata madre. Tra queste: metà perché non riesce a conciliare il lavoro con la cura del figlio. Un terzo perché il contratto che aveva era precario, e dopo la maternità è stata lasciata a piedi. Le restanti perché facendo il conto dello stipendio che prenderebbero lo dividono tra la retta del nido, la tata e le sei sedute mensili dall'ostetrica per la riabilitazione del pavimento pelvico, naturalmente a pagamento, naturalmente *intra moenia* nello stesso ospedale dove hanno partorito. Nessuna risponde "grazie, preferivo non lavorare".[65]

Nel 1984 un'amica dei miei genitori aveva regalato loro, sapendoli in mia attesa, un libro dalla copertina celeste che per

[64] Ispettorato nazionale del lavoro, "Relazione annuale sulle convalide delle dimissioni e risoluzioni consensuali delle lavoratrici madri e dei lavoratori padri – anno 2022", presentato a dicembre 2023.

[65] Istituto nazionale per l'analisi delle politiche pubbliche, "Rapporto Plus 2022 – Comprendere la complessità del lavoro", presentato a marzo 2023.

anni avrebbe campeggiato sulla mensola della cucina, a sinistra dei sei volumi del *Carnacina*: avevano in quegli anni, del resto, la medesima autorità. *Il nuovo bambino*, di Marcello Bernardi, è un prontuario di 700 pagine con cui molti di noi quarantenni sono stati cresciuti, dovendogli probabilmente una buona quota della nostra generale insofferenza verso le gerarchie. La prima edizione uscì nel 1972, poi *Il nuovo bambino* fu ristampato e aggiornato decine di volte (la più recente edizione è del 2018, e il suo autore è morto nel 2001), vendendo milioni di copie. Il *Corriere* lo definì subito un "manuale rivoluzionario", perché era il primo a parlare direttamente alle madri, dando loro del voi, e poi perché il discorso del pediatra non era solo medico; ma "denso di osservazioni psicologiche sullo sviluppo del bambino fino alla pubertà". Scorrendo l'indice, accanto a malattie che non sento più nominare da che avevo le nonne – *acetone*, *linfatismo* – trovo voci che ogni lavoratore subordinato fa bene a dimenticare presto.

Autoritarismo come ostacolo alla socializzazione dello scolaro. Compiti a casa, aspetti negativi dei –. Comprensione. Conformismo, dei genitori: effetto sul b. (negativo, ovvio). *Contestazione, nascita della –. Contraddizione, spirito di –. Dialogo. Disciplina, conseguenze della –.* Includono tra l'altro: ipocrisia, competizione, gerarchie tra scolari, razzismo, contraddizione, differenze sociali. La battaglia per essere il più bravo della classe, ben diversa dagli strumenti per verificare capacità e progressi, è in genere senza esclusione di colpi. Nominare "primi della classe", "capiclasse" e "fuoriclasse" crea gerarchie fra scolari ed esclusione. I bambini non sono sensibili alle differenze sociali finché gli adulti non li riempiono di simboli del benessere, che fanno sì che "chi ha tutto impara a sentirsi rispettato di più, più ben visto, più sicuro, superiore. Chi non ha nulla impara a sentirsi trascurato da tutti, abbandonato, insicuro".

Emozioni, evoluzione delle –. Esigenze psicologiche e arredamento (pagina da fotocopiare e mandare a chi sceglie come arredare i nostri uffici). *Espressioni di sentimenti. Estranei, come favorire i rapporti con gli –. Fantasia, significato della – . Fantasia, introduzione alla lettura. Fantasia, importanza della – nella socializzazione.*

Poi *fantasma farine febbre feci* ed eccoci a *Felicità. Fiducia, del bambino nel mondo. Giocare, come –. Gioia. Graduatorie, pericoli delle – a scuola. Gusti, rispettare i –. Immaginazione, significato dell'–. Indipendenza. Libertà. Lodi, uso sbagliato delle –. Passeggiata, importanza della –. Pensiero, personalità, piacere. Televisione, utilità della –. Umorismo.*

Cosa sia utile e cosa controproducente di questi principi, quarant'anni dopo, a una bambina o un bambino cresciuto nel loro nome che tenti di farsi piacere un lavoro nelle nostre Benemerite Imprese Private, è una distinzione che ciascuno può fare per sé facilmente.

Ma è alle madri che Marcello Bernardi parla, e già a pagina 37 (su 735) ne prende in esame la posizione sociale. "In questo momento, tutta presa come siete dall'imminente arrivo del vostro bambino, siete portata a dimenticare del tutto le vostre attività extracasalinghe, o addirittura a rifiutarle. Non fatelo. Il lavoro è stato e sarà per voi una fonte di soddisfazione e un completamento della vostra personalità. Meglio non rinunciarvi: correreste il rischio di sentirvi un po' sacrificata dal vostro bimbo, che diventerebbe 'quello che mi ha fatto smettere il lavoro'. Correreste il rischio di non essere più soddisfatta di voi stessa, e il vostro piccino oscuramente lo sentirà. La madre migliore è quella contenta, quella che non fa rinunce inutili." E ancora: "Vi diranno che non dovete, perché nei primi anni di vita il bambino ha bisogno della mamma. È vero. Ma ricordiamo che il bambino ha bisogno di una mamma, appunto, e non di un francobollo che gli stia appiccicato addosso ventiquattr'ore su ventiquattro".

Vi diranno anche, insiste Bernardi, che il vostro stipendio "lo dovrete passare pari pari alla persona che si occuperà di vostro figlio, mentre voi sarete impegnata. Pazienza. Meglio lavorare senza guadagnare un soldo piuttosto che non lavorare: forse alla fine del mese non vi rimarrà un centesimo, ma vi rimarrà di sicuro la soddisfazione di aver fatto qualcosa, di aver partecipato alla vita della comunità umana, e quindi, tutto sommato, di aver fatto qualcosa di utile per vostro figlio".

È il modello e/e: quello con in testa il quale siamo cresciute sognandoci giornaliste, veterinarie, maestre, astronaute, pittrici. Quello che la società si è detta capace di accogliere, incentivando tassi di scolarizzazione massimi tra le bambine e ragazze, che oggi si laureano meglio e in più gran numero dei loro coetanei maschi. E che oggi è da un lato necessario (quali famiglie vivono con uno stipendio solo?) e dall'altro scoraggiato da ogni agenzia di socializzazione alla maternità, che siano le nostre famiglie ("ma sei sicura?"), le slide di Instagram, i giornali, specializzati e non, i quintali di manualistica. "Si può essere madri eccellenti vedendo il proprio bambino due ore al giorno, e mamme mediocri assistendolo per ventiquattro", scriveva Bernardi nel suo manuale: una frase che oggi sembra una bestemmia.

L'idea che sia accettabile "vedere il proprio bambino due ore al giorno" è del tutto inattuale appena mezzo secolo dopo. Sia per le madri sia ormai per i padri. Non solo perché l'esperienza è in sé totalizzante. Nei decenni, e chiunque abbia un nonno in vita non ha problemi a verificarlo, le *job description* dei genitori si sono allungate e complicate fino a somigliare a lavori, anche loro. Questo capitolo si intitola "aspettativa": una sospensione dal lavoro, come lo è appunto la maternità. Ma il titolo allude anche a quello che collettivamente ci attendiamo, o consideriamo accettabile, da parte di chi diventa genitore. È tantissimo.

La tormentata mistica dell'allattamento: dopo tre mesi di vita del bambino allatta al seno solo metà delle madri, come sono stati quei tre mesi prima di rinunciare? Ragadi mastiti depressione incapacità appresa, bambino che non cresce, cazziatoni da tutti. Le migliaia di euro che è obbligatorio spendere in dispositivi per non dimenticarti il figlio in macchina se hai il burnout, burnout che ti è venuto perché il nido già introvabile e il tuo lavoro che per cara grazia non ti ha ripudiata hanno orari sfalsati. Gli inserimenti al nido che durano tre settimane a metà novembre, annunciati con sei giorni di anticipo; gli inserimenti anche alla scuola dell'infanzia, e poi gli open day di elementari, medie, superiori, persino università. Feste di compleanno a tema in saloni affittati apposta, con piccole bomboniere, travestimenti, merende ma senza glutine, bibite ma senza zucchero. Pediatra brusca e distratta perché deve seguire, in deroga, duemila pazienti anziché i massimo 800 fissati per legge, ed è in burnout anche lei. Pannolini lavabili, per ecologia, come se le nostre mamme non avessero esultato confrontando i nostri Pampers puzzolenti con le pezze da cui le nonne erano schiavizzate. Campi estivi che costano come lauree triennali e comunque non coprono agosto. Capire cosa fare con TikTok o i suoi futuri epigoni, con i cellulari, con le sempre più precoci e agguerrite interferenze del *mondo*. Merendine che non siano piene di saccarosio ma nemmeno salutari in modo traumatico (ricordi che da bambina quando tua mamma ti dava la mela da portare a scuola ti saresti fatta bocciare pur di avere il Tegolino come tutti?). Alla base di tutto, un basso continuo di ansia da prestazione che discende certo malamente dai benefici della psicoterapia: dopo anni passati a identificare nei rapporti famigliari le radici involontarie delle tue sofferenze, come ti muoveresti – tu che perdi facilmente la pazienza, che detesti il disordine, che nella burocrazia naufraghi – di fronte al tuo bambino a volte irritante ma pur sempre inerme, se non camminando sulle uova?

E come è compatibile, tutto questo insieme di richieste, con un lavoro? Con la persona intera che sei stata fino a sei mesi prima? Quando alla terza settimana di inserimento al nido del tuo bambino ti verrà chiesto di partecipare, con gli altri genitori, al disegno di un "albero delle emozioni" in cui scrivere come ti sei sentita in queste tre settimane, avrai una risposta che non sia "avrei preferito andare in redazione, parlare con altri adulti, non utilizzare dei pennarelli"?

Su qualche nullipara, le cronache dalla maternità contemporanea – genitorialità, si dice genitorialità, il figlio lo fanno anche i padri, allora lo vedete voi donne che non vi lasciate aiutare? Che non sapete delegare? – fanno lo stesso effetto scuola Diaz delle cronache dei parti. Sogno: si partecipa collettivamente a una ridefinizione dei compiti di una madre, di quelli complementari di un padre, di quelli complementari ai loro di insegnanti, puericultrici, sanità pubblica; si contestano le campagne sull'allattamento, se ne fanno di migliori sulla parità, si vota qualcuno che promette di risolvere per prima cosa la questione pediatri e per seconda i benedetti nidi.

Realtà: la solita voce. Molte grazie, partorite voi.

Le voci che viceversa dicono "ma che lavori a fare" non mancano mai, e certo per come sono brutti e poco gratificanti molti lavori, e a sorpresa perfino molte carriere, suonano spesso come le sirene di Ulisse: bisogna legarsi alla scrivania per non ascoltarle. Il filone è munifico in ogni epoca. Fine anni Settanta, le sirene della Controriforma risuonano nelle pagine di *Je veux rentrer à la maison*, caso letterario francese, il cui titolo "Voglio tornare in casa" non è l'appello di un ostaggio o la supplica di un marito tradito ma la rivendicazione di un'ex femminista, o meglio di una "femminista nuova": la giornalista Christiane Collange. Fondatrice e poi direttrice di giornali, da madre di quattro figli lamenta di non potersi comunque dedicare alla "vera vocazione di una donna", che non è secondo lei fondare né dirigere giornali. "Perché lavora la maggior parte delle donne? Per il salario. Solo poche sono gratificate da lavori soddisfacenti. La maggioranza delle altre, che espletano lavori dipendenti e di scarsa soddisfazione, ritengo starebbero meglio a casa coi figli." Così al *Corriere della Sera*, nel 1978.

Nel 2011 la giornalista italiana Costanza Miriano pubblica *Sposati e sii sottomessa*, variante cristiano-estremista dello stesso concetto: obbedire per obbedire, non è meglio trovarsi un buon marito, dargli quattro figli e obbedire a lui? Lavoro per lavoro, non è meglio quello di casa, da cui nasce una pace, una gioia, una solidità e poco importa se soprattutto altrui? "Noi liceali della fine degli anni Ottanta", scrive in un capitolo dedicato a mettere in guardia le figlie, "siamo cresciute con l'idea che avremmo *avuto tutto.* Eravamo convinte di essere uguali agli uomini. Tra noi e i nostri fratelli maschi non c'era differenza, in casa e così in classe. Diventare medici, avvocati, docenti universitarie è stato scontato. E scontato, nelle nostre previsioni, sarebbe stato avere tutto, lavoro e vita personale. Non sospettavamo che avremmo pagato un prezzo, perché nessuna di noi può essere tutto, realizzarsi su tutti i fronti". L'autrice sostiene che il femminismo abbia emancipato, ma assai più impoverito; liberato, ma soprattutto costretto le donne; a un giogo doppio, dove prima ne subivano soltanto uno.

La tesi è affascinante, soprattutto per le poveracce comuni che ad *avere tutto* ci provano continuamente, perdendo spesso se stesse nel tentativo; come forse Collange e Miriano, che madri multiple e giornaliste e infine divulgatrici si saranno certo stancate, ma alla loro realizzazione *extra moenia* non hanno certo rinunciato come predicavano. Anzi: se c'è una persona che incarna l'immagine dell'*avere tutto* è proprio Costanza Miriano: stipendio statale fisso, quattro figli, scrittrice.

Avere tutto è del resto da decenni uno slogan internazionale. In inglese: "Having it all". Si intitolava così il bestseller 1982 della fondatrice e direttrice di *Cosmopolitan*, che di "Having it all" ha fatto senza prevederlo un mantra neofemminista. La sua guida, scritta a sessant'anni, si intitolava "Avere tutto: amore, successo, sesso, denaro... anche se parti dal nulla". Lei stessa era partita dal nulla: da ragazza era stata povera e bruttina, e i suoi consigli per "avere tutto" sembrano oggi un souvenir da un pianeta lontano. Si rivolgeva alle lettrici del suo *Cosmopolitan*, donne che sembravano, se non mirare ad avere tutto, almeno volere di più: donne che "non sono attraenti, non carine, non hanno un QI alto, un'istruzione decente, un buon background famigliare o altre risorse notevoli". Il libro, mai tradotto in italiano, era pieno di istruzioni precise e dettagliate su tutto ciò che una donna deve sapere per raggiungere la vetta pur non essendo niente di speciale: come portarsi a letto il capo ("perché discriminarlo, e negarsi proprio a lui?"), come restare magra ("un po' di anoressia non guasta"), come dargli piacere ("non usare i denti!"). "Avere tutto", variante apolitica dello slogan "Il pane, e anche le rose", è diventato da allora un modo di dire fatto e finito.

Ma ha smesso presto di essere usato come un'allegra rivendicazione. Basta ripeterlo a voce alta: "avere tutto" suona velleitario, infantile, ingordo. "Avere tutto." Ma tutto cosa? Famiglia, ma perfetta; sesso, ma multiorgasmico; salute, ma magrezza; lavoro, ma appagante; soldi, ma relax. L'erba voglio non c'è, neanche nel giardino del re. E invece, quelle sciocchine, quelle ingorde: loro vogliono tutto.

Dunque le maliose retoriche di ritirata: "avere tutto" è impossibile, scrive Miriano, e anche se "negli ultimi anni le donne hanno imparato a dominare la fertilità" e dunque prima posticiparla, poi estenderla, non lo hanno fatto senza pagare qualche prezzo, "perché la natura non si lascia manipolare". Quelle streghe, che conoscono i contraccettivi e li usano; quelle ingorde, che vogliono fare i figli a quarantasette anni pagandone prezzi oscuri solo perché prima vogliono diventare, almeno un pochino, se stesse. Vogliono "avere tutto".

"Avere tutto" è prerogativa maschile; a cadenza decennale, nelle librerie, compare un "caso editoriale" internazionale a ratificarla, come un fatto irrefutabile, un dato di natura. Nel 1997 è la vicepresidente del colosso editoriale Prentice Hall, Liz Perle, che racconta in un saggio (in Italia, *Donne che lavorano troppo*) i costi eccessivi che una donna paga per seguire le regole e le gerarchie delle grandi aziende, modellate sui dipendenti maschi.

Nel 2012 Anne-Marie Slaughter, già alta funzionaria del Dipartimento di Stato della Casa Bianca, racconta in un articolo perché ha dovuto dimettersi: "È ora di smetterla di prenderci in giro: le donne che sono riuscite a essere madri e professioniste di alto livello sono sovrumane, ricche o lavoratrici autonome". Il titolo del pezzo, che fece il giro del mondo, era "Perché non possiamo avere tutto". La carriera sfolgorante di Slaughter alla Casa Bianca era sopravvissuta ai parti, ai congedi di maternità, ai *terrible-two* di due figli. Si era spiaggiata sull'inizio dell'adolescenza del primo, diventato ingovernabile.

A gennaio 2023 Jacinda Ardern, premier della Nuova Zelanda e anche madre di una bambina, si è dimessa con un discorso d'addio molto chiaro: "Non ho più benzina nel serbatoio". La Bbc, subito: "Jacinda Ardern si dimette: le donne possono davvero avere tutto?". Domanda che ne sottintende un'altra, ugualmente fallace: una madre può essere un capo di governo? Come se governare non fosse in sé una missione molto impegnativa; come se un uomo non potesse andare in burnout. Il lavoro, che le tue nonne hanno pensato fosse un modo di esistere, di essere qualcuno, anche fuori da casa, non è che uno scomodo fardello. Guarda, si dimettono persino le prime ministre. Guarda Jacinda Ardern.

E guarda i lavori normali. Guarda Miriam. Uno studio della Cisl su seimila iscritte – nessuna è capo di governo, nessuna dirige banche centrali – registra un doppio sciopero generale: il 20 per cento delle rispondenti non ha avuto figli precisamente perché il lavoro glielo impediva (carichi eccessivi, contratto precario, possibile licenziamento); il 34 per cento si è vista rovinare un percorso lavorativo dopo la maternità. In totale, su seimila iscritte, il 54 per cento è vittima del modello o/o. O madri, o lavoratrici. Hanno rinunciato a un'aspirazione che per l'epoca è ancora ingordigia. Se si è femmine non si può avere tutto.

Viceversa l'accesso alla Naspi, l'indennità mensile di disoccupazione, è garantito alle donne che si dimettono durante la gravidanza o entro il primo compleanno del figlio. Quasi un incentivo.

Alessandra è stata sempre brava a scuola, "lo eravamo tutti: un'annata di ex bravissimi ginnasiali, di ex liceali con lode, di medagliati a gare di greco e latino. Entrati in quelle aule magne dove avevano studiato i padri costituenti ci sentimmo tutti, e da subito, somari assoluti. Questa sensazione non ci lasciò mai. Agli esami bocciavano due terzi degli iscritti. Noi ragazze eravamo magre come chiodi, i maschi avevano la pelata precoce. Passai cinque anni, nel mio caso precisi perché mi sono laureata in corso, a sentirmi una rincoglionita". Il laureato bravo in giurisprudenza, ride Alessandra (che ha anche l'orecchio assoluto, e il diploma del quinto anno in flauto al conservatorio), è come il musicista classico: ambizioni assolute, insicurezza perenne, grande familiarità col concetto di *delayed gratification*. "Cioè le basi ideali per consegnare un decennio tutto intero, chiavi in mano, a un *primario studio legale*." Così si definiscono i più grandi, i primi nel Paese per fatturato: decine di milioni di euro l'anno, un centinaio di collaboratori, clienti fissi nelle prime pagine dei giornali. Alessandra manda un po' di curriculum in un *career day* e abbandona la sua città del Sud per Milano. Dalle vetrate del suo studio si vede il Duomo.

Il praticantato di Alessandra si è svolto almeno una generazione prima della nascita del termine grandi dimissioni; lei del resto non le ha contemplate mai. "Non è che ci fossero poi alternative. In molti lavori, e il mio è tra questi, per il primo decennio scegli se barcamenarti o dare tutto." Chi dà tutto, avrà (prima o poi) tutto, come in una parabola del Vangelo. "Per i primi due anni sei praticamente una fotocopiatrice umana, un bidello, un usciere. Uno degli *associates* con cui lavoravo, da *trainee*, mi ha detto: tu per me sei come la donna delle pulizie. Se getto una cartaccia in terra, tu la raccogli. Capirai, io sono una che cerca di restare calma. Si è licenziato prima lui. Una notte ho fatto le quattro a confrontare due copie di un atto di trecento pagine, riga per riga, acquisite da due scanner diversi. Però vedevo che la mia era una strada. Che i progressi, anche se minimi, c'erano. Da ventimila euro lordi l'anno passavo a trentamila, da *trainee* ad *associate* e così via.” Ora ha un ruolo importante, è fra l’altro consulente di un ministero e ha uno stipendio “alto. Ma lavoro anche sempre”.

Alessandra mi piace, le faccio le mie confidenze, ricevo le sue. Ma non mi tolgo mai una pellicola di soggezione nei suoi riguardi. Non lo so se l’avverte. Nella foto sul sito del suo studio ha un’espressione amichevole che però non è un sorriso, una giacca chiaramente di Armani, la manicure precisa. Legge Flaubert in francese nel tempo libero. Va a teatro. Non ha Instagram. Non è sottopagata. È una persona autorevole. Le sue colleghe le somigliano, donne snelle senza schiariture ai capelli, tatuaggi in vista, abbronzature inconsulte; qualcuna ha un po’ di cipiglio o un’altra di quelle espressioni che restano permanenti sulla faccia di chi studia tanto.

“Per quindici anni sono stata in ufficio ottanta ore a settimana. Non solo mi ero abituata: mi piaceva. Una dei soci aveva stima di me e su di me ha proprio fatto una scommessa, mi ha fatta crescere. Certo, il resto della mia vita era in pausa. Quindici anni sono passati così. Sono stati anni brutti? No. Tramite il mio lavoro conoscevo persone interessanti; tramite il mio lavoro avevo sempre, sempre qualcosa di interessante da dire. Tornando indietro sceglierei un lavoro diverso? No. Ho fatto molto altro che lavorare? No.”

Un lungo fidanzamento con un compagno di studi scolorisce, e poi muore, “senza che quasi ci siamo rimasti male. Ognuno di noi è diventato se stesso con una strada sua”. Segue un lustro di storie “dal minimo ingombro, perlopiù impegnati”. Poi arriva Pietro. “Io trentanove anni, lui undici di più. Il nostro incontro sembra scritto da un manuale su come trovare il fidanzato. Alla classica cena dove non volevo andare, nella classica sera di maltempo in cui non si trova un taxi, eccolo lì. Chiacchieriamo fitto, ci piacciono gli stessi libri, le stesse vacanze, abbiamo pure gli stessi traumi adolescenziali: io il flauto traverso, lui il diploma in piano. Mi dice che si sta separando, penso sia una bugia di prammatica e dunque non gli do il numero. Si stava separando. Sei mesi dopo mi ha chiamata lui."

"Il treno del figlio, *molto sinceramènte*" – sui fatti suoi sentimentali le scappa ancora un poco di accento campano – pensava di averlo perso col fidanzato dell'università. "Ma Pietro ne aveva un grosso rimpianto. Io mi accorsi che me l'ero messa via, ma non aspettavo altro." Nemmeno ad Alessandra nessuno ha mai chiesto perché non ne avesse avuti. "Penso che fosse scontato per tutti che ci avevo rinunciato. E finora era vero: quando lo potevo fare un bambino? Quando guadagnavo mille euro al mese per dodici ore di lavoro al giorno? Quando passavo le notti a confrontare due documenti identici, poi a preparare atti che fossero perfetti in modo che mi venissero affidati altri lavori migliori, poi a cenare con i clienti e dopo cena tornare in studio? Io fino a un'ora fa non ero in grado di prendermi cura di nessuno." Nessuno l'ha costretta. Le è piaciuto, ha desiderato, diventare la persona che è; imparare a fare il lavoro difficile, creativo, appagante, che fa. Per i primi anni – Alessandra intende non i primi due ma i primi quindici – l'alternativa è "tra zero e cento. Io sono reperibile a ogni orario. Il decennio in cui sono diventata me stessa si è chiuso poco fa, e in questo decennio, quello tra i 30 e 40, non ho mai smesso la pillola".

La ginecologa dà ad Alessandra e Pietro "la solita tabella di marcia: provate per sei mesi, ci ha detto, poi se tra sei mesi non avete concepito cominciamo a *pianificare*. Io se c'è una cosa che so fare bene è pianificare, e una che so fare male è aspettare. Se fosse stato per me avrei saltato anche i sei mesi di prova". Ma Alessandra, mentre parla, tiene le mani conserte sul pancione.

Come Esterina, parla di "benedizione": "le probabilità erano basse, e avevo già avuto così tanta fortuna con l'amore che non lo consideravo possibile. Ma dopo non molti tentativi sono rimasta incinta. Guarda, mi vergogno persino un po' a dirlo, con tutte le fatiche che sento fare". Quando ci incontriamo è a casa. "La mia è una maternità a rischio, e già i colleghi maschi mi dicono tutti che ho appena iniziato a rallentare, che non lavorerò quasi mai più, che mi passerà la cazzimma. Ma figuriamoci. Quindi un'amministratrice delegata cosa fa? La prima ministra cosa fa? Chi è disposto a rivedere il proprio concetto di maternità, tra gli uomini?"

La domanda aleggia anche al centro di *Career and Family,* lo studio datato 2021 (e mai tradotto in Italia) che tra gli altri è valso il premio Nobel per l'economia 2023 alla sua autrice, Claudia Goldin. È la prima donna a meritare questo riconoscimento da sola, e la terza se si contano i team. La domanda sta in un grafico a pagina cento, nel cuore dell'argomentazione: quanti uomini e donne, tra il 1900 e il 2016 (ultimo dato disponibile), credono che un bambino soffra se sua mamma lavora? Negli anni Dieci del secolo scorso ne era convinto più del novanta per cento degli uomini e l'ottanta per cento delle donne. Negli anni Dieci di questo lo pensano circa trenta uomini, e venti donne, su cento.

Un bambino soffre se sua mamma lavora? Diremmo di no, ma non verrà fuori tra cinquant'anni una Controriforma, come per l'allattamento? Non sarà pubblicato uno studio su *Nature* a rafforzare una paura futura che ora riusciamo a ignorare, a svelarci che invece la maternità o è assoluta o non è, che i traumi della separazione e dell'inserimento al nido un bambino non li supera mai? È già successo: noi trenta-quarantenni odierne nutrite a gran bei biberon in infanzie che ricordiamo felici (ma sarà *gaslighting*?) ci sentiamo oggi dire da mattina a sera che nulla vale quanto il latte materno per i neonati e che ogni sforzo, per darne loro anche solo una goccia, è da imprendere. Tra cinquant'anni scopriremo un gap incredibile tra gli *stili di attaccamento* degli ex neonati che oggi le loro mamme allattano al seno e quelli di chi ha avuto l'*aggiunta*? E tra chi ha avuto una madre che *lavorava*, magari pure felicemente come Alessandra, e chi invece era figlio della sarta Miriam, che poi suo malgrado è rimasta a casa? Uno studio verrà a svelarci tra cinquant'anni che è stato più felice, più dotato, più sano, il bambino di Miriam? E Miriam come starà? Collettivamente ci importa?

Sull'incapacità dei neonati di spiegare cosa li fa piangere, sugli ingredienti misteriosi della crescita, si costruiscono interpretazioni che diventano studi che diventano ideologie: se è l'epoca in cui le donne possono lavorare, il latte artificiale va benone. Se l'epoca ritiene che o si è madri, o si è lavoratrici, mettetevi comode, tocca allattare.

La storia di Alessandra è quella che Claudia Goldin, nel suo *Career and Family*, tratta come esemplare. Il saggio, che ha pubblicato nel 2021 e che ha concorso a valerle il premio Nobel per l'economia, non è stato tradotto in Italia. Il mondo del lavoro che descrive somiglia al nostro, in effetti, ma non vi è sovrapponibile. E le cinque *coorti* o generazioni che individua, e in cui divide le donne nate dalla fine dell'Ottocento a oggi, sono di un paio di decenni in anticipo rispetto alle nostre – anche perché le nostre bisnonne e trisavole si sono trovate due guerre mondiali combattute sulla porta di casa e le loro coeve americane (come sempre) no.

Goldin inizia definendo che cos'è una "famiglia" e cosa una "carriera". La famiglia è quella dove c'è almeno un figlio. La carriera "un impiego retribuito molto cercato, la cui progressione dura anni, nel quale spesso si definisce anche l'identità di chi la intraprende". Dunque Alessandra, più che Miriam. Avvocate, insegnanti di scuola, docenti universitarie, mediche e professioniste della sanità, architette, politiche, poliziotte, giornaliste. Il viaggio delle donne verso il lavoro non è stato dovunque tortuoso: nei campi e in fabbrica, in cucina come sartine o nelle case degli altri come serve, se una famiglia aveva bisogno di denaro, le donne che la componevano hanno sempre lavorato. Più lungo e precario è stato il viaggio delle donne verso la carriera.

Claudia Goldin è una storica dell'economia, e individua da fine Ottocento a oggi cinque coorti di laureate – più spesso che no, la laurea per una *carriera* è il primo requisito – che sono omogenei nel modo in cui le due traiettorie, famiglia e carriera, si sono influenzate a vicenda. Il passaggio, sintetizzando all'estremo i cinque gruppi generazionali che Goldin, incrociando decine di fonti diverse, individua, è da un modello "o/o" (o famiglia, o carriera), a un modello "e/e". È un viaggio la cui forza motrice non è solo la tenace volontà delle donne di non rimanere confinate tra le mura di casa, di *diventare qualcuna*, ma anche alcuni progressi tecnici e scientifici: molti elettrodomestici, primo fra tutti la lavatrice; la pillola anticoncezionale; la diffusione del divorzio e il conseguente obbligo di pensarsi, anche per le donne, più responsabili anche della propria vita; il mutare, in senso paritario, delle leggi sul lavoro. Infine, oggi, le tecnologie mediche che permettono di estendere per sempre più donne le possibilità di rimanere incinte.

La generazione di donne oggi in età fertile, e le loro sorelle maggiori, è per Goldin la prima il cui principale obiettivo, generalizzando, è di percorrere entrambe le strade: *carriera* e *famiglia*, possibilmente in contemporanea. Questo tipo di evoluzione è lento, concede la storica, e molte cose ancora non vanno per il verso giusto: ciò ci può portare a pensare che il modello sia insostenibile. Eppure, e non per caso, il più recente articolo scientifico di Goldin si intitola "Why Women Won", perché hanno vinto le donne, sono passaggi: noi Alessandre, e anche noi Miriam, sulle spalle delle nostre madri e delle nostre nonne e bisnonne e trisavole, presto ce la faremo.

La storica invita Alessandra a guardarsi indietro: in fin dei conti la sua storia di avvocata con studio vista Duomo è iniziata, non secoli fa, con quella della nullipara ed emarginata Lidia Poët, prima avvocata d'Italia e ora anche diva su Netflix. Nel 1883, laureata in legge, si era iscritta all'Ordine degli avvocati di Torino, ma una sentenza della corte d'appello le negò questo diritto in nome di non meglio identificate "diversità e diseguaglianze naturali". Perse il ricorso in Cassazione. Si avviò un dibattito. L'abate Gioberti, che allora passava per un "cattolico di sinistra": "La femminilità risiede in una natura confusa che non si estrinseca che sotto la forma istintiva del sentimento; la donna è in un certo senso verso l'uomo ciò che il vegetale è verso l'animale". L'abate Rosmini, meno "di sinistra" del collega: "Compete alla donna l'esser quasi un'appendice del marito, tutta consacrata a lui e dal suo nome dominata". Alla fine Lidia Poët vinse la sua battaglia. Ma le poche come lei – le Marie Montessori, le Tine Anselmi, le Marise Belisario – erano bestie rare, mogli impossibili, bizzarre anomalie con le quali non molti avrebbero desiderato sposarsi; le "pioniere", nel saggio di Goldin come nella storia italiana, morirono quasi tutte nubili e senza figli. Era un po' più di un secolo fa.

Dopo il suo excursus storico Claudia Goldin analizza uno a uno i fattori storici dell'esclusione femminile dai vertici del guadagno, cioè dai vertici delle carriere. Ed è su questo punto, scrive l'Accademia di Svezia, che merita il Nobel.

Per prima cosa, Goldin scarta alcuni falsi problemi. Il problema delle donne non è, per esempio, un carattere geneticamente poco assertivo. Non è nemmeno l'"apartheid di genere": le donne, vuole una teoria di apparente buonsenso, sceglierebbero "lavori da donne" in partenza, più maestre che docenti universitarie, più infermiere che primari. Ma il divario di genere negli stipendi, mostra la storica, si manifesta all'interno delle stesse professioni. Il giornalista guadagna cioè più della giornalista. L'avvocato fa più carriera dell'avvocata.

Non sono nemmeno del tutto i ruoli di genere tradizionali, o le carenze del welfare. Certo, sottolinea la storica, questi ostacolano le donne sulla loro strada verso la conciliazione; accade persino in Islanda, Paese più paritario al mondo per tutte le classifiche in materia, dove le donne ogni 24 ottobre fanno scioperi generali o parziali, anche dalle faccende di casa, contro la differenza salariale e la diseguale distribuzione del lavoro domestico.

È proprio l'Islanda però – o, nel saggio di Goldin, gli altri Paesi scandinavi di cui elenca gli alti quozienti di parità, la capillare diffusione dei nidi – a dimostrare che il principale nemico di Alessandra e di Miriam, sulla strada verso la famigerata *conciliazione*, non è il welfare state carente. Se cioè persino in Islanda, Norvegia, Danimarca, Finlandia, Svezia le donne sono pagate – nella stessa *carriera* – fino al venti per cento meno dei loro colleghi maschi; se persino nel mitico Nordeuropa dei congedi di paternità che durano un anno, dei nidi aperti e gratuiti, dello Stato che invia ai bambini appena nati il "kit di benvenuto" cioè una cullina di cartone contenente ciucci, latte in polvere, copertine, giochini; se persino da loro conciliare famiglia e carriera per le femmine è più difficile che per i maschi, allora anche Giorgia Meloni può rilassarsi. La colpa del nostro arrancare per tenerci i lavori, non solo le carriere, venendone spesso tenute fuori a forza come l'avvocata Poët, non è solo della cultura cattolica o della mancanza dei nidi.

C'entra piuttosto ancora il significato che si decide di dare, collettivamente, alla parola "ingordigia".

Le Alessandre – e per il saggio di Goldin la loro intera coorte, cioè le nate dopo il 1959 – sono la prima generazione a non voler rinunciare né all'una né all'altra cosa. Né alla famiglia, né al lavoro. "Vogliono tutto." L'intera cultura in cui vivono, del resto, sembra suggerire loro che è possibile fin dalla culla; dai giocattoli unisex all'alta scolarizzazione delle femmine, ora maggioritarie e dai voti più alti in quasi tutti i corsi di laurea, tutti i primi trent'anni della vita di una giovane donna di oggi sono trascorsi a ritardare l'impatto con una verità che si manifesterà solo più tardi: e cioè che percorrere entrambe le strade, carriera e famiglia, o anche solo carriera e qualsiasi altra cosa, è permesso, sì, ma è anche molto difficile.

L'agnizione arriva, spesso, con i primi traguardi professionali. Un'assunzione a tempo indeterminato, una promozione definitiva, un concorso finalmente vinto. Cioè non subito: gli anni in cui ci si forma una carriera, cioè gli anni da *associate* di Alessandra, o la specializzazione di una laureata in medicina, o il mio praticantato giornalistico e poi le sostituzioni estive e poi le collaborazioni saltuarie, sono dedicati a questa sola impresa, nella convinzione che poi quando l'avrai completata potrai dedicarti anche al resto della tua vita; al fidanzato introvabile o, se c'è, negletto; all'impresa sempre più a termine, certo, ma anche sempre più possibile grazie alla medicina, di procreare.

Sempre più "ragazze" così congelano gli ovociti, anche ben oltre la fascia d'età in cui farlo garantirebbe loro la massima fertilità. Sempre più quarantenni si informano sui passi da compiere per la fecondazione assistita, in genere da amiche che ci sono passate. Sempre più donne nubili, ma con una *carriera*, meditano di prendere un aereo per Malaga o Copenaghen e diventare madri in solitaria, sistemando una tata nella stanza libera dei loro trilocali (ne pagano, non c'è bisogno di dirlo, anche l'affitto o il mutuo). Il primo decennio di lavoro, quello che Alessandra definisce "il decennio in cui sono diventata me stessa", passa senza pensarci.

È una volta che la carriera ce l'hanno, e spesso non prima che il figlio compia uno o due anni di vita, che si rendono conto di arrancare. Al lavoro niente basta mai; non basta se hai un figlio, ma nemmeno se hai l'ambizione di fare per un paio d'ore al giorno qualcosa che non sia lavorare o dormire.

Ecco un altro segreto che, come i dolori del parto, resta ben custodito fino al momento in cui ti investe. È questo. Hai fatto dieci anni di gavetta, ne hai fatti quindici. Sei più o meno arrivata a un "bel lavoro". Lo è solo sulla carta, però. Anche da dove sei arrivata, ai casi migliori e più redditizi, alle specializzazioni più prestigiose, ai reportage e ai documentari, alle cattedre e alle pubblicazioni, insomma a tutto ciò che fa crescere professionalmente e che oltre a un maggior guadagno può generare, e non è irrilevante, le migliori soddisfazioni, si accede in un solo modo: rendendosi insostituibili. Dedicandovi molte ore, a discapito di quasi tutto il resto che c'è nelle proprie vite; accettando anticamere anche di molti anni, nei quali la principale dote il cui possesso va dimostrato a superiori e rivali è l'abnegazione; reperibilità ventiquattro ore al giorno; carattere di gomma, impermeabile a insulti e pretese; dedizione totale.

Le *carriere*, cioè, sono spesso "greedy jobs": lavori ingordi. È la definizione che ne dà Claudia Goldin. Quasi ogni percorso di carriera, per accedere ai livelli in cui diventa soddisfacente e anche meglio pagato, richiede una disponibilità che nessun lavoratore, uomo o donna che sia, può garantire se a casa non ha una persona che si occupa di tutto il resto, perfino del suo cuore. Tradizionalmente, cioè, richiede di avere una *moglie*.

Anche quella di genitore, però, e soprattutto in quest'epoca, è una carriera ingorda: insostituibile se non parzialmente da nonni o costose tate, capace di prestazioni specializzate, reperibile ventiquattr'ore su ventiquattro e senza preavviso, pronto a recuperare infanti che vomitano dall'asilo nido o diciassettenni a feste dove si sentono a disagio, occupato per molti anni a fare bene, principalmente, quest'altra cosa. Più oggi di molti anni fa: i genitori di bambini nati nel nuovo millennio passano con i figli il triplo del tempo che i loro genitori, negli anni Settanta e Ottanta, passavano insieme a loro.

Poche coppie possono permettersi percorsi professionali in cui entrambi siano anche genitori molto presenti: una gran parte dei lavori redditizi e per i quali si è a lungo studiato sono *greedy jobs*, e rinunciarvi costa spesso parecchi soldi. Sono *greedy*, aggiungiamo dall'Italia, anche molti lavori di prestigio medio o basso e retribuzioni corrispondenti. Poche coppie, viceversa, possono appaltare l'intera cura domestica a personale retribuito in favore di una carriera soddisfacente ciascuno, e molte delle mansioni di casa, come abbiamo visto, è impossibile demandarle. Di più: dispiace.

Dunque in genere nelle coppie ci si divide: uno prende un *greedy job* e porta a casa la pagnotta, e uno si barcamena, prendendo soprattutto il ruolo di genitore. Uno diventa quello che nel mondo è importante e guadagna, l'altro quello che lavora poco, magari part-time, e governa la casa. Anche se si lavora nello stesso settore. Claudia Goldin fa l'esempio di una coppia di informatici conosciutisi sui banchi di scuola. Fino al momento di avere figli fanno lo stesso lavoro, nella stessa azienda. Dopo i figli, e di comune accordo, uno dei due chiede di essere spostato a una mansione meno appagante e meno retribuita, ma con orari più stabili, e l'altro di fare carriera. Inizia così una divisione di generi esponenziale: la carriera di uno, esentato dagli obblighi casalinghi, schizza verso l'alto. Quella dell'altro coniuge, che in genere è la donna, scivola su un piano inclinato fatto di minori ambizioni, quindi minori retribuzioni, quindi sacrificabilità. Uno lavora fuori casa sempre di più; l'altro sempre di meno. Tra loro si scava una differenza sempre meno colmabile.

"Una giornata trascorsa in casa ad accudire un figlio è quanto di più diverso possa esserci da una giornata di lavoro in ufficio." Ne *Il lavoro di una vita*, scritto durante la gravidanza e l'allattamento della seconda figlia, Rachel Cusk racconta di avere sperimentato entrambi i ruoli. Nella prima infanzia della primogenita, la scrittrice era restata a casa mentre il marito andava a lavorare, esperendo la separazione sempre maggiore tra la vita della madre e quella del padre, dopo l'arrivo di un figlio. Pian piano, il padre è quello che va nel mondo, è importante, conta qualcosa; e la madre è sempre più la sola responsabile della sfera domestica. "La questione dei figli e di chi se ne occupa era diventata, a mio avviso, prettamente politica." Dopo sei mesi Cusk e il marito invertono le parti, lui si licenzia e lei comincia a lavorare al libro. "La gente cominciò a chiedere sue notizie, come fosse stato malato, o morto." Cosa avrebbe fatto? Si sarebbe preso cura delle figlie, mentre Rachel avrebbe scritto un libro sul prendersi cura delle figlie. "Nessuno trovava questa risposta divertente."

Ancora il modello o/o. Uno va a lavorare, l'altro resta a casa. Perché? Perché la maggior parte dei lavori, non solo delle carriere, sono poco flessibili e molto esigenti. E mentre le donne che vogliono mantenere una famiglia e una buona carriera sono considerate ingorde – quelle che "vogliono tutto" –, sull'ingordigia dei lavori quasi nessuno si permette di sindacare: è considerata *naturale*, persino etica (non aver voglia di contribuirvi fornendo il proprio lavoro è presso gran parte della popolazione il peggiore dei peccati).

Di più: nel campo della conciliazione carriera-famiglia si è stati in grado di scardinare il concetto di "naturale" perfino dal solo dato di realtà che effettivamente con le leggi "di natura" ha a che fare, cioè col declino della fertilità soprattutto femminile negli anni. Per potersi tenere carriere, per poter *diventare qualcuna*, sempre più donne sono state disposte negli anni a tentare di estenderne la durata con trattamenti medici spesso invasivi, quasi sempre costosi, non sempre efficaci. Per poi scoprire, spesso, che lo stesso è comunque difficile "avere tutto", e sentirsi dare delle sventate. Delle ingorde: loro. Che hanno voluto due biciclette, non una soltanto, e ora non si meraviglino che pedalare è diventato impossibile.

Solo la "naturale" ingordigia dei lavori, cioè dei datori di lavoro, solo la "naturale" inclinazione a spremere come limoni dipendenti e professionisti, ad allungare a dismisura le "gavette", a scoraggiare la sostituibilità e incoraggiare invece la competizione, è considerata, come il meteo, un fenomeno insindacabile. Tuttalpiù la si può prevenire: indossando un ombrello, prendendo la pillola, strapagando tre tate. Guai a contestarla; guai a pretendere, collettivamente, di ripensare il lavoro.

E invece ripensare il lavoro è proprio essenziale secondo Goldin, che per i suoi studi, e per questa conclusione, ha meritato il Nobel. Il welfare c'è, scrive, e se non c'è è in arrivo: la sensibilità politica collettiva in materia è ormai alta. Anche in Italia.

Quando il governo Meloni ha annunciato la manovra 2023, la misura che è finita nei titoli su tutti i siti di informazione è stata quella del nido gratuito per il secondo figlio. Efficacemente o no, è difficile che ormai una classe politica prescinda del tutto dall'attenzione per questo genere di strumenti.

Ciò a cui collettivamente è necessario abituarsi, invece, è l'idea già affermata tra gli economisti – e rinforzata dall'Accademia di Svezia – che il lavoro per come è strutturato sia da ripensare.

Potrebbero ripensare il lavoro, senz'altro, le migliaia di imprese che in ogni campo non retribuiscono certo i loro lavoratori come avvocati d'affari, né offrono loro le stesse soddisfazioni professionali, eppure chiedono loro flessibilità massima, abnegazione totale, straordinari forfettizzati. I loro uffici del personale che sequestrano i dipendenti in weekend di *team building* obbligatorio, trattano lo smartworking come una vacanza pagata e organizzano il lavoro all'insegna della massima competizione interna possibile.

Gli ospedali in perenne sottorganico che obbligano i loro medici a ore infinite di straordinari non pagati, in cui però un errore di stanchezza può esporli a un processo penale. Gli stessi medici che accettano di svolgerli, e non riescono a concordare una condotta comune che isoli, sanzioni e metta a disagio il collega che accetta di stare in sala operatoria per tre interventi di fila, mettendo a rischio la vita dei pazienti e peggiorando quella di tutti loro, ai quali è imposto il confronto con un modello non sostenibile.

Potrebbero ripensare il lavoro le università, accorciando la millenaria anticamera cui sono sottoposti i giovani accademici per diventare ricercatori, e consentendo loro così di programmare una gravidanza prima dell'ultimo ovocita fruibile, e in tempo perché la carriera della madre non deragli. Potrebbero farlo, suggerisce Claudia Goldin, persino studi legali e contabili: una chiave del successo individuale di un professionista è l'essere, per i clienti, insostituibile, ma se non fosse più così? Se negli studi legali, nella consulenza, nei giornali ogni professionista potesse contare su un suo "doppio" o su un team, pronto a subentrargli con identico rendimento nei momenti in cui non è reperibile?[66]

Potrebbero ripensare il lavoro i proprietari delle grandi aziende, incidendo sui dividendi e a dispetto della loro ingordigia, vista come "naturale". Potrebbero farlo i proprietari di quelle piccole, investendo sulla qualità del proprio personale, unico vero margine di competizione che possono avere rispetto alle multinazionali dei servizi e della produzione che se le fagocitano, altrimenti, come popcorn.

Potrebbero ripensare il lavoro i lavoratori stessi in prima persona, se avessero un ruolo meno marginale nell'organizzare le procedure della produzione. Se tutte le figure che si sono moltiplicate negli ultimi quarant'anni per "potenziarne la produttività" – uffici del personale, consulenti, ingegneri gestionali – scomparissero, e i loro compensi spesso stellari fossero distribuiti tra chi il lavoro lo fa.

Ma non per caso, tra le numerose battaglie dei lavoratori nei decenni la più persa di tutte è stata quella per intestarsi l'organizzazione dei compiti, e la definizione delle loro condizioni. Nei quasi diciassette anni in cui politica e sindacati discussero della stesura di una legge quadro che riformasse l'intera materia del lavoro – quella che poi sarebbe diventata, nel 1969, lo Statuto – su molte istanze si trovò, presto o tardi, un accordo di massima delle parti sociali. Accadde per esempio con i prin-

[66] Queste idee le suggerisce Claudia Goldin nel suo *Career and Family*, non io diventata improvvisamente direttore delle risorse umane presso me stessa.

cìpi incarnati nei vari titoli della legge: le libertà del lavoratore, la sua dignità, il diritto di attività sindacale.

Solo su un punto la posizione delle aziende restò irremovibile, e non fu oggetto di quasi alcuna concessione: la classe imprenditoriale negava alla forza lavoro il diritto di prendere parte alla decisione delle politiche, delle strategie e della produttività aziendale. L'intera gestione del personale doveva restare determinata dagli organi direttivi aziendali: no alla "democratizzazione" della fabbrica, no ai comitati di dipendenti, no al "partecipare all'elaborazione dei programmi produttivi" (era uno degli slogan più ripetuti nell'autunno caldo). Essendo i sindacati molto legati ai principali partiti, fu facile per gli industriali accusarli di voler sottomettere la produttività, in questo modo, alle loro agende politiche; e limitare di conseguenza la competitività del Paese.

Ha funzionato? Chissà. Più di mezzo secolo dopo l'organizzazione del lavoro resta regolata in tutto e per tutto dalle scelte dei dirigenti, spesso appaltata a consulenti o manager – loro sì, costosi – e la produttività è comunque in calo continuo.

L'ingordigia dei lavori – e di chi li somministra e organizza – non è inevitabile. Non è un fenomeno ingovernabile come il meteo, non è un fatto *naturale* come l'invecchiamento delle mie ovaie o il rallentamento degli spermatozoi di uno che sta tutto il giorno seduto davanti al pc, mangiando da un Tupperware, a prendere ordini. È un fenomeno che si può governare. E chi può farlo? Noi da soli, dimettendoci alla spicciolata o facendo il *quiet quitting*? Cosa è cambiato nei vostri uffici dopo le grandi dimissioni? Guardando la parabola dello smartworking, salutato nel 2020 come un imperativo di modernità a cui adeguarsi e nel 2023 bandito o ridotto da molti datori di lavoro, si direbbe: poco.

Ripensare il lavoro è un'azione che funziona solo se collettiva, cioè politica e sindacale. Certo, di un sindacato e una politica che abbiano come referenti anche le persone normali oltre alla Benemerita Impresa Privata, il Tessuto Produttivo del Paese, le nostre Piccole-e-Medie-Imprese-che-sono-il-nostro-fiore-all'-occhiello (e lo sono anche a furia di licenziare le dipendenti incinte).

Certo, "politica" e "sindacato" sono parole che ai più fanno schifo. Ma a furia di schifarle, ci ritroviamo il *team building* sabato e domenica.

Certo, nessuno ha tempo o energie di fare pure il sindacato. Ma gli straordinari, neanche sempre pagati, misteriosamente sì.

Certo, fare sindacato è difficile. Non hai sempre ragione tu, spesso discuti con altri che non la pensano al tuo stesso modo, qualcuno è stronzo, qualcuno è venduto, non sempre vincete.

Ma le donne islandesi scioperano tutti gli anni, per un giorno l'anno. Contro lo Stato? No: in piazza con loro, il 24 ottobre 2023, è scesa persino la premier Katrín Jakobsdóttir. Se la prendono con la struttura e l'organizzazione del lavoro stesso.

Se scioperano le islandesi, che scusa abbiamo per non farlo anche noi?

E davvero saremmo in piazza da sole?

"Quante volte, papà, abbiamo sperato che rallentassi la tua corsa nella vita e quindi potesse rallentare anche la nostra, così da vedere cosa c'era fuori dal finestrino. Rallentando avresti potuto vederlo anche tu, capendo cosa c'era di importante oltre la tua attività."

Inizia così una lettera di commiato finita sui giornali qualche mese fa: il destinatario era il defunto imprenditore Giacomo Chiapperini, settantatré anni, schiacciato dal lavoro letteralmente. Produceva Parmigiano: gli scaffali del suo magazzino di stagionatura hanno ceduto mentre vi passava in mezzo, e sedicimila forme di formaggio lo hanno travolto.

Non meno pesanti le parole dei figli, che come la famiglia Roy in *Succession* hanno atteso il pulpito del funerale del padre per cantargliene quattro. “Ci dispiace che a noi figli tu non abbia mostrato l’amore attento e affettuoso come altri padri. Con i tuoi nipoti ti sei ammorbidito un po’ e così abbiamo capito che allo stesso modo amavi anche noi, ma sempre a modo tuo. [...] Tu hai vissuto la vita che volevi, coltivando ambizioni che nessuno avrebbe mai immaginato e la tua famiglia ti ha dovuto seguire in questa corsa. Ora non so dove sei, ma sappiamo che a chi incontrerai, darai filo da torcere.” L’azienda agricola di Giacomo Chiapperini era stata fondata nel 1977 a Romano di Lombardia, provincia di Bergamo. Allora era una piccola fattoria, ventisei mucche e un trattore. Oggi ha duemila capi, cento ettari coltivati, un caseificio, uno spaccio: quasi un monumento alla voglia di lavorare del suo fondatore, sanzionata alla fine, però, dall’agrodolce commiato dei figli.

Chi ha più voglia, oggi, di essere un padre così?

Quando mio fratello è diventato padre, ho cercato qualche manuale da regalargli. Cercando su Amazon “paternità” ho trovato 211 saggi, più di mille cercando “padri”, quattromila e rotti titoli con “papà”. Quasi tutti sono libri degli ultimi dieci anni. Parlano di come entrare in sintonia con i figli, di come aiutare la compagna in modo efficace, di come non diventare dei Giacomi Chiapperini. Chissà se funzionano. Nei mesi ho visto comparire a tavola le pappe sempre più saporite e varie che lui preparava alla sua bambina – molto bilanciate, è un atleta – e ho pensato che l’ultima cosa di cui aveva bisogno, il mio fratello “piccolo”, fosse un manuale. I papà a me vicini spingono altalene e accompagnano a concerti, rispondono giusto nelle chat di classe e organizzano compleanni, razionano ore di Xbox, videochiamano dall'ufficio all'ora di cena. Molti chiedono flessibilità al lavoro, e spesso la ottengono; molti concordano con le compagne chi accetterà promozioni o trasferimenti, in modo quasi sindacale, e a turni sono loro a fare un passo indietro. Forse fanno media con quelli che finiscono sui giornali per i femminicidi, forse vivo in una bolla; eppure, fuori dai miei fortunati pochi, i numeri dimostrano che anche tra loro qualcosa si muove, anche loro sono in viaggio. Anche agli uomini i "lavori ingordi" stanno sempre più stretti. Sono anche loro, in questo senso, delle *lavoratrici.*

Nell'archivio storico del *Corriere*, quasi coevo all'Unità d'Italia (è stato fondato nel 1876), è facile rendersene conto. Cerco "congedo di paternità". La prima occorrenza del sintagma è del 1973: la mitizzata socialdemocrazia svedese di Olof Palme l'aveva reso legge. Poi più niente fino al 1981. Poi una menzione nel 1999. Tutte negli Esteri. Nel 2000 lo chiede Tony Blair, per stare vicino al suo quarto figlio, Leo. Nel 2001 già non se ne parla più. In Italia il "congedo parentale" per i papà già esisteva, per legge: prima lo aveva riconosciuto una sentenza della corte costituzionale a favore di quattro vedovi, poi una legge firmata da Livia Turco e Tiziano Treu, nel 1999. Dieci mesi facoltativi, da dividere tra madre e padre prima dell'ottavo anno di età del bambino: retribuiti al 30 per cento dello stipendio, e infatti i dati degli anni seguenti dimostreranno che ad avvalersene, tra i padri, resteranno pochi. A Milano nel 2003 fanno notizia i 457 dipendenti privati che l'hanno preso. Nel 2004 lo prende il principe di Norvegia. Nel 2005 la Francia dà 15 giorni, retribuiti all'80 per cento; in Italia prende il congedo l'1,6 per cento dei neopapà. A Milano sono 947, quasi raddoppiati in due anni. Nel 2010 lo prende il 5 per cento. Nel 2012 il 6,9. Lo stipendio

– nel settore privato, perché nel pubblico un mese di paternità è già retribuito al cento per cento – resta ridotto al 30 per cento, e anche per questo l'istituto non decolla. Nel 2015 lo vorrebbe il 48 per cento dei neopadri, lo prende il 7 per cento. Intanto nel 2012 Elsa Fornero ne ha istituito uno simbolico: un giorno solo, retribuito al cento per cento, che ha il sapore di un manifesto. Prima non c'era nemmeno quello. Nel 2013 prendono il giorno obbligatorio in cinquantamila: circa un uomo su dieci appena diventati padri. Gli anni passano, e i papà che si avvalgono del congedo parentale sono in leggera ma stabile crescita; hanno testimonial internazionali sulle pagine di Esteri come il ministro dell'ambiente giapponese Junichiro Koizumi, Mark Zuckerberg, il "nostro" Alessandro Di Battista, il presidente finlandese della repubblica Sauli Niinistö; un ministro norvegese, Ketil Solvik-Olsen, conservatore, si dimette per agevolare la moglie pediatra nella carriera. "Lei ha fatto per me sempre un passo indietro, ora ha un'occasione unica e gliela lascio. Nessuno di noi è insostituibile." Sul *Corriere* il sintagma "congedo di paternità" comincia ad apparire una volta al mese. Nel 2019 è approvata una direttiva europea che impone agli Stati membri, entro i seguenti tre anni, di istituire almeno dieci giorni di congedo di paternità obbligatori e retribuiti al cento per cento. Nove anni prima, nel 2010, una direttiva simile era stata bocciata all'Europarlamento persino dagli scandinavi. Nel 2021 l'Italia obbedisce: i dieci giorni obbligatori, retribuiti al cento per cento, diventano strutturali cioè finanziati automaticamente e non secondo le singole manovre. Nel 2022 un nuovo decreto (d.lgs. 30/6/2022 n. 105) estende l'istituto. "Nessuno è insostituibile", ripete il ministro della difesa finlandese che si prende due mesi a fine 2022 per fare il genitore, alla vigilia dell'adesione alla Nato, con la guerra alle porte. A oggi circa sei padri su dieci usufruiscono del congedo di paternità obbligatorio. Nel 2023 un papà su tre ha attaccato al congedo ulteriori giorni di ferie.[67] Usare i congedi facoltativi – quelli in cui la retribuzione si riduce al 30 per cento – è più raro, e non a caso la curva dei padri che lo fanno si flette dal 2020, a causa della congiuntura economica. La finanziaria approvata a fine 2023 ha disposto che ai neogenitori tocchi un mese in più, e per tutto il 2024 almeno anche un secondo mese in più, indennizzato all'80 per cento.

A complicare le cose restano poi fattori legati alle culture aziendali: non sempre chi si avvale del congedo è compreso, o incoraggiato. E a volte rischia perfino la fine di Miriam.

Sui giornali di recente è finita, per esempio, una segnalazione ricevuta dalla Consigliera di Parità di Milano. Tra molestie e discriminazioni di vario tipo, al suo ufficio ne arriva più o meno una al giorno. Aumentano quelle di neopapà. Una è clamorosa. Dipendente della stessa azienda da circa vent'anni, un uomo comunica all'ufficio del personale, con vari mesi di anticipo e molta gioia, che avrebbe preso il congedo di paternità. La direttrice del personale – una donna, a proposito della differenza tra politica e identità – scrive una mail in cui intima di trovare un pretesto per licenziarlo ben prima. Per errore, però, per inviarla clicca su "rispondi a tutti". Per una volta una fiaba urbana ha un lieto fine: la licenziata è lei.

[67] Save the Children, "Le equilibriste: la maternità in Italia nel 2023". Da notare che ne sono esclusi tutti i lavoratori autonomi; e che, mentre violare i cinque mesi di maternità obbligatoria, in Italia, comporta sanzioni penali, violare i dieci giorni di paternità ne comporta formalmente di amministrative, che finora sono state di rado applicate. La situazione, dunque, non può che migliorare.

TITOLO V
NORME SUL COLLOCAMENTO

ART. 33 – COLLOCAMENTO

L'articolo che recitava: 'La commissione per il collocamento è costituita obbligatoriamente presso le sezioni zonali, comunali e frazionali degli Uffici provinciali del lavoro e della massima occupazione [...]' è stato abrogato.

Sul finire del 2023 ho moderato un convegno sul lavoro femminile. Il mio ruolo era quello di presentare gli ospiti e fare loro domande; sono rimasta stranita perciò quando, prima di me, ha parlato Sofia. Ha ringraziato gli sponsor; ricordato che "l'incontro avrà una durata di 75 minuti, di cui gli ultimi 15 dedicati alle domande dal pubblico"; chiosato che non vedeva l'ora di ascoltare i nostri interventi. Sofia mi ha cioè rubato il lavoro, e non è strano. Era un bot. Un ologramma proiettato alle mie spalle, con una voce metallica e priva di accento regionale ma anche di intonazione; faceva il mio lavoro di presentatrice ben peggio di me (almeno spero), e a differenza di me che ero andata gratis, perché il convegno lo animava un'amica, qualche euro agli organizzatori sarà pure costata. Che ragione c'era per prendere Sofia al posto mio?

Il 30 per cento delle ore lavorate negli Stati Uniti in un anno, secondo uno studio McKinsey,[68] e il 40 per cento dei posti di lavoro globali nei prossimi anni[69] può essere rimpiazzato da un'intelligenza artificiale o automatizzato. Soprattutto lavori di

[68] McKinsey, "Generative Ai and the Future of Work in America", luglio 2023.

[69] Fondo monetario internazionale, "Gen-Ai: Artificial Intelligence and the Future of Work", gennaio 2024.

segreteria, servizi clienti, vendita e ristorazione, traduzione, editoria, persino cura della persona. Settori dove la maggioranza delle occupate sono donne, precisa McKinsey. Accade già nei supermercati dove le cassiere sono sostituite da lettori di codici a barre (ennesimo lavoro non retribuito che i clienti fanno al posto delle aziende da cui si servono, senza nemmeno uno sconto). Lo studio profetizza che la rivoluzione dell'Ai farà fiorire settori "maschili" come le scienze e la finanza, le professioni liberali e la medicina; e si mangerà invece le lauree umanistiche e i lavori meno specializzati, e le donne corrono il rischio una volta e mezza più degli uomini di dover cambiare lavoro.

I lavoratori vulnerabili, che in questo immaginario Statuto che va verso la conclusione ci siamo abituati a chiamare *lavoratrici*, sono a rischio anche in questo senso: stretti tra lo sfruttamento e la minaccia dell'irrilevanza. Il convegno "Donne e lavoro" dove Sofia mi ha sostituita riuniva i membri di un'associazione di industriali. Il loro era un avvertimento?

E cosa farei, chi sarei io se tutto il mio lavoro, nel tempo, se lo prendesse Sofia?

La domanda, nell'ultimo lustro, è risuonata con il baccano delle domande collettive: si è dimesso un papa, si sono dimessi atlete e capi di governo, ministri e principi, top manager e campioni dello sport e non perché finiti o travolti da scandali, ma perché spompati. Si è dimessa Meghan Markle: doveva la sua fama planetaria al suo ruolo da praticante avvocata sgobbona in *Suits*, serie Netflix che magnificava il massacrante lavoro dei grandi studi legali. Diventata principessa, ha fatto un passo indietro insieme al consorte. Il ruolo che ricopriva, un ruolo da sogno, da finale delle favole, comportava però troppi obblighi, troppe pressioni. C'è una cosa più importante che essere una principessa, sembra dire Meghan Markle ai suoi (pochi) sostenitori, ed è essere se stesse. Sì, ma Meghan Markle, ora, chi è? Quale posto occupa? E che posto occuperei, io, nel mondo, senza il mio lavoro?

Quando ci siamo persuasi che la crescita fosse un processo intenzionale, che va nella direzione che noi scegliamo di darle? Che la nostra identità, il nostro essere *noi stesse*, sia un dato separato, anzi per forza tarpato dalle circostanze, e che il lavoro ci mutili, anziché fare di noi chi siamo? "Tu non sei il lavoro che fai, sei la persona che sei", ci comanda la scrittrice Toni Morrison in un saggio molto condiviso su identità e lavoro.[70] Ma dice anche: "Qualsiasi lavoro tu debba fare, fallo bene. Non per il capo, ma per te". A chi conviene che noi cessiamo di amare il "lavoro ben fatto", di cercarvi dentro un pezzo della persona che siamo, di usarlo per essere più libere, per essere *qualcuno*? Forse a chi può sostituirci con Sofia, facendoci credere di averci sollevati da un giogo.

Nel 1974 Paolo Villaggio si inventava Fantozzi. Ma nel 1978, poco dopo, Primo Levi pubblicava *La chiave a stella*. In questi quattordici racconti sul lavoro, il protagonista è l'operaio specializzato Tino Faussone, torinese, bravo e stimato, il cui utensile più importante – indispensabile per i montatori e metaforico della stella a sei punte cioè dell'identità ebraica – dà il titolo al libro. *La chiave a stella* è anche la fonte di un anatema gettato sulle culle di molti nati negli anni seguenti: "Se si escludono istanti prodigiosi e singoli che il destino ci può donare", vi è scritto, "l'amare il proprio lavoro (che purtroppo è privilegio di pochi) costituisce la migliore approssimazione concreta alla felicità sulla terra". In nome di questo sogno di felicità molti di noi si sono iscritti a master, hanno risparmiato gruzzoli, intraprendono gavette a fondo cieco.

[70] Toni Morrison, "The Work You Do, the Person you Are", *The New Yorker*, 29 maggio 2017.

Primo Levi lo specifica subito dopo, che amare il proprio lavoro è un "privilegio di pochi". E la frase qui sopra, ricopiata su migliaia di Smemorande prima e su altrettante bacheche Facebook poi, vuole dire proprio come quella famosissima e fraintesissima del *Gattopardo* ("perché tutto resti com'è, bisogna che nulla cambi") il contrario di quello che i romantici amanuensi che la ricopiano le fanno dire. Prosegue, infatti, così.

"...Ma questa è una verità che non molti conoscono. Questa sconfinata regione, la regione del rusco, del *boulot*, del *job*, insomma del lavoro quotidiano, è meno nota dell'Antartide, e per un triste e misterioso fenomeno avviene che ne parlano di più, e con più clamore, proprio coloro che meno l'hanno percorsa.

Per esaltare il lavoro, nelle cerimonie ufficiali viene mobilitata una retorica insidiosa, cinicamente fondata sulla considerazione che un elogio o una medaglia costano molto meno di un aumento di paga e rendono di più; però esiste anche una retorica di segno opposto, non cinica ma profondamente stupida, che tende a denigrarlo, a dipingerlo vile, come se del lavoro, proprio od altrui, si potesse fare a meno, non solo in Utopia ma oggi e qui: come se chi sa lavorare fosse per definizione un servo, e come se, per converso, chi lavorare non sa, o sa male, o non vuole, fosse per ciò stesso un uomo libero. È malinconicamente vero che molti lavori non sono amabili, ma è nocivo scendere in campo carichi di odio preconcetto: chi lo fa, si condanna per la vita a odiare non solo il lavoro, ma se stesso e il mondo. Si può e si deve combattere perché il frutto del lavoro rimanga nelle mani di chi lo fa, e perché il lavoro stesso non sia una pena, ma l'amore o rispettivamente l'odio per l'opera sono un dato interno, originario, che dipende molto dalla storia dell'individuo, e meno di quanto si creda dalle strutture produttive entro cui il lavoro si svolge."

Era l'epoca del rifiuto del lavoro e delle lotte per l'emancipazione dalla catena di montaggio. Particolarmente l'ultima frase, quella che indica nella disposizione interna del lavoratore e non nelle strutture produttive (i "mezzi di produzione") la ragione o l'ostacolo della sua soddisfazione, provocò un acceso dibattito sull'organo della sinistra extraparlamentare *Lotta Continua*.

La rissa anche interiore tra la resistenza allo sfruttamento e il desiderio della *rilevanza*, della realizzazione, del partecipare anche minimamente alla creazione di se stessi e del mondo, è un dissidio che cinquant'anni più tardi rimane attuale. E la risposta che l'epoca sembra dare, a beneficio dei programmatori di intelligenze artificiali, è quella della dimissione. Del ritrarsi; del sottrarre al lavoro le proprie aspettative, energie, capacità. Del rimanere a casa.

Ma sono di nuovo le *lavoratrici* a indurci a dubitare che sia la risposta giusta.

La storia del lavoro femminile è una storia di fatica e di lotte. Qualche volta di sangue. A fine Ottocento, in Italia, se lavoravano era per bisogno: in agricoltura, nelle fabbriche tessili, sottopagate. Già informalmente sindacalizzate, come le mondine che rivendicavano le otto ore di lavoro. Le povere e poverissime erano tante, e infatti lavorava il 45 per cento delle italiane; ma chi appena era benestante era relegata a casa, a godere le "gioie della famiglia". Laureate: negli ultimi vent'anni dell'Ottocento furono 224. Tra loro una fuori corso eccezionale, la dottoressa Annia Panzironi Polverini. Si laureò in medicina a trent'anni "perché la mia famiglia non accettava che sapessi tutto sull'uomo". E Maria Montessori.

Un secolo stinge nell'altro, e alle agricole si aggiungono maestre di scuola, impiegate, segretarie. Non possono votare, tranne le maestre sono pagate la metà dei maschi e persino i socialisti ritengono la loro rivendicazione del suffragio un capriccio borghese. Poi la prima guerra mondiale. Le donne socialiste, e le prime femministe, vi erano state apertamente contrarie, e ora, mentre gli uomini erano in armi, dovettero sostituirli nell'industria e nell'agricoltura. L'antica polemica sul ruolo di "angelo del focolare" si dissolveva magicamente nella necessità di non affondare il Pil. Ecco la donna che fa tutto: traina l'aratro, miete il grano, produce divise militari, rimpiazza negli uffici i colleghi arruolati. Una circolare del 1916 impone che nell'industria bellica la manodopera femminile arrivi all'80 per cento. Le poverine chiedono la parità salariale e una continuità di lavoro, sapendo benissimo che a guerra finita sarebbero state licenziate, senza complimenti, per far posto ai reduci. Ma non se ne fa niente.

Finita la guerra, torna infatti la retorica dell'angelo del focolare. E poi arriva il fascismo. Che fa gran mostra di dare alla donna un rilievo pari a quello dell'uomo, pur nella sua specificità di madre e fattrice, con medaglie per la prolificità e tasse sul celibato; ma già nel 1927 riduce i salari femminili alla metà di quelli maschili. Leggi specifiche bandiscono le donne da vari insegnamenti superiori e da vari concorsi del pubblico impiego; un decreto del 1933 stabilisce a quali mestieri debbono essere confinate, nella pubblica amministrazione, ed è così che le figure di segretaria, dattilografa, stenografa e bibliotecaria diventano squisitamente femminili. Per Mussolini "il lavoro è nefasto alla maternità".

La disoccupazione però si rivela nefasta alle donne italiane, che escluse dal lavoro fanno cinquanta passi indietro anche in tutto il resto: la prostituzione è incoraggiata, l'adulterio maschile non sanzionato mentre quello femminile è punito col carcere, il codice Rocco dedica un articolo a parte al "delitto d'onore" (che comunque sarà poi abolito solo nel 1981) e il diritto ereditario prevede per figlie e vedove ruoli secondari.

Però poi come una scopa manzoniana arriva la guerra e ripulisce tutto, e l'"esercito di riserva" delle lavoratrici ritorna utile: tutta la retorica sull'"angelo del focolare" viene sostituita invece da quella del "silenzioso eroismo". E così, quando il fascismo e la guerra finiscono, il ruolo delle donne nella società è più solidamente avanzato. Molte hanno fatto la Resistenza, ventun deputate siedono alla Costituente. Ed ecco il suffragio universale. Come premio: difficilmente si è potuto occupare un posto grande o piccolo, nella società, senza lavorare. Di più: senza *voler* lavorare.

Stigmatizzate dalla Chiesa, escluse dal fascismo, incomprese o osteggiate dai mariti ai quali rischiava di venire meno un prezioso welfare famigliare a costo quasi zero, le lavoratrici non solo potevano non lavorare, ma sono state per gran parte del Novecento attivamente scoraggiate dal farlo. Eppure nei decenni hanno preso diplomi e lauree, comprato collant o libri per i figli con i propri stipendi, lavato scale altrui di nascosto mentre il marito lavorava, studiato nel cuore della notte.

Cerco nelle donne del passato, nelle storie di questa famiglia matrilineare e anche in quelle della famiglia in cui sono nata, la ragione per cui per me il *lavoro*, il lavoro sia stato in questi anni una tale domanda. Una tale ossessione. Ne ho sognato uno che fosse bellissimo; come molti mi scontro ogni giorno con i sacrifici che esige, le strette imposte dall'innovazione, la competizione che lo regola; e come molti ogni giorno, da quando sono un'adulta cioè da quando lavoro, cioè dal 13 gennaio del 2007, mi chiedo se non sarebbe stato meglio lasciare perdere. Trovare un part-time. Andare ogni tanto al mare. Non avere la cervicale.

Ogni giorno dentro di me lottano due persone, quella che ritiene che valga la pena cercarsi nel mondo, disinteressarsi del sonno perduto e dei propri sentimenti, cercare di occupare uno spazio che mi deve venire assegnato ma devo anche avere voluto io ma mi deve anche in ultima analisi venire assegnato, e però devo anche averlo voluto un po' io; di mediare tra le regole della microeconomia e quelle del desiderio, tra il diritto e l'ambizione, tra Marta e Maria.

E poi l'altra, che ritiene che il senso dell'esistenza stia inesorabilmente altrove, che lo spazio che occupo sia soprattutto interiore; che le fatiche per *collocarmi*, per *diventare qualcuna*, a prezzo delle relazioni che sacrifico e del collagene della mia faccia che va dissipandosi e delle occhiaie nere che ho dopo una giornata al lavoro, non solo non valgano la pena ma mi conducano lontana anni luce dalla *vera me*, una persona che immagino dotata di sentimenti che sono un totem per chi la circonda – "mamma è fatta così" – e con una maglietta a righe, e due figli, e una casa disordinata ma allegra con un bel giardino. Le due sorelle battibeccano e quando arriva il Maestro, quando la vita bussa alla porta di casa, una accoglie servendo e l'altra contemplando, e battibeccano persino al Suo cospetto: mia sorella non vuole fare nulla. La mia vuole solo lavorare.

Cerco nelle storie della mia famiglia i due ovociti gemelli da cui arrivano le mie Marta e Maria, ma non trovo che pezzettini. Frammenti di codici genetici che certo spiegano qualche cosa: ambizioni assolte e altre dimenticate, sogni altrui, oggetti desiderati, tratti caratteriali. Un nonno per cui il valore massimo era non dover obbedire; una nonna che perdette una figlia grande, e per salvarsi dall'impazzire si mise a studiare da maestra d'asilo, e fu maestra d'asilo per sempre. Ci sono nella mia famiglia lavoratori manuali e professori, studi interrotti e scuole serali, borse di studio e cartamodelli da sarta. Ma la cosa che sto facendo io, il mio *lavoro*, io non l'ho appresa lì.

Forse allora i miei sentimenti, le mie attese, vengono dagli *altri*? Dai miei amici che quando ci laureavamo facevano vacanze di quattro mesi, che in Erasmus si sbronzavano con gli italiani anziché studiare il tedesco, che mentre io mi muravo ogni domenica in redazione limonavano, si innamoravano e gioivano per altre cose, e io non li capivo? Dagli altri amici che si pagavano gli studi lavorando e trattavano noi, sostenuti dai genitori, come irrecuperabili morbidini?

O dalla scuola, dove era possibile farsi un vanto del ruolo di "intelligente che non si applica" (ma era possibile anche applicarsi, e così apprendere che funzionava)? O forse dalle culture aziendali in cui sono stata immersa, dalle loro gerarchie che riproducono bene le gerarchie, e l'aderenza ai tempi, di un ginnasio severo. O forse l'ho imparato dall'epoca? Dalle serie tv che facevano sembrare il lavoro un orpello (*Friends*) o al contrario la sola quinta sul cui sfondo valesse la pena far svolgere la propria vita (*Suits*). Dai talent show che secondo la vulgata imperante mi avrebbero inculcato il mito della *performatività*. Dai romanzi rosa che ho sempre divorato e dove le femmine non facevano quasi mai nulla tranne innamorarsi. Dalla copia di *Donne che corrono coi lupi* che passai l'università a sottolineare?

Ma no. Credere i propri sentimenti un liquido versato dall'epoca nei nostri cuori, come in vasi irresponsabili, è la rivendicazione più in voga; ma è in malafede (la tv avremmo pur sempre potuto spegnerla), è un esercizio pigro e soprattutto, qui, non mi serve. Ciò che so sul lavoro non è mai venuto dal Grande Fratello della cultura pop a cui tutti insieme oggi diamo la colpa di qualunque cosa. Né dai posti in cui ho lavorato: su chi è bravo ma non si applica vince spesso quello che sgobba, ma con costanza, eppure io continuo ad applicarmi discontinuamente, a procedere per strappi e illuminazioni, a sbracare e brillare a giorni alterni, a far copiare il vicino.

Né ereditata né comperata, non chiaramente innata né chiaramente appresa, la mia persona, il collocamento che trovo nel mondo è un *lavoro*: una materia che modello con le mani, che produco, se smetto di farlo finisce rapidamente, sparisce, non ce n'è più. Viceversa posso sempre affondare le mie mani nell'impasto, lasciarle andare a mosse automatiche che ho allenato, ma mai dovuto imparare, e produrne ancora. Come, lo so solo io. Gli anni aggiungono a questo istinto molti insegnamenti: la perseveranza, il rigore, alcune tecniche in cui si diventa almeno apprendisti, la bravura di certi compagni di lavoro e la grandezza d'animo di cui sono sempre capaci dove sarebbe meno attesa, nella stanchezza, nella pressione, nel tedio.

Insieme ci vengono trasmesse dall'epoca altre nozioni detestabili, che detesto applicare. La propensione a farsi sfruttare, con la minaccia speculare dell'irrilevanza – lavora venti ore al giorno, se no avanti un altro, se no il tuo posto lo prende Sofia –, è quella a cui siamo sempre meno disposti a riconoscere dignità; alla bruttezza e all'ingratitudine di molti compiti imposti dalla cultura manageriale è difficile persino trovare un senso; i luoghi, gli organigrammi, le città in cui lavoriamo sono spesso invivibili, e in questi anni non si è parlato che della loro bruttezza perché lo sono per tutti noi, come i tropici per dei pinguini, habitat respingenti per la specie umana infatti invisa a chi si ingegna per poter fare ancora più soldi scacciandola, e sostituendola con Sofia.

Negli Stati Uniti, che del culto internazionale del lavoro sono culla e patria, ogni settore produttivo negli scorsi mesi ha scioperato per settimane. I produttori di auto, i giornalisti, persino gli sfruttati di Amazon, persino gli attori di Hollywood. Tra le rivendicazioni degli attori, peraltro, c'era proprio quella di limitare e governare la possibilità di usare la loro stessa faccia, la loro stessa voce, in sintesi la loro umanità, per programmare intelligenze artificiali che li sostituissero: questa corsa a espungere l'umano dalla produttività viene combattuta proprio fermando la produttività con ciò che è umano. Cioè i nostri sentimenti di collera, vulnerabilità, frustrazione, gettati nell'ingranaggio come gli zoccoli di legno, *sabot*, che i tessitori licenziati nella prima rivoluzione industriale gettavano nei telai a vapore che li avevano scalzati per incepparli. Inauguravano così la lunga vita del verbo *sabotare*.

Collera, vulnerabilità, frustrazione: sentimenti che sono epocali, non individuali, e generano nel mondo scioperi, crisi di manodopera, proteste, e poi contrattazioni collettive, normative, sentenze, leggi; anche per questo quasi tutto quello che c'è in queste pagine è stato un tentativo di ricondurre le difficoltà di ciascuno a una dimensione più generale. A un "me too". L'umano, nel mondo del lavoro, è decisamente fatto a forma di femmina. E come le lavoratrici, rischia sempre più di rimanere in panchina, soppiantato da alternative più convenienti.

Non per caso in questa indagine sono confluiti più psicoterapeuti che sindacalisti; molte statistiche, ma altrettante confidenze. È nei sentimenti che inizia la rivendicazione di essere *lavoratrici*, cioè lavoratori che non competono probabilmente con Sofia, ma che a differenza di lei devono avere dei diritti, che le leggi devono impegnarsi a tutelare. Persone che dal lavoro non possono permettersi di restare escluse: e devono, dunque, contribuire a ripensarlo, se necessario anche alzando la voce.

La ragione per cui io lavoro, il mio *collocamento*, è una ragione solo mia. Ma nelle inchieste sentimentali di queste pagine ho voluto dire che la manutenzione dell'habitat, la cura a che non sia respingente, il conflitto necessario per difenderlo dall'ingordigia e dalla prepotenza di chi lo comanda, e ritiene di possederlo, sono mansioni collettive.

Collettivamente disponiamo di modi leciti – e di qualcuno più ruvido – per esercitarle.

LIBRI CITATI, MEDITATI, CONSIGLIATI

AA. VV., *Senza giri di boa*, Paperfirst, Roma 2022.

AA. VV., *Storie di donne nel Cuneese*, Atti del convegno, Cuneo 23 marzo 2013.

AA. VV., *Voglia di restare – indagine sui giovani nell'Italia dei paesi*, Roma, Donzelli, 2023.

Antonio Aloisi, Valerio De Stefano, *Il tuo capo è un algoritmo. Contro il lavoro disumano*, Bari, Laterza, 2020.

Cinzia Arruzza, Nancy Fraser, *Femminismo per il 99%*, Bari, Laterza, 2019.

Federico Baccomo, *Studio illegale*, Venezia, Marsilio, 2011

Teresa Barbaro, et al. [a cura di:], *Donna: la fatica di star bene. Riflessioni di donne sulla salute*, Alessandria, Edizioni Lotte Unitarie, 1981.

Laura Bates, *Fix the System not the Women*, Londra, Simon & Schuster, 2021

Lucia Berlin, "Manuale per donne delle pulizie", in *La donna che scriveva racconti*, Torino, Bollati & Boringhieri, 2011.

Sergio Benvenuto, *Accidia, la passione dell'indifferenza*, Bologna, Il Mulino, 2008.

Saul Bellow, *La Sparizione*, Milano, Mondadori 1989

Marcello Bernardi, *Il nuovo bambino*, Milano, Milanolibri, 1972 (e segg.).

Marcello Bernardi, *La maleducazione sessuale*, Milano, Emme edizioni, 1976.

Luciano Bianciardi, *La vita agra*, Milano, Rizzoli, 1962.

Chiara Bisconti, *Smart Agili Felici*, Milano, Garzanti, 2021.

Chiara Bisconti, *Felicità*, Milano, FrancoAngeli, 2023

Luigi Boschi, Paola Sprugnoli, *Scelgo la libera professione*, Firenze, Giunti, 2019.

Concetta Brigadeci, Eleonora Cirant, *Impiegate e professioniste: figure del lavoro femminile in Italia*, Milano, Unione Femminile, 2016.

Svend Brinkmann, *Contro il self-help*, Milano, Raffaello Cortina Editore, 2018.

Beatrice Busi (a cura di), *Separate in casa: Lavoratrici domestiche, femministe e sindacaliste, una mancata alleanza*, Roma, Futura Editrice, 2020.

Edgar Cabanas, Eva Illouz, *Happycracy: come la scienza della felicità controlla le nostre vite*, Torino, Codice Edizioni, 2019.

Italo Calvino, *Amore lontano da casa*, in *Prima che tu dica "Pronto"*, Milano, Mondadori, 1993.
Renzo Carriero, Lorenzo Todesco, *Indaffarate e soddisfatte. Donne, uomini e lavoro familiare in Italia*, Roma, Carocci Editore, 2016.
Johann Chapoutot, *Nazismo e management. Liberi di obbedire*, Torino, Einaudi, 2021.
Mona Chollet, *Lo spazio della casa. Un'odissea domestica*, Milano, Il Saggiatore, 2023.
Lidia Cirillo (a cura di), *Se il mondo torna uomo*, Alegre, 2018.
Andrea Colamedici, Maura Gancitano, *Ma chi me lo fa fare?*, Roma, Tlon, 2023
Lucy Clayton, Steven Haines, *How to Go to Work*, Londra, Penguin, 2020.
Francesca Coin (a cura di), *Salari rubati. Economia politica e conflitto ai tempi del lavoro gratuito*, Verona, Ombre Corte, 2017.
Francesca Coin, *Le grandi dimissioni*, Torino, Einaudi, 2023.
Cynthia Cruz, *Melanconia di classe*, Roma, Atlantide, 2022.
Rachel Cusk, *Il lavoro di una vita. Sul diventare madri*, Torino, Einaudi, 2021.
Alain De Botton, *Lavorare piace*, Milano, Guanda, 2009.
Domenico De Masi, *Il lavoro nel XXI secolo*, Torino, Einaudi, 2018.
Nell Dunn, *Talking to Women* (1962), Londra, Silver Press, 2018.
Del Re, Morini, Mura, *Lo sciopero delle donne*, Roma, manifestolibri, 2020.
Richard Donkin, *The History of Work*, Londra, Palgrave Macmillan, 2021.
Marian Donner, *Manuale di autodistruzione*, Milano, Il Saggiatore, 2020.
Antonio D'Orrico, *Cambiare vita*, Milano, Mondadori, 1991.
Jan Eekhout, *Il paradosso del profitto*, Milano, FrancoAngeli, 2022.
Luigi Einaudi, *Le lotte del lavoro* (1924), Torino, Einaudi, 1997.
Allison Elias, *The Rise of Corporate Feminism*, Columbia University Press, 2022.
Hans Magnus Enzensberger, *Parli sempre di soldi*!, Torino, Einaudi, 2017.
Didier Eribon, *Ritorno a Reims*, Firenze, Bompiani, 2017.
Emma, *Bastava chiedere! Dieci storie di femminismo quotidiano*, Bari, Laterza, 2020.
Susan Faludi, *Contrattacco. La guerra non dichiarata contro le donne*, Milano, Baldini & Castoldi, 1997.
Giusi Fasano, *Ogni giorno tre*, Milano, Rizzoli, 2022.
Gian Arturo Ferrari, *Storia confidenziale dell'editoria italiana*, Venezia, Marsilio, 2022.
Maurizio Ferrera, *Il fattore D. Perché il lavoro delle donne farà crescere l'Italia*, Milano, Oscar Mondadori, 2009.
Isabelle Ferreras, Julie Battilana, Dominique Méda, *Il manifesto del lavoro. Democratizzare, demercificare, disinquinare*, Roma, Castelvecchi, 2022.
Mark Fisher, *Realismo capitalista*, Roma, Nero edizioni, 2018.

Jamie Fiore Higgins, *Bully Market. My Story of Money and Misogyny at Goldman & Sachs*, Londra, Simon & Schuster, 2022.
Walter Fontana, *L'uomo di marketing e la variante limone* (2008), Firenze, Bompiani, 2023.
Jonathan Franzen, *Purity*, Torino, Einaudi, 2016.
Sarah Gainsforth, *Abitare stanca. La casa, un racconto politico*, Firenze, Effequ, 2022.
Sarah Gainsforth, *Cameriera*, Torino, Einaudi, 2023.
Alessandro Gandini, *Le età della nostalgia. Populismo e società del post-lavoro*, Roma, Treccani, 2021.
Angela Garbes, *Essential Labor. Mothering as Social Change*, New York, HarperCollins, 2022.
Federico García Lorca, *Gioco e teoria del duende* (1930), Milano, Adelphi, 2007.
Flavia Gasperetti, *Madri e no*, Venezia, Marsilio, 2020.
Elena Giannini Belotti, *Dalla parte delle bambine* (1973), Milano, Feltrinelli, 2023.
Claudia Goldin, *Career and Family: Women's Century-Long Journey Towards Equity*, Princeton, Princeton University Press, 2021.
David Graeber, *Bullshit Jobs*, Milano, Garzanti, 2018.
Prince Harry, *Spare – il minore*, Milano, Mondadori, 2023.
Pekka Himanen, *The Hacker Ethic*, Londra, Vintage, 2002.
Trisha Hersey, *Rest is Resistance*, Little, Brown, Sparks, 2022.
Albert O. Hirschman, *Lealtà defezione e protesta* (1970), Bologna, Il Mulino, 2017.
Albert O. Hirschman, *Felicità privata e felicità pubblica*, Bologna, Il Mulino, 2013.
Shere Hite, *Il Rapporto Hite*, Firenze, Bompiani, 1977
Shere Hite, *Sesso & Business*, Milano, Il Sole 24 Ore, 2000.
Ilaria Iannuzzi, Pasquale Tammaro, Lidia Poët, Milano, *Le Lucerne*, 2022.
Eva Illouz, *Perché soffriamo per amore*, Bologna, Il Mulino, 2015.
Eva Illouz, *La fine dell'amore*, Torino, Codice Edizioni, 2020.
Sarah Jaffe, *Il lavoro non ti ama*, Roma, minimum fax, 2022.
Tama Janowitz, *Schiavi di New York*, Firenze, Bompiani, 1986.
Alejandro Jodorowsky, *Manuale pratico di psicomagia*, Milano, Feltrinelli, 2018.
Lamb-Shapiro, *Promise Land. My Journey through America's Self Help Culture*, New York, Simon & Schuster, 2014
Maria Latella, *Il potere delle donne. Confessioni e consigli di ragazze di successo*, Milano, Feltrinelli, 2015.
Primo Levi, *La chiave a stella*, Torino, Einaudi, 1978.
Alexander Lowen, *Il piacere – per un approccio creativo alla vita*, Roma, L'astrolabio, 1970.
Miriam Mafai, *Pane nero. Donne e vita quotidiana nella seconda guerra mondiale*, Milano, Rizzoli, 2022.

Sonia Malaspina, Marialaura Agosta, *Il congedo originale. Come trasformare le organizzazioni con il potere della cura*, Macerata, Roi Edizioni, 2023.
Giulio Marcon, *Se la classe inferiore sapesse! Ricchi e ricchezza in Italia*, Milano, People, 2023.
Carlo Mazza Galanti, *Cosa pensavi di fare? Romanzo a bivi per umanisti sul lastrico*, Milano, Il Saggiatore, 2020.
Mariana Mazzucato, *Lo stato innovatore*, Bari, Laterza, 2013.
Mariana Mazzucato, Rose Collington, *Il grande imbroglio. Come le società di consulenza indeboliscono le imprese, infantilizzano i governi e distorcono l'economia*, Bari, Laterza, 2023.
Elena Militello, *South Working – la rivoluzione del lavoro da remoto*, Roma, Donzelli, 2022.
Costanza Miriano, *Sposati e sii sottomessa*, Firenze, Vallecchi, 2011.
Rivista Il Mulino: Fascicolo n. 4/2022 L'Italia dei divari
Michela Murgia, *Il mondo deve sapere*, Torino, Einaudi, 2006.
Michela Murgia, Chiara Tagliaferri, *Morgana. L'uomo ricco sono io*, Milano, Mondadori, 2021.
Katherine Newman, *Falling from Grace: Downward Mobility in the Age of Affluence (1988-1999)*, University of California Press, 1999.
Beniamino Pagliaro, *Boomers contro Millennials: 7 bugie sul futuro e come iniziare a cambiare*, Milano, HarperCollins, 2023.
Gabriella Parca, *Plusvalore femminile*, Milano, Mondadori, 1978
Milla Pastorino, *La commessa*, Firenze, Vallecchi, 1962.
Alessandra Pescarolo, *Il lavoro delle donne nell'età contemporanea*, Roma, Viella, 2019.
Liz Perle McKenna, *Donne che lavorano troppo*, Milano, Mondadori, 2000.
Elio Pagliarani, *La ragazza Carla e altre poesie*, Milano, Mondadori, 1962
Valeria Palumbo, *Piuttosto m'affogherei. Storia vertiginosa delle zitelle*, Milano, Enciclopedia delle Donne, 2018.
Gabriella Parca, *Plusvalore femminile*, Milano, Mondadori, 1978.
Valeria Parrella, *Enciclopedia della donna. Aggiornamento*, Torino, Einaudi, 2017.
Simone Perotti, *Adesso basta!*, Milano, Chiarelettere, 2008.
Simone Perotti, *Avanti tutta – manifesto per una rivolta individuale*, Milano, Chiarelettere, 2011.
Simone Perotti, *L'altra via*, Milano, Solferino, 2021.
Ann Helen Petersen, *Can't Even – How Millennials Became the Burnout Generation*, Boston, Mariner Books, 2020.
Thomas Piketty, *Capitale e ideologia*, Milano, La Nave di Teseo, 2020.
Thomas Piketty, *Il capitale nel XXI secolo*, Milano, La Nave di Teseo, 2018.

Clarissa Pinkola Estés, *Donne che corrono coi lupi. Il mito della donna selvaggia*, Torino, Frassinelli, 1993.
Rita Querzè, *Donne e lavoro – Rivoluzione in sei mosse*, Bergamo, InPost editore, 2023.
Marco Revelli, *"La lotta di classe esiste e l'hanno vinta i ricchi". Vero!*, Bari, Laterza, 2014.
Yasmina Reza, *Serge*, Milano, Adelphi, 2022.
Olga Ricci, *Toglimi le mani di dosso*, Milano, Chiarelettere, 2015.
Azzurra Rinaldi, *Le signore non parlano di soldi*, Milano, Fabbri editori, 2023.
Salman Rushdie, *Superate questa linea – Saggi e articoli 1992-2002*, Milano, Mondadori, 2014
Salman Rushdie, *Notes on Sloth*, *Granta* n. 109, dicembre 2009.
The Salvage Collective, *La tragedia della lavoratrice*, Roma, Nero edizioni, 2022.
Edith Saurer, *Amore e lavoro. Relazioni tra donne e uomini in età contemporanea*, Roma, Viella, 2018.
Nikil Saval, *Cubed – a Secret History of the Workplace*, New York, Knopf Doubleday, 2015.
Jeff Schmidt, *Disciplines minds: a critical look at salaried professionals and the soul-battering system that shapes their identities*, Lanham, Rowman and Littlefield, 2000.
Simonetta Sciandivasci, (a cura di), *I figli che non voglio*, Milano, Mondadori, 2022.
Studs Terkel, *Working – People Talk About What They Do All Day and How It Makes Them Feel*, New York City, Pantheon Books, 1972.
Cynthia Shapiro, *Corporate Confidential – 50 Secrets your Company doesn't Want You To know*, New York, St. Martin's Griffin, 2005.
Ana Iris Simon, *Fería*, Madrid, Circulo de Tiza, 2021.
Robert I. Sutton, *Il metodo antistronzi. Come creare un ambiente di lavoro più civile e produttivo o sopravvivere se il tuo non lo è*, Roma, Elliot, 2007.
Jonathan Swift, *Istruzioni alla servitù*, Milano, Adelphi, 1978.
Richard Sennett, *L'uomo flessibile: le conseguenze del nuovo capitalismo sulla vita personale*, Milano, Feltrinelli, 2000.
Vitaliano Trevisan, *Works*, Torino, Einaudi, 2016-2022.
James Suzman, *Lavoro – una storia culturale e sociale*, Milano, Il Saggiatore, 2021.
Gloria Steinem, *Outrageous Acts and Everyday Rebellions*, New York, Picador, 2019.
Gloria Steinem, *Revolution from Within. A Book of Self-Esteem*, New York, Open Road Media, 2012.
Chris Voss, Tahl Raz, *Volere troppo e ottenerlo*, Milano, Vallardi, 2022.
Benedetta Tobagi, *La resistenza delle donne*, Torino, Einaudi, 2022.
Anna Wiener, *La valle oscura*, Milano, Adelphi, 2020.

Virginia Woolf, *Una stanza tutta per sé*, Milano, Feltrinelli, 2013.
Rafia Zakaria, *Contro il femminismo bianco*, Torino, Add editore, 2023
Silvia Zanella, *Il futuro del lavoro è femmina. Come lavoreremo domani*, Firenze, Bompiani, 2020.
Adriana Zarri, *Un eremo non è un guscio di lumaca*, Torino, Einaudi, 2010.
Luigi Zoja, *Il declino del desiderio – perché il mondo sta rinunciando al sesso*, Torino, Einaudi, 2022.

A questa bibliografia si aggiunge una lunga raccolta di articoli,
studi e statistiche sul lavoro, e sui sentimenti che ha suscitato, negli ultimi anni.
Si può consultare aprendo con lo smartphone questo Qr code:

INDICE

FSC
www.fsc.org
MISTO
Carta da fonti gestite
in maniera responsabile
FSC® C005461

Stampato presso
Rotolito S.p.A. - Seggiano di Pioltello (MI)
Printed in Italy